【臺灣現當代作家
研究資料彙編】36

商　禽

國立台灣文學館
出版

部長序

　　文學既是社會縮影也是靈魂核心，累積研究論述及文獻史料，不僅可厚實文學發展根基，觀照當代人文的思想脈絡，更能指引未來的社會發展。臺灣文學歷經數百年的綿延與沉澱，蓄積豐沛的能量，也呈現生氣盎然的多元創作面貌。近一甲子的臺灣現當代文學發展，就是華文世界人文心靈最溫暖的寫照。

　　緣此，國立臺灣文學館自 2010 年啟動《臺灣現當代作家研究資料彙編》，鉅細靡遺進行珍貴的文學史料蒐集研究，意義深遠。這項計畫歷時三年多，由文學館結合學界、出版社、作家一同參與，組成陣容浩大的編輯群與顧問團隊，梳理臺灣文學長河裡的各方涓流，共匯集 50 位臺灣現當代重要作家的生平、年表與作品評論資料，選錄其代表性的評論文章，彙編成冊，完整呈現作家的人文映記、文學成就及相關研究，成果豐碩。

　　由於內容浩瀚，需多所佐證，本套叢書共分三階段陸續出版，先是 2011 年推出以臺灣新文學之父賴和為首的 15 位作家研究資料彙編，接著於 2012 年完成張我軍、潘人木等 12 位作家的研究資料彙編；及至 2013 年 12 月，適逢國立臺灣文學館十周年館慶之際，更纂輯了姜貴、張秀亞、陳秀喜、艾雯、王鼎鈞、洛夫、余光中、羅門、商禽、瘂弦、司馬中原、林文月、鄭愁予、陳冠學、黃春明、白先勇、白萩、陳若曦、郭松棻、七等生、王文興、王禎和、楊牧共 23 位作家的研究資料，皇皇巨著，為臺灣文學之巍巍巨觀留下具里程碑的文字見證。這套選粹體現了臺灣文學研究總體成果中，極為優質的論述著作，有助於臺灣文學發展的擴展化與深刻化，質量兼具。在此，特別對參與編輯、撰寫、諮詢的文學界朋友們表達謝意，也向全世界愛好文學的讀者，推介此一深具人文啟發且實用的臺灣現當代文學工具書，彼此激勵，為更美好的臺灣人文環境共同努力。

文化部部長　龍應台

館長序

　　所有一切有關文學的討論，最終都得回歸到創作主體（作家）及其創作文本（作品）。文本以文字書寫，刊載在媒體上（報紙、雜誌、網站等），或以印刷方式形成紙本圖書；從接受端來看，當然以後者為要，原因是經過編輯過程，作者或其代理人以最佳的方式選編，常會考慮讀者的接受狀況，亦以美術方式集中呈現，其形貌也必然會有可觀者。

　　從研究的角度來看，它正是核心文獻。研究生在寫論文的時候，每在緒論中以一節篇幅作「文獻探討」，一般都只探討研究文獻，仍在周邊，而非核心。所以作家之研究資料，包括他這個人和他所寫的作品，如何鉅細靡遺彙編一處，是研究最基礎的工作；其次才是他作品的活動場域以及別人如何看待他的相關資料。前者指的是發表他作品的報刊及其他再傳播的方式或媒介，後者指的是有關作家及其作品的訪問、報導、著作目錄、年表、文評、書評、專論、綜述、專書、選編等，有系統蒐輯、編目，擇其要者結集，從中發現作家及其作品被接受的狀況，清理其發展，這其實是文學經典化**真正的**過程；也必須在這種情況下，作家研究才有可能進一步開展。

　　針對個別作家所進行的資料工作隨時都在發生，但那是屬於個人的事，做得好或不好，關鍵在他的資料能力；將一群有資料能力的學者組織起來，通過某種有效的制度性運作，想必能完成有關作家研究資料彙編的人文工程，可以全面展示某個歷史時期有關作家研究的集體成就，這是國立臺灣文學館從 2010 年啟動「臺灣現當代

作家研究資料彙編」（50 冊）的一些基本想法，和另外兩個大計畫：「臺灣文學史長編」（33 冊）、「臺灣古典作家精選集」（38 冊），相互呼應，期能將臺灣文學的豐富性展示出來，將「臺灣文學」這個學科挖深識廣；作為文化部的附屬機構，我們在國家文化建設的整體工程中，在「文學」作為一個公共事務的理念之下，我們紮紮實實做了有利文化發展的事，這是我們所能提供給社會大眾的另類服務，也是我們朝向臺灣文學研究中心理想前進的努力。

我們在四年間分三批出版的這 50 本臺灣現當代作家研究資料彙編，從賴和（1894～1943）到楊牧（1940～），從割臺之際出生、活躍於日據下的作家，到日據之末出生、活躍於戰後臺灣文壇的作家；當然也包含 1949 年左右離開大陸，而在臺灣文壇發光發熱的作家。他們只是臺灣作家的一小部分，由承辦單位組成的專業顧問群多次會商議決；這個計畫，我們希望能夠在精細檢討之後，持續推動下去。

顧問群基本上是臺灣文學史專業的組合，每位作家重要評論文章選刊及研究綜述的撰寫者，都是對於該作家有長期研究的專家。這是學界人力的大動員，承辦本計畫的臺灣文學發展基金會長期致力臺灣文學史料的蒐輯整理，具有強大的學術及社會力量，本計畫能夠順利推動且如期完成，必須感謝他們組成的編輯團隊，以及眾多參與其事的學界朋友。

國立臺灣文學館館長　李瑞騰

編序

◎封德屏

緣起

1995 年 10 月 25 日，在臺灣師範大學教育大樓的 201 室，一場以「面對臺灣文學」為題的座談會，在座諸位學者分別就臺灣文學的定義、發展、研究，以及文學史的寫法等，提出宏文高論，而時任國家圖書館編纂張錦郎的「臺灣文學需要什麼樣的工具書」，輕鬆幽默的言詞，鞭辟入裡的思維，更贏得在座者的共鳴。

張先生以一個圖書館工作人員自謙，認真專業地為臺灣這幾十年來究竟出版了多少有關臺灣文學的工具書，做地毯式的調查和多方面的訪問。同時條理分明地針對研究者、學生，列出了十項工具書的類型，哪些是現在亟需的，哪些是現在就可以做的，哪些是未來一步一步累積可以達成的，分別做了專業的建議及討論。

當時的文建會二處科長游淑靜，參與了整個座談會，會後她劍及履及的開始了文學工具書的委託工作，從 1996 年的《臺灣文學年鑑》起始，一年一本的編下去，一直到現在，保存延續了臺灣文學發展的基本樣貌。接著是《中華民國作家作品目錄》的新編，《臺灣文壇大事紀要》的續編，補助國家圖書館「當代文學史料影像全文系統」的建置，這些工具書、資料庫的接續完成，至少在當時對臺灣文學的研究，做到一些輔助的功能。

2003 年 10 月，籌備多年的「台灣文學館」正式開幕運轉。同年五月《文訊》改隸「財團法人台灣文學發展基金會」，為了發揮更大的動能，開

始更積極、更有效率地將過去累積至今持續在做的文學史料整理出來，讓豐厚的文藝資源與更多人共享。

於是再次的請教張錦郎先生，張先生認爲文學書目、作家作品目錄、文學年鑑、文學辭典皆已完成或正在進行，現在重點應該放在有關「臺灣現當代作家評論資料目錄」的編輯工作上。

很幸運的，這個計畫的發想得到當時臺灣文學館林瑞明館長的支持，於是緊鑼密鼓的展開一切準備工作：籌組編輯團隊、召開顧問會議、擬定工作手冊、撰寫計畫書等等。

張錦郎先生花了許多時間編訂工作手冊，每一位作家的評論資料目錄分爲：

（一）生平資料：可分作者自述，旁人論述及訪談，文學獎的紀錄。

（二）作品評論資料：可分作品綜論，單行本作品評論，其他作品（包括單篇作品）評論，與其他作家比較等。

此外，對重要評論加以摘要解說，譬如專書、專輯、學術會議論文集或學位論文等，凡臺灣以外地區之報刊及出版社，於書名或報刊後加註，如中國大陸、香港、新加坡等。此外，資料蒐集範圍除臺灣外，也兼及中國大陸、香港、新加坡、日本、韓國及歐美等地資料，除利用國內蒐集管道外，同時委託當地學者或研究者，擔任資料蒐集工作。

清楚記得，時任顧問的學者專家們，都十分高興這個專案的啓動，但確定收錄哪些作家名單時，也有不同的思考及看法。經過充分的討論後，終於取得基本的共識：除以一般的「文學成就」爲觀察及考量作家的標準外，並以研究的迫切性與資料獲得之難易度爲綜合考量。譬如說，在第一階段時，作家的選擇除文學成就外，先考量迫切性及研究性，迫切性是指已故又是日治時期臺籍作家爲優先，研究性是指作品已出土或已譯成中文爲優先。若是作品不少而評論少，或作品評論皆少，可暫時不考慮。此外，還要稍微顧及文類的均衡等等。基本的共識達成後，顧問群共同挑選出 310 位作家，從鄭坤五、賴和、陳虛谷以降，一直到吳錦發、陳黎、蘇

偉貞，共分三個階段進行。

　　張錦郎先生修訂的編輯體例，從事學術研究的顧問們，一方面讚嘆「此目錄必然能成為類似文獻工作的範例」，但又深恐「費力耗時，恐拖延了結案時間」，要如何克服「有限時間，高度理想」的編輯方式，對工作團隊確實是一大挑戰。於是顧問們群策群力，除了每人依研究領域、研究專長認領部分作家外（可交叉認領），每個顧問亦推薦或召集研究生襄助，以期能在教學研究工作外，為此目錄盡一份心力。

　　「臺灣現當代作家評論資料目錄」專案計畫，自 2004 年 4 月開始，至 2009 年 10 月結束，分三個階段歷時五年六個月，共發現、搜尋、記錄了十餘萬筆作家評論資料。共經歷了三位專職研究助理，近三十位兼任研究助理。這些研究助理從開始熟悉體例，到學習如何尋找資料，是一條漫長卻實用的學習過程。

接續

　　「臺灣現當代作家評論資料目錄」的專案完成，當代重要作家的研究，更可以在這個基礎上，開出亮麗的花朵。於是就有了「臺灣現當代作家研究資料彙編暨資料庫建置計畫」的誕生。為了便於查詢與應用，資料庫的完成勢在必行，而除了資料庫的建置外，這個計畫再從 310 位作家中精選 50 位，每人彙編一本研究資料，內容有作家圖片集，包括生平重要影像、文學活動照片、手稿及文物，小傳、作品目錄及提要、文學年表。另外每本書分別聘請一位最適當的學者或研究者負責編選，除了負責撰寫八千至一萬字的作家研究綜述外，再從龐雜的評論資料中挑選具有代表性的評論文章，平均 12～14 萬字，最後再附該作家的評論資料目錄，以期完整呈現該作家的生平、創作、研究概況，其歷史地位與影響。

　　由於經費及時間因素，除了資料庫的建置，資料彙編方面，50 位作家分三個階段完成。第一階段出版了 15 位作家，第二階段出版了 12 位作家，此次第三階段則出版了 23 位作家資料彙編。雖然已有過前兩階段的實

務經驗，但相較於前兩階段，此次幾乎多出版將近一倍的數量，使工作小組在編輯過程中，仍然面臨了相當大的困難與挑戰。

　　首先，必須掌握每位編選者進度這件事，就是極大的挑戰。於是編輯小組在等待編選者閱讀選文的同時，開始蒐集整理作家生平照片、手稿，重編作家年表，重寫作家小傳，尋找作家出版品的正確版本、版次，重新撰寫提要。這是一個極其複雜的工程。還好有認真負責的雅嫻、建婷、欣怡，以及編輯老手秀卿幫忙，讓整個專案延續了一貫的品質及進度。

　　在智慧權威、老練成熟的學者專家面前，這些初生之犢的年輕助理展現了大無畏的精神，施展了編輯教戰手冊中的第一招——緊迫盯人。看他們如此生吞活剝地貫徹我所傳授的編輯要法，心裡確實七上八下，但礙於工作繁雜，實在無法事必躬親，也只好讓他們各顯身手了。

　　縱使這些新手使出了全部力氣，無奈工作的難度指數仍然偏高，雖有前兩階段的經驗，但面對不同的編選者，不同的編選風格，進度仍然不很順利，再加上此次同時進行 23 位作家的編纂作業，在與各編選者及各冊傳主往來聯繫的過程中，更是有許多龐雜而繁瑣的細節。此時就得靠意志力及精神鼓舞了。我對著年輕的同仁曉以大義，告訴他們正在光榮地參與一個重要的文學工程，絕對不可輕言放棄。

成果

　　雖然過程是如此艱辛，如此一言難盡，可是終究看到豐美的成果。每位編選者雖然忙碌，但面對自己負責的作家資料彙編，卻是一貫地認真堅持。他們每人必須面對上千或數百筆作家評論資料，挑選重要或關鍵性的評論文章，全面閱讀，然後依照編選原則，挑選評論文章。助理們此時不僅提供老師們所需要的支援，統計字數，最重要的是得找到各篇選文作者，取得同意轉載的授權。在第一階段進度流程初估時，我們錯估了此項工作的難度，因為許多評論文章，發表至今已有數十年的光景，部分作者行蹤難查，還得輾轉透過出版社、學校、服務單位，尋得蛛絲馬跡，再鍥

而不捨地追蹤。有了第一階段的血淚教訓，第二階段關於授權方面，我們更是如臨深淵、如履薄冰，希望不要重蹈覆轍，第三階段也遵循前兩階段的經驗，在面對授權作業時更是戰戰兢兢，不敢懈怠。

除了挑選評論文章煞費苦心外，每個作家生平重要照片，我們也是採高標準的方式去蒐集，過世作家家屬、友人、研究者或是當初出版著作的出版社，都是我們徵詢的對象。認真誠懇而禮貌的態度，讓我們獲得許多從未出土的資料及照片，也贏得了許多珍貴的友誼。許多作家都協助提供照片手稿等相關資料，如王鼎鈞、洛夫、余光中、羅門、瘂弦、司馬中原、林文月、鄭愁予、黃春明及其子黃國珍、白先勇及與其合作多年的攝影師許培鴻、白萩及其夫人、陳若曦、七等生、王文興、楊牧及其夫人夏盈盈。已不在世的作家，其家屬及友人在編輯過程中，也給予我們許多協助及鼓勵，如姜貴的長子王為鎌、張秀亞的女兒于德蘭、艾雯的女兒朱恬恬、陳秀喜的女兒張瑛瑛、商禽的女兒羅珊珊、陳冠學的後輩友人陳文銓與郭漢辰、郭松棻的夫人李渝、王禎和的夫人林碧燕，藉由這個機會，與他們一起回憶、欣賞他們親人或父祖、前輩，可敬可愛的文學人生。此外，還有張默、岩上、閻純德、李高雄、丘彥明、朱雙一、吳姍姍、鄭穎、舊香居書店吳雅慧等作家及研究者，熱心地幫忙我們尋找難以聯繫的授權者，辨識因年代久遠而難以記錄年代、地點、事件的作家照片，釐清文學年表資料及作家作品的版本問題，我們從他們身上學習到更多史料研究可貴的精神及經驗。

但如何在規定的時間內，完成第三階段 23 本資料彙編的編輯出版工作，對工作小組來說，確實是一大考驗。每一冊的主編老師，都是目前國內現當代台灣文學教學及研究的重要人物，因此每位主編都十分忙碌。有鑑於前兩階段的經驗，以及現有工作小組的人力，決定分批完稿，每個人負責 2～4 本，三位組長的責任額甚至超過 4～5 本。每一本的責任編輯，必須在這一年多的時間內，與他們所負責資料彙編的主角——傳主及主編老師，共生共榮。從作家作品的收集及整理開始，必須要掌握該作家一生

作品的每一次的出版，以及盡量收集不同的版本；整理作家年表，除了作家、研究者已撰述好的年表外，也必須再從訪談、自傳、評論目錄，從作品出版等線索，再做比對及增刪。再來就是緊盯每位把「研究綜述」放在所有進度最後一關的主編們，每隔一段時間提醒他們，或順便把新增的評論目錄寄給他們（每隔一段時間就有新的相關論文或學位論文出現），讓他們隨時與他們所主編的這本書，產生聯想，希望有助於「研究綜述」撰寫的進度。

　　以上的工作說起來，好像並不十分困難，身為總策劃的我起初心裡也十分篤定的認為，事情儘管艱困，最後還是應該順利完成。然而，這句雲淡風輕的話，聽在此次身歷其境參與工作的同仁耳中，一定會恨得牙癢癢的。「夜長夢多」這個形容詞拿來形容這件工作，真是太恰當也沒有了。因為整個工作期程超過一年，在這段漫長的歲月中，因等待、因其他人力無法抗拒的因素，衍伸出來的問題，層出不窮，更有許多是始料未及的。譬如，每本書的的選文，主編老師本來已經選好了，也經過授權了，為了抓緊時間，負責編輯的助理們甚至連順序、頁碼都排好了，就等主編老師的大作了，這時主編突然發現有新的文章、新的資料產生：再增加兩三篇選文吧！為了達到更好更完備的目標，工作小組當然全力以赴，聯絡，授權，打字，校對，重編順序等等工作，再度展開。

　　此次第三階段共需完成 23 位作家研究資料彙編，年齡層較上兩個階段已年輕許多，因此到最後的疑難雜症，還有連主編或研究者都不太清楚的部分，譬如年表中的某一件事、某一個年代、某一篇文章、某一個得獎記錄，作家本人絕對是一個最好的諮詢對象，於是幾乎我們每本書都找到了作家本人，對解決某些問題來說，這是一個好的線索，但既然看了，關心了，參與了，就可能有不同的看法，選文、年表、照片，甚至是我們整本書的體例。於是又是一場翻天覆地的大更動，對整本書的品質來說，應該是好的，但對經過一年多琢磨、修改已近入完稿階段的編輯團隊來說，這不啻是一大挑戰。

　　1990 年開始，各地縣市文化中心（文化局），對在地作家作品集的整理出版，以及台灣文學館成立後對日治時期作家以迄當代重要作家全集的編纂，對臺灣文學之作家研究，也有了很好的促進作用。如《楊逵全集》、《林亨泰全集》、《鍾肇政全集》、《張文環全集》、《呂赫若日記》、《張秀亞全集》、《葉石濤全集》、《龍瑛宗全集》、《葉笛全集》、《鍾理和全集》、《錦連全集》、《楊雲萍全集》、《鍾鐵民全集》等，如雨後春筍般持續展開。

　　經過近二十年的努力，臺灣文學的研究與出版，也到了可以驗收或檢討成果的階段。這個說法，當然不是要停下腳步，而是可以從「臺灣現當代作家評論資料目錄」所呈現的 310 位作家、10 萬筆資料中去檢視。檢視的標的，除了從作家作品的質量、時代意義及代表性去衡量外、也可以從作家的世代、性別、文類中，去挖掘還有待開墾及努力之處。因此在這樣的堅實基礎上，這套「臺灣現當代作家研究資料彙編」，每位編選者除了概述作家的研究面向外，均有些觀察與建議。希望就已然的研究成果中，去發現不足與缺憾，研究者可以在這些不足與缺憾之處下功夫，而盡量避免在相同議題上重複。當然這都需要經過一段時間去發現、去彌補、去重建，因此，有關臺灣文學研究的調查與研究，就格外顯得重要了。

期待

　　感謝臺灣文學館持續支持推動這兩個專案的進行。「臺灣現當代作家評論資料目錄」的完成，呈現的是臺灣文學研究的總體成果；「臺灣現當代作家研究資料彙編」套書的出版，則是呈現成果中最精華最優質的一面，同時對未來的研究面向與路徑，做最好的建議。我們可以很清楚的體會，這是一條綿長優美的臺灣文學接力賽，我們十分榮幸能參與其中，我們更珍惜在傳承接力的過程，與我們相遇的每一個人，每一件讓我們真心感動的事。我們更期待這個接力賽，能有更多人加入。誠如張恆豪所說「從高音獨唱到多元交響」，這是每一個人所期待的。

編輯體例

一、本書編選之目的，爲呈現商禽生平、著作及研究成果，以作爲臺灣文學相關研究、教學之參考資料。

二、全書共五輯，各輯內容及體例說明如下：

輯一：圖片集。選刊作家各個時期的生活或參與文學活動的照片、著作書影、手稿（包括創作、日記、書信）、文物。

輯二：生平及作品，包括三部分：

1.小傳：主要內容包括作家本名、重要筆名，生卒年月日，籍貫，及創作風格、文學成就等。

2.作品目錄及提要：依照作品文類（論述、詩、散文、小說、劇本、報導文學、傳記、日記、書信、兒童文學、合集）及出版順序，並撰寫提要。不收錄作家翻譯或編選之作品。

3.文學年表：考訂作家生平所進行的文學創作、文學活動相關之記要，依年月順序繫之。

輯三：研究綜述。綜論作家作品研究的概況，並展現研究成果與價值的論文。

輯四：重要文章選刊。選收國內外具代表性的相關研究論文及報導。

輯五：研究評論資料目錄。收錄至 2013 年 6 月底止，有關研究、論述臺灣現當代作家生平和作品評論文獻。語文以中文爲主，兼及日文和英文資料。所收文獻資料，以臺灣出版爲主，酌收中國大陸、香港、日本和歐美國家的出版品。內容包含三部分：

1.「作家生平、作品評論專書與學位論文」下分爲專書與學位論文。

2.「作家生平資料篇目」下分爲「自述」、「他述」、「訪談」、「年表」、「其他」。

3.「作品評論篇目」下分爲「綜論」、「分論」、「作品評論目錄、索引」、「其他」。

目次

【輯五】研究評論資料目錄

輯一◎圖片集

影像◎手稿◎文物

1950年代前後，商禽（前排席地左）、友人胡志堅（前排席地右）與同袍在軍中表演「從軍樂」後合影（胡志堅提供）

1956年，商禽與同袍好友合影於淡水。左起：周行之、胡志堅、商禽。（胡志堅提供）

1957年，27歲的商禽與羅行（左）合影於攝於高雄鳳山。（創世紀詩雜誌社提供）

1962年，與創世紀詩人合影於福隆海水浴場。左起：陳金池、辛鬱、
楚戈、許世旭（後）、商禽、紀弦。（創世紀詩雜誌社提供）

1966年夏，與文友合影於臺北市藝術館。左起：許世旭、楚戈、辛
鬱、商禽、張拓蕪、楚風。（羅珊珊提供）

約1960年代，商禽攝於美國。（羅珊珊提供）

1970年，與香港詩人古蒼悟（左）合影於美國科羅拉多州。（羅珊珊提供）

1971年1月，與眾文友合影。前排左起：彭邦禎、羊令野、楊牧、商禽；後排左起：洛夫、羅門、張默、葉維廉、瘂弦、碧果、辛鬱。（創世紀詩雜誌社提供）

1976年，與中韓詩人群合影於板門店38度線。左起：羅門、美軍少尉、洛夫、許世旭、張默、菩提、梅新、方心豫、楚戈、羊令野、辛鬱、商禽。（創世紀詩雜誌社提供）

1978年8月，與訪華的韓國詩人徐廷柱夫婦（坐者左三、四）及文友們合影。前排左起：辛鬱、許世旭、許廷柱夫婦、蓉子、羅門；後排左起：方心豫、張默、商禽、羊令野、洛夫、梅新。（文訊文藝資料中心）

1979年，商禽與妻子羅英（左二）、女兒羅珊珊（左一）、羅永言（左二）合影（羅珊珊提供）

1981年，與文友合影於臺北漳州街。前排左起：商禽、瘂弦；後排左起：辛鬱、羅行、林泠、葉泥、羊令野。（創世紀詩雜誌社提供）

1983年，攝於臺北故宮博物院。（羅珊珊提供）

1982年，商禽（前坐者）與返臺奔父喪的鄭愁予（左一）、羅英合影（羅珊珊提供）

1984年，與創世紀詩社同仁合影。前排左起：管管、羅英、洛夫、馬博良夫婦、
張堃、瘂弦；後排左起：商禽、辛鬱、張默、碧果。（創世紀詩雜誌社提供）

1988年9月，攝於北京《詩刊》社雅集。前排左起：碧果、張默、商禽、邵燕
祥、雁翼；後排左起：張堃、辛鬱、古繼堂、洛夫、犁青、鄒荻凡、公劉、劉湛
秋、綠原。（創世紀詩雜誌社提供）

約1980年代，商禽（右）首次返回四川老家。
（國立臺灣文學館提供）

1992年10月2日，商禽與梅新（左）攝於誠品書局「詩的
星期五」活動現場。（文訊文藝資料中心）

1997年9月15日，與韓國女詩人金良植及文友們合影。左起：菩提、辛鬱、
梅新、金良植、洛夫、方心豫、張默、商禽。（文訊文藝資料中心）

1998年，58歲的商禽。（文訊文藝資料中心）

1999年10月30日，與文友合影於創世紀45周年暨詩創作獎。前排左起：商禽、
碧果、朵思、洛夫、古月、辛鬱、管管；後排左起：楊平‧須文蔚、許露麟、
張默、杜十三、簡政珍、艾農、丁文智、張國治。（創世紀詩雜誌社提供）

約1990年代，商禽（中）在斯德哥爾摩與馬悅然（左）等
人合影。（國立臺灣文學館提供）

2001年，商禽自畫像登上《創世紀》第
126期封面。（羅珊珊提供）

2002年，與文友合影於辛鬱家中。前排左起：丁文智、大荒、張默、商禽、楚戈、辛鬱、陶幼春；後排左起：向明、穆雲鳳、碧果、尉天驄、孫桂芝、鳳英、陸秉川。（創世紀詩雜誌社提供）

約2002年，與荷蘭翻譯家Silvia Marijnissen（馬蘇菲）合影。（馬蘇菲提供）

2005年12月28日，攝於創世紀詩人群聚會。前排左起：張默、貢敏、瘂弦、洛夫、商禽、陳瓊芳；後排左起：陸秉川、管管、碧果、丁文智、潘郁琦、參穗、辛鬱。（創世紀詩雜誌社提供）

2007年，攝於鴻鴻《穿牆人》電影拍攝現場，於片中飾演國文老師，講授莊周夢蝶。左起：鴻鴻、商禽。（葉覓覓提供）

2008年4月，與探訪的大陸詩人白楊及文友們合影。前排左起：商禽、張默；後排左起：碧果、丁文智、白楊。（創世紀詩雜誌社提供）

2009年，與家人合影於次女羅永言婚禮。左起：次女婿賴榮樞、商禽、羅永言、羅珊珊、長女婿賴晉楷，前為外孫女賴叡琪。（羅珊珊提供）

約2000年代，與文友、家人合影。前排左起：辛鬱、商禽、羅珊珊、賴叡琪；後排左起：辛鬱夫人、陳淑美、張拓蕪、秀陶、尹玲、向明。（辛鬱提供）

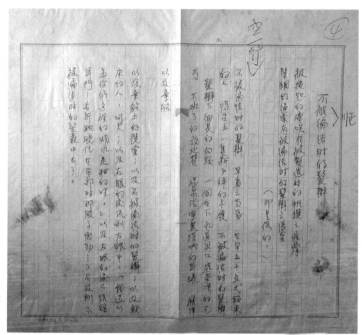

約1960年，商禽詩作〈不被編結時的髮辮〉手稿。（羅珊珊提供）

約1987年，商禽詩作〈穿牆貓〉手稿。（文訊文藝資料中心）

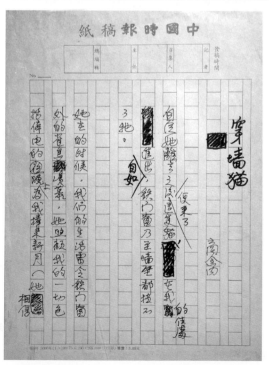

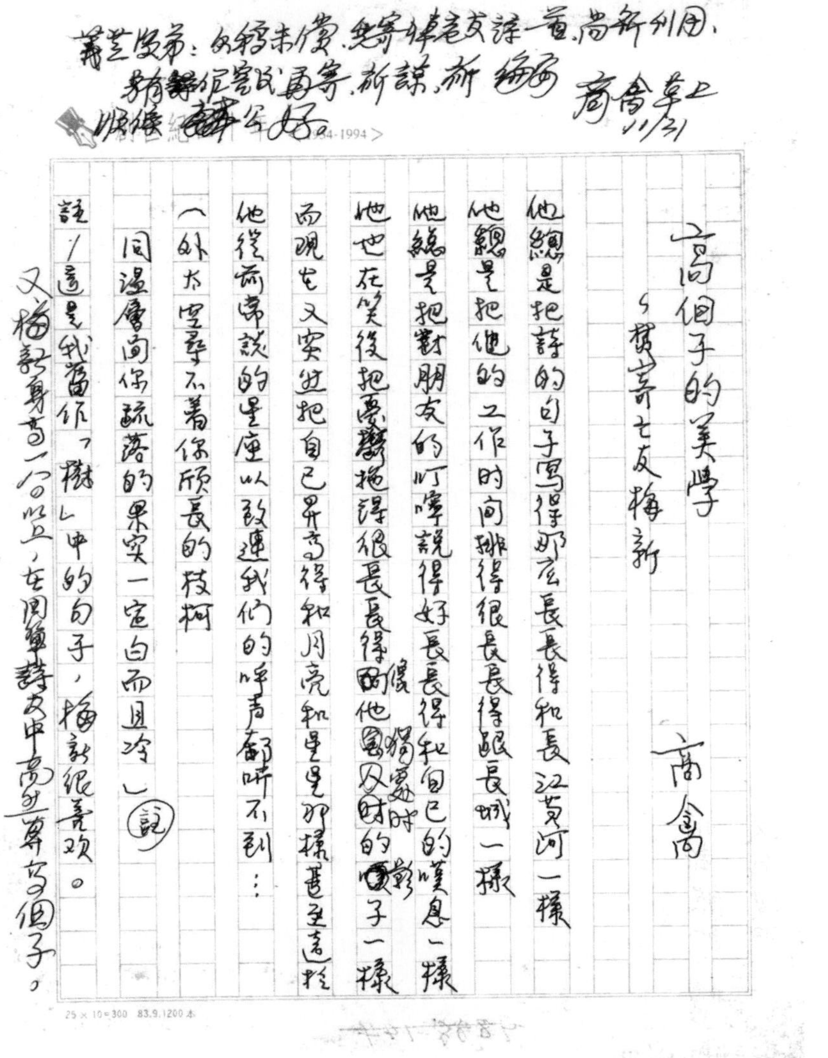

1997年，商禽手稿〈高個子的美學——焚寄亡友梅新〉。（國立臺灣文學館提供）

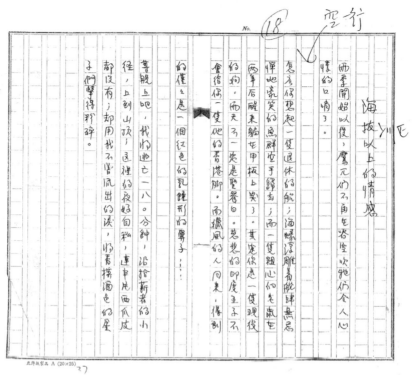

約1997年，商禽詩作〈海拔以上的情感〉手稿。（文訊文藝資料中心）

電鎖

這晚，我住的那一帶的路燈又準時在午夜停電了。

當我左掏鑰匙的時候，好心的計程車司機趁倒車之便把車頭對準我的身後，強烈的燈光將一個中年人濃黑的身影毫不留情的投射在鐵門上，直到我從一串鑰匙中選出了正確的那一枝對準我心臟的部位插進去，好心的計程車司機才把車開走。

我也才終於將插在我心臟中的鑰匙輕輕的轉動一下咔，隨即把這既靈巧的金屬從心中拔出來順一推斷然的走了進去。

沒多久我便習慣了其中的黑暗。

約1997年，商禽詩作〈電鎖〉手稿。（文訊文藝資料中心）

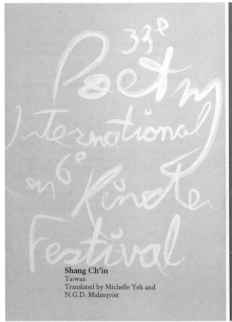

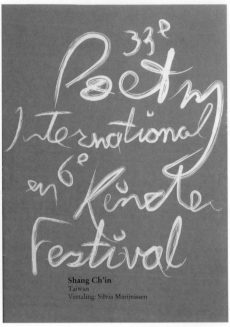

2002年，商禽於荷蘭鹿特丹第33屆國際詩歌節中朗誦的詩讀本，分別由奚密、馬悅然與馬蘇菲翻譯。（國立臺灣文學館提供）

商禽詩作〈音速〉手稿。（文訊文藝資料中心）

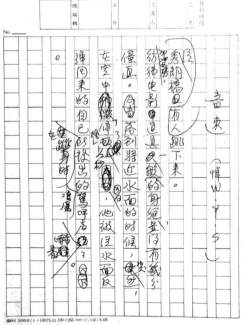

商禽詩畫作品〈思想的腳〉（創世紀詩雜誌社提供）

商禽開設「天府牛肉麵館」的開幕請帖，背面為寫給聶華苓的信。（羅珊珊提供）

《寒食》配器總譜。由許博允根據詩作〈寒食〉編曲，林懷民編舞，於1974年5月17日中山堂首演。（許博允提供）

商禽畫作。（羅珊珊提供）

商禽畫作。（羅珊珊提供）

輯二◎生平及作品

小傳◎作品◎年表

小傳

商禽 (1930～2010)

　　商禽，男，本名羅顯烆，又名羅燕，別號羅硯，筆名商禽、羅馬、壬癸、石見、夏離等。籍貫四川珙縣，1930 年 3 月生，1950 年 3 月隨軍來臺，2010 年 6 月 27 日辭世，享壽 81 歲。

　　四川真福中學肄業，1945 年於成都遭拉伕從軍，1968 年陸軍士官退役。曾任《文藝》月刊社及《青年戰士報》副刊助編，參與《中華文化復興》月刊編務。1953 年以筆名「羅馬」在《現代詩》正式發表詩作，1956 年參加「現代派」，為《現代詩》、《創世紀》詩刊同仁，1959 年改筆名為「商禽」，意為「變調的鳥」。1969 年應美國愛荷華大學「國際作家工作坊」之邀，赴美遊學兩年。1971 年返臺後，一度從事私人花匠、國小教師、碼頭工人等職。1980 年加入《時報周刊》，至 1992 年以副總編輯一職退休。詩作量少質精，被譯為瑞典文、英文、法文、德文在國外出版，曾以《商禽詩全集》獲 2009 年臺灣文學獎新詩類金典獎。

　　商禽創作文類以詩為主，早期分別受到紀弦與鄭愁予影響，詩風意象繁複。創作養分雖源於早年的苦痛記憶與現實生活中的沉重，以致「酒」與「眼淚」是其筆下常見的意象。商禽並不因此而憤懣怨恨，持續以沉靜而低調的寫作姿態前進，「唯一值得安慰的是，我不去恨。我的詩中沒有恨」（商禽，1980 年）同時隨著時間的沉澱，後期詩風逐漸轉向清朗平澹。由於受到魯迅《野草》的啓發，於 1957 年開始摸索散文詩創作，1959

年以〈不被編結時的髮辮〉、〈滅火機〉等作品確立了散文詩在臺灣現代主
義詩壇的地位。

　　在臺灣現代詩史上，商禽爲臺灣「現代詩運動」初期的健將，亦爲最
早提起超現實主義的詩人。除因創作意象詭奇、情思詭祕而得名「鬼才」
外，對於被稱爲超現實主義詩人，商禽闡明：「我不是超現實主義者，而是
超『人』現實或更現實、最最現實主義者。」他關注現實議題，卻不陳述
眼見的現實，反以詩的語言具現內心無邊無際的意象。因此「分散聚焦、
跳脫空間、穿透時間」成爲商禽詩的主要特色，間接地沖淡他在創作上所
強調的「比現實還現實」，使其在臺灣文學史上，普遍被定位成超現實主義
詩人。

　　人生 80 年，這位生平創作不超過 200 首詩的詩人，張默於《中國當代
十大詩人選集》評其爲：「中國現代詩壇真正的超現實主義者之一。他善於
運用語言的歧義性和意象的迴旋性，使那些被他所挖掘、吟詠的物象，往
往達到抒情境界的極致，在曝曬現實最陰暗最淒楚的一面，他的詩可能是
最透明的詮釋。」而曾進豐則總結：「論其創作實踐，外在形式上以散文詩
見長，核心主題則從坎坷的人生經驗出發，以荒誕的超現實手法暴露現實
的陰暗悽楚，兼具戲劇性與魔幻意味。」突破邏輯與實際現實觀的筆法，
這隻奇異且變調的鳥在臺灣現代詩壇上點燃了超現實主義的火源，並在臺
灣詩史上留下了飛翔軌跡。

作品目錄及提要

【詩】

夢或者黎明

臺北：十月出版社
1969 年 10 月，40 開，132 頁
十月叢刊 1

全書分「行徑」、「長頸鹿」、「事件」、「遙遠的催眠」、「夢或者黎明」、「涉禽」、「門或者天空」七部分，收錄〈籍貫〉、〈行徑〉、〈不被編結的髮辮〉、〈塑〉等 42 首。

夢或者黎明及其他

臺北：書林出版公司
1988 年 9 月，32 開，176 頁
書林詩集 5

本書為《夢或者黎明》重新增訂出版，全書分「行徑」、「長頸鹿」、「事件」、「遙遠的催眠」、「夢或者黎明」、「涉禽」、「門或者天空」、「手套」八卷，收錄〈溫暖的黑暗〉、〈水葫蘆〉、〈坐姿的鐵床〉、〈阿米巴弟弟〉、〈烤鵝〉等 58 首。正文前有商禽〈「夢或者黎明」增訂重印序〉，正文後有李英豪〈變調的鳥——論商禽的詩〉。

用腳思想——詩及素描

臺北：漢光文化公司
1988 年 9 月，20×21 公分，144 頁

本書為詩 1970 年代後詩作與針筆素描，詩作呈現超現實技巧，充滿形而上的玄想與悲天憫人的情懷。全書分「音速」、「封神與聊齋」、「無言的衣裳」、「更深的海洋」、「月亮和老

鄉」、「用腳思想」五輯，收錄〈電瑣〉、〈月光／悼或人〉、〈音速／悼王迎先〉、〈木棉花／悼陳文成〉、〈路權〉等 46 首。正文前有商禽〈咳嗽〉（代序），正文後有商禽「素描」、〈跋〉。

The Frozen Torch：selected prose poems／馬悅然譯

London：Wellsweep Press
1992 年 5 月，40 開，96 頁

本書爲《夢或者黎明》與《用腳思想——詩及素描》合併。中、外文對照，中文書名爲《冷藏的火把：商禽散文詩選》。全書收錄"The cat which walked through walls"、"Behaviour"、"Kid brother amoeba"、"A faun's afternoon"等 38 首。正文前有馬悅然"Translator's preface"、"Note on the romanisation of chinese"，正文後有〈The Frozen Torch（冷藏的火把）中文部分勘誤表〉。

Den djupfrysta facklan／馬悅然譯

Stockholm：Bonniers
1992 年 5 月，18 開，90 頁

本書爲 The Frozen Torch：selected prose poems 新增詩作之瑞典文版。全書分「Prosadikter」、「Dikder」二部分，收錄"Det elektroniska låset"、"Kattan som ingen mur kunde hindra"、"Lönnen"、"En viss dag gör jag kondoleansvisit i mitt forna hem, beläget i en viss gränd"等 65 首。正文前有馬悅然"Översättarens förord"，正文後有"Innehåll"。

L'oiseau Triste／Martine Vallette-Hémery 譯

Amiens：Le Nyctalope
1992 年 5 月，22 公分，95 頁
Le Sourire d'un arbre v.2

本書爲商禽詩作法譯，譯名爲「哀傷的鳥」。全書收錄 60 首詩。

商禽‧世紀詩選

臺北：爾雅出版社
2000 年 9 月，25 開，124 頁
爾雅叢書 505／世紀詩選之 5

全書分「夢或者黎明」、「夢或者黎明及其他」、「用腳思想」、「爲截集作品」四卷，收錄〈行徑〉、〈塑〉、〈火雞〉、〈躍場〉等 63 首。正文前有蕭蕭〈「世紀詩選」編輯弁言〉、〈商禽小傳〉、〈商禽手稿〉、〈商禽詩觀〉、奚密〈「變調」與「全視」：商禽的世界〉，正文後有〈商禽作品評論索引〉。

Rêve ou aude／Martine Valette-Hémery 譯

France：Éditions du Murmure
2005 年 2 月，25 開，125 頁

本書爲《夢或者黎明》與增收詩作法譯。全書分「Rêve ou aude 1969」、「Rêve ou aube et autres 1988」、「Penser avec les pieds 1988」、「poèmes rècents （Anthologie des poèmes de Shang Qin, 2000）」四部分，收錄"Au point jour"、 "Le ciel en fuite"、"Une porte ou un ciel"、"Les gants"、"Le chat pass-muraille"等 62 首。正文前有 Martine Valette-Hémery "Shang Qin ou l'oiseau triste"，正文後有"Table Des Matières"。

Traum oder Morgen／David Kühn 譯

Bochum：projekt verlag
2006 年 3 月，25 開，184 頁
Arcus chinatexte, band 22

本書爲《商禽‧世紀詩選》與散作德譯，中德對照，譯名爲「夢或者黎明」。全書分「卷一：夢或者黎明（Teil 1 Traum oder Morgen）」、「卷二：夢或者黎明及其他（Teil 2 Traum oder Morgen und andere）」、「卷三：用腳思想（Teil 3 Mit den Füßen denken）」、「卷四：未結集作品（Teil 4 Einzelne Texte）」四卷，收錄〈臺北‧一九六〇〉、〈安全島〉、〈某日某巷弔舊寓〉、〈地球背面的陽光〉、〈夢到畫中去開鎖〉等 88 首。正文後有"Mit den Füßen denken——Eine Hinfühung zum Werk Shang Qins"、 Peter Hoffmann"Zue den Übersetzungen"、 "Anmerkungen"、"Imhalt"。

Feelings Above Sea Level／Steve Bradbury（柏艾格）譯
Brookline：Zephyr Press
2006 年 12 月，23×13 公分，68 頁

本書爲商禽散文詩選。全書收錄"The Angel's Idon of a Practical Joke"、"The Lock Elactic"、"The Speed of Sound"等 25 首。正文前有"Translator's Preface"，正文後有"Translator's Note"、"List of Drawing"。

商禽集／曾進豐編
臺南：國立臺灣文學館
2008 年 12 月，25 開，126 頁
臺灣詩人選集 16

本書收錄《夢或者黎明》、《用腳思想》、《商禽詩全集》及商禽其他出版作品中遴選 55 首詩作，佐以商禽生平簡介。正文前有文建會黃碧端主委序、國立臺灣文學館鄭邦鎮館長序、彭瑞金〈「臺灣詩人選集」編序〉、〈臺灣詩人選集編輯體例說明〉、〈商禽影像〉、〈商禽小傳〉，正文後有曾進豐〈解說〉、〈商禽寫作生平簡表〉、〈閱讀進階指引〉、〈商禽已出版詩集要目〉。

商禽詩全集
臺北：印刻出版公司
2009 年 4 月，25 開，461 頁

本書分三卷，卷一「夢或者黎明」共有「行徑」、「長頸鹿」、「事件」、「遙遠的催眠」、「夢或者黎明」、「涉禽」、「門或者天空」、「手套」八輯；卷二「用腳思想」共有「音速」、「封神與聊齋」、「無言的衣裳」、「更深的海洋」、「月亮和老鄉」、「用腳思想」六輯；卷三「把現在放進過去的過去裡面」共有「傷心的女子」、「鹹鴨蛋」、「彩色騷動」、「飛行眼淚」、「誠實之口」、「天葬臺」六輯，收錄〈籍貫〉、〈不被編結時的髮辮〉、〈塑〉、〈前夜〉、〈溫暖的黑暗〉等 167 首。正文前有〈編輯弁言〉、商禽〈商禽詩觀〉、陳芳明〈快樂貧乏症患者——《商禽詩全集》序〉，正文後附有商禽〈何謂散文詩？〉、商禽〈對鏡〉、〈相關評論索引〉、張默〈商禽寫作年表〉。

文學年表

1930 年	3 月	11 日，出生於四川省宜賓市珙縣巡場鎮，本名羅顯烆，又名羅燕。父羅振富，母嚴氏。
1936 年	本年	就讀行健鄉中心小學、同時讀私塾。
1942 年	本年	就讀四川真福中學。
1945 年	9 月	2 日，對日抗戰勝利後，短暫復員返鄉。後隨兄長從軍，從此離鄉 43 年。
	本年	於成都遭當地軍閥拉伕，被關於一間藏有魯迅、冰心等新文學作品的藏書室，爲其與新文學的首次接觸。
1946 年	本年	隨部隊調廣東、湖南一帶服務。
1948 年	本年	與原部隊脫離，在被拉伕與脫逃中流浪於西南諸省。蒐集民謠並開始試作新詩。
1950 年	3 月	隨陸軍部隊自雲南經海南來臺。
1953 年	本年	開始以「羅馬」爲筆名在《現代詩》發表詩作。
1956 年	本年	參加紀弦組織的「現代派」。
1957 年	本年	開始以筆名「壬癸」發表詩作。
1959 年	3 月	發表詩作〈流質〉於《現代詩》第 23 期。
	7 月	發表詩作〈創世紀〉、〈長頸鹿〉、〈滅火機〉於《創世紀》第 12 期，爲第一次以「商禽」爲筆名發表。
	10 月	發表詩作〈天河的斜度〉與〈致詩人瘂弦〉於《創世紀》第 13 期。
1960 年	5 月	發表詩作〈風〉、〈不被編結時的髮辮〉、〈木柵四行〉於《創

世紀》第 15 期。

本年　詩作〈長頸鹿〉投寄覃子豪主編之《藍星季刊》被退回，爲生平首次遭遇退稿。

1962 年　8 月　發表詩作〈遙遠的催眠〉於《創世紀》第 17 期。

本年　詩作〈長頸鹿〉經胡品清法譯，刊於比利時《詩人報》（*Le Journal des Poetes*），並在法國國家廣播電臺朗誦播出。該詩又收入胡譯法文本《中國現代詩選》，同年在巴黎出版。

調防臺東大武，一度以撈捕鰻苗貼補生計。

1963 年　6 月　發表詩作〈死者〉於《創世紀》第 18 期。

1964 年　6 月　發表詩作〈透支的腳步〉、〈玩具旅行車〉、〈木星〉於《創世紀》第 20 期。

9 月　詩作〈天河的斜度〉等三首，由葉維廉英譯，發表於美國《TRACE》文學雜誌第 54 期「中國現代詩特輯」，計有瘂弦到羅英等 17 家的詩 29 首。

12 月　發表詩作〈逢單日的夜歌〉於《創世紀》第 21 期。

1965 年　6 月　發表詩作〈門或者天空〉於《創世紀》第 22 期。

1966 年　1 月　發表組詩「風及其他」：〈風〉、〈樹〉、〈涉禽〉、〈鷹〉與翻譯西班牙詩人 F・G・Lorca「失去的日子之歌」：〈失去的日子之歌〉、〈Verlaine〉、〈月光，月之羅曼史〉、〈普麗修莎和風〉於《創世紀》第 23 期。

4 月　發表詩作〈鴿子〉與〈詩之演出〉於《創世紀》第 24 期，

8 月　發表詩作〈夢或者黎明〉於《創世紀》第 25 期。

1967 年　本年　與羅英結婚。

1968 年　2 月　任職於臺中普天出版社編輯，不久後辭去。

4 月　長女羅珊珊出生。

5 月　發表英譯詩作"Dove"、"Gradient of the Miky Way"於《創世

紀》第 28 期。

本年　退伍，時為陸軍上士一級。

　　　於高雄碼頭任船艙工人，並有跑單幫經歷。

1969 年　1 月　發表詩作〈醒〉於《創世紀》第 29 期。

　　　2 月　發表〈一雙能用聲音繪畫的手——訪鋼琴家劉淑美談近代音樂〉於《幼獅文藝》第 182 期。

　　　3 月　發表〈玫瑰〉於《幼獅文藝》第 183 期。

　　　4 月　發表〈商禽散文選〉於《幼獅文藝》第 184 期。

　　　6 月　發表詩作〈溫暖的黑暗〉於《幼獅文藝》第 186 期「詩專號」。

　　　9 月　應美國愛荷華大學國際作家創作專案（International Writing Program）之邀請，以作家身分進駐該校，期滿時曾獲贈該校榮譽作家（Honorary Fellow in Writing）。

　　10 月　詩集《夢或者黎明》由臺北十月出版社出版。

　　　本年　詩作〈樹中之樹〉、〈門或者天空〉等 17 首，選入葉維廉英譯《中國現代詩選》（*Modern Chinese Poetry: Twenty Poets from the Republic of China, 1955—1965*），由美國愛荷華大學出版。

　　　　　擔任《文藝》月刊社及《青年戰士報》副刊助編。

1970 年　5 月　30 日，發表〈寶島心影——發人深省的延平邵王祠〉於《今日生活》第 4 卷第 4 期。

　　　6 月　發表〈六松山莊訪陳世驤博士問中國文學〉於《幼獅文藝》第 198 期。

　　　本年　獲福特基金會之獎助，繼續留美一年，曾先後在美中西部重要基金會、圖書館、博物館、大專院校等處朗誦詩作。

1971 年　10 月　由美經首爾返臺。

1972 年　3 月　任某國中書記,後因參加《中國文化月刊》編務辭去書記職,至翌年該月刊社解散。

詩作〈月亮和老鄉〉發表於《現代文學》第 46 期「現代詩廿年回顧專號」。

　　　　9 月　發表詩作〈咳嗽〉於《創世紀》第 30 期。

1973 年　2 月　次女羅永言出生。

應藍星詩社吳望堯之邀,擔任第一、二屆「中國現代詩獎」評審委員。

　　　11 月　發表詩作〈安全島〉於《創世紀》第 35 期。

　　　本年　與妻子羅英開設托兒所,為期五～六年。

1974 年　5 月　17 日,詩作〈寒食〉由許博允譜曲、林懷民編舞演出同名舞碼《寒食》。

　　　　6 月　23 日,出席「第一屆中國現代詩獎」頒獎典禮,與會者有辛鬱、白萩、余光中、洛夫、羅門、蓉子、瘂弦、林亨泰等人。

組詩「五官素描」發表於《中外文學》第 3 卷第 1 期。

　　　12 月　12 日,應邀出席洛夫作品《魔歌》出版座談會與朗誦會「魔歌之夜」,並於會中與葉維廉、羅門、張漢良共同針對《魔歌》進行討論。

1975 年　6 月　15 日,出席「第二屆中國現代詩獎」頒獎,與會者有羊令野、張默、羅門、瘂弦、洛夫等人。

　　　　9 月　於永和販賣牛肉麵,店名命為「風馬牛肉麵」。紀弦、洛夫、張默、楚戈、管管、大荒、梅新、楊牧、鄭愁予、羊令野、林懷民、彭邦禎等人皆曾為座上客。並曾開設「天府牛肉麵館」。

1976 年　1 月　30 日,發表詩作〈歲末寄友人〉於《聯合報》

3 月　詩作〈滅火機〉、〈醒〉、〈長頸鹿〉，選入許世旭編譯《中國現代詩選》，由首爾乙酉文化社刊行。

4 月　詩作〈長頸鹿〉、〈匹茨堡〉等七首，選入《中國現代文學選集》，由臺北書評書目出版社出版。

11 月　25 日，應許世旭邀請，與羊令野、方心豫、洛夫、菩提、張默、羅門、辛鬱、梅新等人前往韓國漢城（今首爾）訪問，並赴板門店 38 度線，瞭望北韓。至 12 月 5 日經東京返回臺北。

1977 年　3 月　發表詩作〈解凍而去〉與翻譯韓國詩人黃東奎〈太平歌〉、〈備忘錄〉、鄭玄宗詩作〈致演員〉於《創世紀》第 45 期。

5 月　應中華文化復興運動委員會之聘，至該會任職。

7 月　當選由創世紀成員推舉選出的「中國當代十大詩人」，詩作〈長頸鹿〉、〈逃亡的天空〉、〈夢或者黎明〉等 17 首選入張默、張漢良、辛鬱、菩提、管管編《中國當代十大詩人選集》，由臺北源成文化圖書供應社出版。

以筆名「羅燕」發表〈第二度抽象——以傳統書法藝術為基礎的現代版畫家——李錫奇〉於《中華文化復興月刊》第 10 卷第 7 期。

1978 年　6 月　應《聯合報》副刊之邀，與老中青三代詩友 20 餘人赴溪頭遊覽，並參加《聯合報》主辦的「中國詩人的道路」座談會。

9 月　22 日，發表詩作〈狗〉於《聯合報》副刊。

12 月　發表詩作〈五彩友誼〉於《創世紀》第 49 期。

本年　詩作〈天河的斜度〉等 22 首發表於法國詩刊 *Poesie* 夏季第 5 號。

1979 年　5 月　30 日，發表詩作〈我的第一首詩：以此專輯獻給初寫詩的青年朋友們〉於《聯合報》副刊。

10 月　30 日，發表詩作〈兩個難忘的形象：先總統蔣公和一個抓蟋
　　　蟀的士兵〉於《聯合報》副刊。

11 月　詩作〈遙遠的催眠〉、〈長頸鹿〉、〈五官素描〉，選入《現代詩
　　　導讀》第一冊，由臺北故鄉出版社出版。並有張漢良、蕭蕭
　　　分別針對詩作評論詮釋。

1980 年　1 月　4 日，發表詩作〈歌聲中的國旗〉於《聯合報》副刊。

　　　本年　經李錫奇引介，任職於《時報周刊》。

1981 年　3 月　發表詩作〈某日某巷弔舊寓〉於《創世紀》第 55 期。

1982 年　10 月　發表詩作〈眉（五官素描之二）〉於《創世紀》第 59 期。

　　　本年　獲選爲《陽光小集》詩刊舉辦「青年詩人心目中的十大詩
　　　人」票選之一。

1983 年　6 月　26 日，《現代詩》復刊，與辛鬱擔任編輯顧問。

　　　8 月　詩作〈滅火機〉、〈透支的腳印〉、〈逢單日的夜歌〉、〈樹〉、
　　　〈鴿子〉、〈秋〉選入流沙河主編《臺灣詩人十二家》，由成都
　　　重慶出版社出版。流沙河並以「抗議的雞」比喻商禽，做爲
　　　收錄輯名。

　　　本年　發表〈追悼文環兄〉於《臺灣文藝》第 81 期。
　　　發表〈「性」的昇華：從我國傳統觀念談起〉於《臺灣文藝》
　　　第 82 期。
　　　發表〈不信童年喚不回〉於《學前教育》第 6 卷第 7 期。

1984 年　12 月　應邀出席臺北新象藝術中心主辦的「中、義視覺詩聯展」。並
　　　當場集體創作〈黃河之水天上來〉的長卷畫作。

1985 年　8 月　於《聯合報》、臺灣省新聞處、《聯合文學》及《臺灣月刊》
　　　聯合主辦的「第一屆全省巡迴文藝營」中擔任講師。

　　　本年　發表〈樂天知命一學人：悼念吳本立先生〉於《文訊雜誌》
　　　第 21 期。

爲紀念黃文成，完成詩作〈木棉花〉。

1986 年　2 月　升調爲《時報周刊》副總編輯。

6 月　應邀參加環亞藝術中心主辦的「視覺詩十人展」。

7 月　詩作〈滅火機〉，選入北影一主譯《臺灣詩集──世界現代詩文庫》，由日本東京土曜美術社出版。

9 月　發表詩作〈人・分崩離析〉於《創世紀》第 68 期。

1987 年　4 月　發表詩作〈路權〉於《創世紀》第 70 期。

6 月　2 日，發表詩作〈穿牆貓〉於《聯合報》副刊。

8 月　發表詩作〈溫水烏龍〉、〈解嚴夜〉於《創世紀》第 71 期。

12 月　發表組詩「封神二則」：〈火焰（馬善疑點）〉、〈大地（土行孫告白）〉於《創世紀》第 72 期。

1988 年　9 月　詩集《夢或者黎明》增訂再版並更名爲《夢或者黎明及其他》，由臺北書林出版公司出版。

詩集《用腳思想　詩及素描》由臺北漢光文化出版公司出版。

與洛夫、碧果、張默、辛鬱等人前往北京進行文藝交流與訪問。

1990 年　12 月　詩作〈長頸鹿〉，選入唐湜主選《中國新詩名篇鑑賞辭典》，由四川辭書出版社出版。

1991 年　8 月　發表〈讀李錫奇畫作的幾種方法〉於《雄獅美術》第 246 期。

1992 年　5 月　詩集《冷藏的火把》（瑞典文版 *Den djupfrysta facklan*、英文版 *The Frozen Torch：selected prose poems*），分別由瑞典 Bonniers 與倫敦 Wellsweep Press 出版。（馬悅然翻譯）

詩集《哀傷的鳥》（*L'oiseau Triste*）由巴黎 Franzosisch 出版。（Martine Valette-Hémery（艾梅里）翻譯）

	8 月	自《時報周刊》副總編輯崗位退休。
	10 月	2 日，出席由洛夫發起的「詩的星期五」第三場，與梅新聯手在誠品書店世貿店擔綱演出。
1993 年	3 月	20 日，發表詩作〈胸窗：洛貞九七年畫展觀後〉於《聯合報》副刊。
	4 月	30 日，發表〈巴爾札克在家嗎〉於《聯合報》。
	8 月	因應《現代詩》季刊 40 週年，出席「《現代詩》40 週年座談」，與林亨泰、阿翁討論紀弦、黃荷生的詩，並與現場愛詩人對話。
	9 月	獨自赴成都旅行，至廣漢市憑弔詩人覃子豪紀念館。
1994 年	9 月	2 日，與簡政珍主持第 27 次「詩的星期五」活動，並自誦、解析〈公車站牌〉、〈雞〉等詩作。
		發表詩作〈泉：紀念覃子豪先生〉於《臺灣詩學季刊》第 8 期。
	10 月	13 日，詩作〈泉：紀念覃子豪先生〉刊載於《聯合報》副刊。
		28 日，出席由政治大學中文系舉辦的「詩的饗宴」，與洛夫、辛鬱、梅新、管管、瘂弦等人共同演出。
	12 月	發表詩作〈地球背面的陽光〉與刊載詩作〈雞〉、於《創世紀》第 101 期。
1995 年	1 月	9 日，參加賢志文教基金會舉辦「文學金門」活動，與袁和平、陳若曦、朱西甯、杜十三、楚戈、席慕蓉等 30 位作家至金門參訪，並舉行兩岸三地的文學座談會。
	3 月	29 日，參與嶺南大學「中國當代作家口述歷史計劃」，協助錄製自述影片。
	6 月	6 日，詩作選入樓肇明、天波主編《世界散文詩寶典》，由杭

州浙江文藝出版社出版。

9 月　16 日，應邀參加於臺中精明一街社區舉辦的「抗戰勝利 50
週年詩朗誦會」，並與其他詩人自誦詩作助興。

30 日，接受行政院文建會贊助，與李昂、龍應台、蔡源煌、
廖炳惠、黃有德、舒國治、鄭林鐘組成「諾貝爾文學獎訪問
考察團」，赴瑞典展開 15 天的文學、文化交流。

詩作〈無言的衣裳〉等五首，選入張默、蕭蕭編《新詩三百
首》，由臺北九歌出版社出版。

10 月　14 日，與梅新、白先勇、張大春、鄭愁予、丘秀芷、劉光
能、楚戈、徐頌仁等作家代表臺灣參加法國法蘭西研究院
慶，為期一週。

1996 年　3 月　發表〈心靈的感官之旅——朵思詩集《心底索驥》讀後〉於
《創世紀》第 106 期。

7 月　發表詩作〈大句點〉於《創世紀》第 107 期。

發表與孟樊合著〈現代詩創作與理論的鴻溝〉於《創世紀》
第 107 期。

12 月　發表〈三家詩話〉於《創世紀》第 149 期。

本年　發表詩作〈鹹鴨蛋〉於《今天》第 9 期。

1997 年　1 月　以臺灣代表身分，出席於香港舉辦的「國際詩歌節」。

10 月　發表〈美麗依舊・哀愁淨化——讀古月詩〉於《創世紀》第
112 期。

11 月　13 日，發表詩作〈高個子的美學：懷念亡友梅新〉於《聯合
報》副刊。

發表詩作〈溺酒的天使〉、〈行徑〉、〈海拔以上的情感〉、〈籍
貫〉、〈廢園〉、〈電鎖〉、〈叛逃〉、〈屋簷〉、〈雪〉、〈鹹鴨蛋〉
於《創世紀》第 113 期。

12 月　25 日，出席「梅新追思會」。

發表〈大句點──笑悼黃華成〉於《創世紀》第 113 期。

詩作〈高個子的美學〉刊載於《現代詩》第 30、31 期合刊。

本年　應梁秉鈞邀請，出席第一屆香港國際詩歌節。

1998 年　5 月　20 日，發表詩作〈飛行魚：贈畫家馮鍾睿〉於《聯合報》副刊。

6 月　10 日，發表詩作〈水族館〉於《中國時報》「人間」副刊。

應臺北義德堂之邀，參加爲古傢俱配詩行動，與會者另有周夢蝶、管管、大荒、向明、辛鬱、碧果、尹玲等人；發表詩作〈捏塑自己〉、〈姑姑窟〉於《創世紀》第 115 期。

9 月　接受林麗如專訪文章〈變調的鳥〉發表於《文訊雜誌》第 155 期。

12 月　發表詩作〈割裂〉與〈六祖談畫〉於《創世紀》第 117 期。

〈〈七絕〉賞析〉（管管著）收錄於陳義芝編《八十六年詩選》，由臺北現代詩季刊社出版。

1999 年　2 月　詩集《夢或者黎明》，選入由《聯合報》副刊與文建會合辦的「臺灣文學經典」書目 30 種。詩集共有七本入圍，另六家爲鄭愁予、瘂弦、余光中、周夢蝶、洛夫、楊牧。

3 月　發表詩作〈胸窗〉、〈夢到畫中去開鎖〉於《創世紀》第 118 期。

6 月　14 日，與焦桐主編《八十七年詩選》，由臺北創世紀詩雜誌社出版。並應創世紀詩社邀請，與大荒、丁文智、麥穗、曹介直、張默等 10 位同滿 70 歲的詩人作家一同慶生。

27 日，發表詩作〈不和春天說再見〉於《臺灣詩學季刊》第 27 期。

發表詩作〈飛行垃圾〉、〈酢醬草炸彈〉於《創世紀》第 119

期。

7 月　22 日，發表詩作〈飛行垃圾〉於《中國時報》「人間」副刊。

11 月　9 日，發表〈一次精彩的想像練習——談陳克華的〈當時間之風吹起〉於《中國時報》第 37 版。

本年　獲中國詩歌藝術學會「第四屆詩歌藝術獎」，獲獎者有周夢蝶、余光中、楊牧、鄭愁予、瘂弦、商禽。

2000 年　1 月　詩作〈長頸鹿〉，選入牛漢、謝冕主編《新詩三百首》第二冊，由北京中國青年出版社出版。

6 日，發表詩作〈背著時間等時間〉於《中央日報》第 22 版。

發表組詩「時間二章」：〈吃時間的龍〉、〈背著時間等時間〉、〈把現在放進過去的過去裡面〉於《創世紀》第 122 期。

9 月　6 日，與詩人張默、辛鬱、向明、大荒、丁文智等人前往位於覃子豪故鄉四川省廣漢縣的覃子豪紀念館致敬，並捐贈部分手稿與照片。

詩集《商禽‧世紀詩選》由臺北爾雅出版社出版

發表詩作〈蒼鷺〉、〈搖搖欲醉的星星〉於《創世紀》第 124 期。

發表詩作〈三段論法的天空〉於《臺灣詩學季刊》第 32 期。

11 月　16 日，發表詩作〈對鏡〉於《聯合報》副刊。

本年　發表〈安魂歌〉於《淡水牛津文藝》第 7 期。

2001 年　3 月　商禽自畫像（彩色），刊於《創世紀》第 126 期的封面。

8 月　詩作〈螞蟻巢〉、〈平交道〉等 16 首，選入馬悅然、奚密、向陽編《二十世紀臺灣詩選》，中文版由臺北麥田出版公司出版。同時另有英文版與大陸簡體字版。

9 月　出席聯合文學出版公司策辦的「臺北國際詩歌節」,並上臺朗
　　　誦作品。

2002 年　1 月　應邀參加於臺北大安森林公園音樂臺舉行的《紀弦回憶錄》
　　　　　　　（三冊）發表會。

6 月　應邀參加第 33 屆鹿特丹國際詩歌節,於會中朗誦詩作〈咳
　　　嗽〉等詩,後於 2002 年 12 月《創世紀》第 133 期撰文追述
　　　會議的歷程。

9 月　日本《藍 BLUE》文學雜誌第 7、8 期合刊,策畫出刊「臺灣
　　　創世紀詩人特輯」,收錄商禽詩作多首,由尾崎裕日譯。

10 月　25 日,出席臺北國際詩歌節活動「煉金術士的降靈會──詩
　　　　人之夜」,同臺演出者有余光中、周夢蝶、羅門、蓉子、商
　　　　禽、張默、白靈、向明、向陽、劉克襄、王添源、陳克襄
　　　　等。以自誦詩作搭配舞蹈、音樂等各種藝術做為呈現方式。

12 月　9 日,發表詩作〈峨嵋山的函數──賀馬悅然中文文集《另
　　　　一種鄉愁》出版〉於《聯合報》第 39 版。
　　　　16 日,出席《聯合文學》所舉辦的馬悅然文集《另一種鄉
　　　　愁》新書發表會。會中與馬悅然進行對談,由向陽主持。
　　　　發表〈我在三十三屆鹿特丹「國際詩歌節」咳嗽〉、翻譯「湯
　　　　馬斯‧川司楚馬詩三首」:〈夜記〉、〈隆冬〉、〈十一月〉;「冉
　　　　克‧胡波詩一首」:〈白晝已經變短〉於《創世紀》第 133
　　　　期。

2003 年　1 月　發表詩作〈天葬臺〉於《聯合文學》第 219 期。

3 月　詩作〈峨嵋山的函數──賀馬悅然中文文集《另一種鄉愁》
　　　刊載於《創世紀》第 134 期。

6 月　4 日,發表詩作〈端午‧雄黃‧防煞〉於《自由時報》第 43
　　　版。

	9 月	20 日，出席國際詩歌節「詩人之夜」朗誦會。
	10 月	詩作〈站牌〉、〈飛行垃圾〉等九首，選入白靈編《中華現代文學大系・詩卷》，由臺北九歌出版社刊行。
2004 年	3 月	發表詩作〈米蘭〉、〈翡冷翠那一夜〉、〈鳥菲濟美術館〉、〈釋放〉、〈羅馬之松〉、〈許願泉〉、〈誠實之口〉、〈寒食〉於《創世紀》第 138 期。
	7 月	應邀到花蓮和南寺，參加錄製「創世紀五十年詩朗誦 DVD」，並自誦詩作。
		發表詩作〈彩色騷動——繪李錫奇〉於《金門文藝》第 1 期。
	9 月	發表詩作〈傍晚〉於《乾坤詩刊》第 29 期。
	10 月	29 日，因應創世紀詩社慶祝創立 50 週年活動，與李錫奇、劉國松・尉天驄・楚戈等人進行「現代詩與現代藝術的對話」座談會。
		發表詩作〈孔廟〉、〈傍晚〉於《創世紀》第 140～141 期合刊。
	本年	罹患帕金森氏症
2005 年	2 月	詩集《夢或者黎明》（*Rêve ou aude*）由法國 Éditions du Murmure 出版。（艾梅里翻譯）
	4 月	發表詩作〈給朱為白〉於《聯合文學》第 246 期。
	7 月	擔任國家臺灣文學館（今國立臺灣文學館）主辦「2005 全國臺灣文學營」講師，以「淺談散文詩」為講題。
	9 月	發表詩作〈正方形的春天〉與〈閱讀丁文智的詩心和詩藝〉於《創世紀》第 144 期。
	本年	第三度入選中國當代十大詩人。
		詩作〈飛行垃圾〉選入由 John Balcom（陶忘機）等人英譯

　　　　　　　Sailing to Formosa—A Poetic Companion to Taiwan（航向福爾摩莎——詩想臺灣），由美國 University of Washington Press 出版。

　　　　　　　獲選爲臺北教育大學臺灣文學研究所（今臺灣文化研究所）與《當代詩學》舉辦「臺灣當代十大詩人」票選之一。本次活動由孟樊、楊宗翰二人於 2005 年中致函臺灣詩人群，共同投票決定。

2006 年　3 月　詩集《夢或者黎明》（*Traum oder Morgen*）由波洪 projekt verlag 出版，中德對照。（David Kühn 翻譯）

　　　　　　　與林黛嫚、鴻鴻出席於臺北故事館舉辦的文學沙龍講座，陳義芝任主持人，講座主題爲「春日」。

　　　　6 月　發表詩作〈桂芝去了月亮〉於《創世紀》第 147 期。

　　　　8 月　24〜26 日，擔任國家臺灣文學館主辦「2006 全國臺灣文學營」講師，以「漫談散文詩」爲講題。

　　　　9 月　《當代詩學》年刊第 2 號，出刊「臺灣當代十大詩人專號」，商禽以 22 票排名第七，進入十大。

　　　10 月　接受紫鵑訪問文章〈玫瑰路上的詩人——詩人商禽訪談錄〉發表於《乾坤詩刊》第 40 期。

　　　11 月　9 日，出席臺北詩歌節活動「透視散文詩的祕密」，與秀陶、劉克襄共同主講，李瑞騰主持。

　　　12 月　《海拔以上的情感》（*Feelings Above Sea Level*）由布魯克林 Zephyr Press 出版。（Steve Bradbury（柏艾格）譯）

　　　本年　擔任第二屆林榮三文學獎新詩組複審委員。

2007 年　3 月　於「臺大文學講座・洪游勉文學講座」演講錄影《顛躓在詩路上的扁平足》發行爲 DVD，由臺灣大學出版中心出版。

　　　　6 月　發表詩作〈散讚十竹齋〉於《創世紀》第 151 期。

2008 年　5 月　詩作〈散讚十竹齋〉選入白靈編《二○○七臺灣詩選》，由臺北二魚文化出版公司出版。並以該詩獲「2007 年度詩獎」。

　　　　11 月　11 日，出席政治大學中文系與臺文所合辦，創世紀詩社協辦「承受與反叛——臺灣現代詩與現代繪畫的回顧」，並參與「詩人座談」活動，與李錫奇、辛鬱、楚戈、楊牧、鄭愁予等人對談。

　　　　12 月　曾進豐編《商禽集》，列入「臺灣詩人選集」，由臺南國立臺灣文學館出版。

　　　　本年　於高處取物，不慎在家中摔倒。進行脊椎植入鋼架手術，身體每況愈下。

2009 年　4 月　詩集《商禽詩全集》由臺北印刻出版公司出版。

　　　　5 月　27 日，假臺北國際藝術村舉行《商禽詩全集》發表會，共有老、中、青詩友近百人，林懷民、李瑞騰等人致詞。

　　　　11 月　15 日，以《商禽詩全集》獲得 2009 臺灣文學獎「新詩金典獎」首獎。

2010 年　4 月　3 日，廈門大學舉行「兩岸三地華文教學研討會」，其中一場由丁旭輝主持，專門討論商禽的詩作，計有李翠瑛、金尚浩、蕭蕭、黎活仁、鄭振偉等發表專論。

　　　　6 月　27 日凌晨，因肺炎合併急性呼吸衰竭辭世，享年 81 歲。

　　　　　　29 日，《中國時報》「文化新聞」A11 版，林欣誼以「悲傷至極的詩人商禽 27 日病逝」為題，率先回憶詩人先前種種生活，同時另有前標題「一輩子受苦，商禽瞻望歲月」。

　　　　　　30 日，《聯合報》副刊以「回到詩的天空與曠野——《創世紀》詩社元老悼商禽」，刊出管管、碧果、辛鬱、張默四人的悼詩。

　　　　7 月　19 日，於臺北市第一殯儀館舉行告別式。

28 日，遺作〈無題〉、〈老樹與小鹿〉發表於《聯合報》D3 版。

29 日，創世紀詩社與文訊雜誌社主辦，於華山 1914 創意文化園區舉行「夢或者黎明——商禽文學展暨追思紀念會」，周夢蝶、許博允、鄭愁予、司馬中原、季季、王榮文等皆到場致意。

12 月　遺作〈廢園〉、〈電鎖〉、〈雞〉、〈叛逃〉、〈屋簷〉、〈秋〉、〈地球背面的陽光〉、〈封神三章〉、〈米蘭——贈旅義大利畫家霍剛〉、〈翡冷翠那一夜〉、〈不和春天說再見〉刊載於《臺港文學選刊》第 277 期。

參考資料：

・嶺南大學「中國當代作家口述歷史計畫」—商禽　最後瀏覽時間：2012 年 9 月 21 日
https://www.library.ln.edu.hk/eresources/lingnan/oral_history/qshang/

・商瑜容，〈商禽創作年表〉，《商禽詩藝的實踐之道》高雄：中山大學中國語文學系碩士論文，2002 年，頁 115～210。

・張默編輯整理，〈商禽寫作年表〉，《夢或者黎明——商禽文學展暨追思紀念會特刊》，臺北：文訊雜誌社，2010 年 7 月。

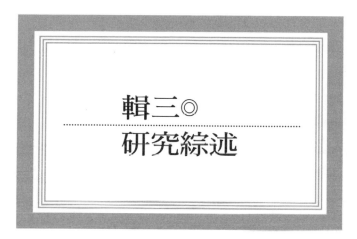

輯三◎

研究綜述

商禽研究資料彙編綜述

◎林淇瀁

一、商禽文學概述

　　李英豪曾以「變調的鳥」爲題論商禽的詩，說商禽「從有限的我，逃亡，逃向超我的我；如鳥，如一隻『變調的鳥』，欲飛脫囚籠之現象界，翱不可觸及的凍結的詭祕天空——一個內在的宇宙」。這段評述幾乎可說是對於商禽詩世界的總體評價。讀商禽的詩，既不能忽視他作品裡營造的超現實氛圍，也不能無視於他的整體詩世界中那股撼人心弦的現實結構。用商禽自己的話說，他的詩是「由人所寫的詩」，既和人有最深的關係，也和人所生存的世界有最密切的關係。

　　也正因爲如此，商禽的詩世界與人的世界是密不可分的，他寫作逾半個世紀，發表不足兩百篇詩作，被視爲臺灣散文詩的「第一把號管」，也被視爲戰後臺灣超現實主義的代表性詩人，然而他似乎對此類稱譽並不滿意。1995 年，他在《中國時報》「人間」副刊針對「散文詩」說他「用散文來寫詩」，「要求的是本質的詩的充盈」；1989 年，他接受青年詩人萬胥亭訪問時，直言：「超現實其實就是最最真實的意思」：

> 如果說我對超現實主義還有點興趣，並且還在從事類似的創作的話，是因為我以為要做到真實，恐怕不只要做到表面的真實，還要把心裡的、腦裡的一起呈現出來。

　　這段話符合商禽的基本詩觀：詩是人及其生活世界的呈現，而不是超現實主義或現實主義的問題。因此，讀或論商禽的詩，就離不開商禽的人與他的生活世界。商禽的詩，是他的人生和他走過的現實時空的總體顯現。

　　1930 年生於四川珙縣的商禽，於 1945 年尚在高中讀書時在成都因遭拉伕而被迫從軍，1950 年輾轉來到臺灣。在這段失學的軍伍生涯中，他接觸到魯迅、冰心、矛盾等中國新文學作家的作品；也有機會在中國西南諸省蒐集民謠，而對聲律音韻產生興趣，開始嘗試創作新詩。來到臺灣之後，認識紀弦，開始以「羅馬」為筆名，在《現代詩》發表詩作，並加入紀弦主催的「現代派」，但直到這個階段，他的詩還是靠近寫實的詩，也尚未接觸到西方超現實主義詩作的譯作，直到 1959 年 7 月，開始以「商禽」的筆名在《創世紀》發表〈長頸鹿〉、〈滅火機〉之後，他的詩才開始朝向超現實的表現發展。

　　商禽的代表作多半發表於創世紀詩社超現實主義盛行的 1960 年代，結集於 1969 年出版的詩集《夢或者黎明》，是他的力作。林燿德稱許這本詩集是「臺灣超現實主義登峰造極之作」，商禽是「超現實主義者中最具魅力的一員」，肯定他的詩具有「創造與展示兼具、思想與意象交織」的藝術特色；商禽的老友詩人瘂弦則另以「人文精神」增益其特色。瘂弦指出，在商禽文學成長的歷史中，受到中國 1930 年代文學的影響很大（魯迅、卞之琳、馮至、廢名、戴望舒等），也受到俄國虛無主義與社會主義思想家的影響（普希金、克魯泡特金、巴古寧、蒲力漢諾夫、魯那卡爾斯基、涅克拉索夫、馬雅可夫斯基 等），因而在《夢或者黎明》中表現了人道主義（如〈鴿子〉、〈長頸鹿〉、〈門或者天空〉等）。

　　在這裡，關於商禽的詩作及其文學世界，似乎出現了互為弔詭的評價。商禽是一個脫離現實的藝術至上論者？或者是一個強調人文精神的人道主義者？事實上，回到 1924 年布列東（André Breton,1896～1966）出發表〈超現實主義宣言〉之際的歐洲來看，當時以法國、西班牙作家和藝術

家為主導的超現實主義，就是一個左翼的前鋒運動，以布列東為首的超現
實主義詩人，在二次大戰前以及西班牙內戰期間，更是積極介入政治與現
實。他們既是藝術想像的解放者，也是反法西斯、反獨裁專政的解放行動
者。但超現實主義來臺灣之後，由於時值國民黨執行反共文藝政策之際，
於是屬於左翼、社會主義的部分被抽離了，潛意識與自動寫作部分被彰顯
了，超現實主義在臺灣乃就形成了「修正的超現實主義」，抽掉它的社會性
實踐而汲汲於藝術性的實驗。

　　從這個角度來看商禽，他如何在自身也著迷於超現實主義的同時，又
能觀看現實社會（儘管無法「實踐」）而在詩作中表現他的左翼人道色彩
呢？瘂弦在〈他的詩・他的人・他的時代——論商禽《夢或者黎明》〉一文
中對此一矛盾提供了妥切的解釋：

> 商禽的作品，如何處理社會觀與藝術觀之間兩極化的矛盾？商禽的做法
> 是，在題材、主題上以強烈介入的態度，深入社會的脈搏，為被污染、
> 被損害的發出不平之鳴，而在形式上、技術上，卻嚴格保持藝術的細緻
> 和美學的精準。……因此如果只看到商禽形式上唯美的傾向就說他是李
> 賀、是現代詩鬼，那我想只看到了藝術家的商禽，還有一個人道主義的
> 商禽，人文主義的商禽躲在象徵的枝葉背後，那才是最重要的。

　　商禽詩世界中的人道主義（或人文主義），與他在現實人生中的處遇有
不可分割的關係。收在《夢或者黎明》中的諸多詩作，恰好也反映了他截
至 1968 年以陸軍上士退伍，到高雄碼頭擔任船艙工人、跑單幫之前的流
離、動盪與底層生活的所見所思。在這本詩集中，他寫「籍貫」、「巡更
人」、「司機」、「獄卒」、「畸形兒」、「被囚禁者」，也寫他自己做為小兵的心
境，這些作品中〈長頸鹿〉、〈逃亡的天空〉、〈遙遠的催眠〉、〈夢或者黎
明〉、〈逢單日的夜歌〉、〈門或者天空〉等如今都仍傳誦。不全然因為他巧
妙的超現實書寫技巧，更多的是因為這些詩中所表現的，對於被凌虐者、

被歧視者、被侮辱者的凝視和悲憫。這種悲憫，使商禽成為一個「快樂想像缺乏症」患者，因為無論就他自己或他所看到的周邊人士的苦痛來說，都「包含著幾許悲哀」：被禁錮於不自由的狀態，想逃亡而又無法脫逃，陷入困境的悲哀，可說是商禽這個階段詩世界的主題。

　　1988 年，商禽由漢光出版社出版了他的第二本詩集《用腳思想》，也由書林出版社出版了增訂本詩集《夢或者黎明及其他》，標誌了詩文學創作的第二個階段，也展現了人生階段最穩定時期的創作成果。第一本詩集《夢或者黎明》出版同年（1969 年），商禽應愛荷華大學國際寫作計畫之邀赴美，至 1971 年返臺，這兩年時間使他可以在國際交流中接觸各國作家，也免於生活的困頓，有所喘息，但同時也讓他對少小遠離的故鄉四川和家人平添想念，《用腳思想》詩集中，留有不少此類詩作（如〈月亮和老鄉〉、〈五官素描〉、〈凱亞美廈湖〉、〈豆腐湯丸〉）；從愛荷華返臺之後，商禽曾短期擔任某國中書記，後曾參加某刊物編輯，工作並不穩定，曾在永和開了一家「風馬牛肉店」賣麵維生；1979 年元月，他獲聘進入《時報周刊》擔任編輯，直到 1992 年以副總編輯退休，而有了穩定工作與收入。《用腳思想》收的就是截至退休前四年（1988 年）的作品。

　　《用腳思想》除了前述懷鄉之作以外，依其內容與性質，尚有懷人詠物之作（如〈月光／悼或人〉、〈音速／悼王迎先〉、〈木棉花／悼陳文成〉、〈頭七／紀念女兒她們母親的母親〉、〈三七／紀念孩子們的大舅父〉、〈五七／紀念孩子們的外公〉、〈楊逵素描〉等），這些作品都與生命的亡逝為主題，延續了商禽第一階段的死亡主題，但在書寫技巧上則已將超現實手法放淡，強化了現實主義的淡筆寫法；尤其以 1980 年代王迎先、陳文成兩命案切入之詩，更是沉痛感人，其中有「同是天涯淪落人」的傷懷，可以看出商禽內在心靈世界的痛楚。這些詩既寫實，又超越寫實，一如他在〈跋〉中所說，「論者每以為我受了某種潮流的衝擊而詩風有所轉變」（指受鄉土文學論戰後寫實主義詩風之影響），商禽詩風之變，在這本詩集中的確明顯，是否受寫實主義詩風之影響，仍有論述空間，但這階段商禽詩藝

已達高峰，則毋庸辯。這個階段的他，已不掩飾他對威權執政者的批判，以及對於與他同有老兵身分的王迎先、政治反對者陳文成的高度同情。

《用腳思想》的另一個特色，是收在「用腳思想」一輯中的四首作品以及他為四作所繪的「視覺詩」（彩圖），他利用毛筆書法、剪貼詩句和手繪彩圖，試圖表現詩的視覺意象。〈用腳思想〉以在天上「找不到頭」、「用頭行走」；在地上「找不到腳」、「用腳思想」暗喻天道不經、世道沉淪。〈手腳茫茫〉、〈尋找心臟〉、〈人的位置〉等詩也都有類似寓意。與其說這是商禽應和 1980 年代視覺詩潮流之作，不如說這是商禽對當時大轉捩點上的臺灣政治與社會的深刻嘲諷。

1992 年從《時報周刊》退休後，商禽詩作銳減，2000 年由爾雅出版《商禽・世紀詩選》，2009 年由印刻出版公司為已在病中的他出版《商禽詩全集》，除已出兩本詩集外，也將商禽退休後所作及其他未出詩稿收入。這些詩作除題贈詩之外，也有退休後至尚未罹病（帕金森氏症）前的詩作，可視為商禽第三階段的作品。在這個階段中，商禽除了延續他前此一貫的創作主題之外，也多出了仿歌謠的詩作，如〈解嚴夜〉處理政治題材，第三段「床前不見明月光／枕畔有人愛低吟／水哈水哈輕輕叫／按門待影好大聲」，隱然嘲諷於句中；又如〈姑姑窟〉仿寫四川小孩遊戲兒歌、〈搖搖欲墜的星星〉則以連綿的複蹋句式結於「醉臥沙場君莫哈哈哈……」句，顛覆前頭各句營造的音樂性，帶來突兀的反諷趣味。顯見晚年的商禽已不拘限於詩的語言，而能隨心所欲，重塑與顛覆其舊有之詩風，進入繁華落盡的淡定階段，惜因他的病情，此一時期詩作不多。

2008 年 12 月，國立臺灣文學館出版學者曾進豐所編《商禽集》，書後〈解說〉這樣評價商禽詩藝成就：

> 商禽詩作有著一貫的奇崛精神和瑰偉魅力，但仍可略別前後風貌之差異：前期意象繁密，凝重憤鬱，冷峻而峭拔，後期展現為清朗疏淡，蘊藉而深沉。

　　這段評價，精確寫出了商禽詩作語言的轉變，唯如就商禽的詩文學生命來看，還可細分爲三個階段，以詩集劃分，即《夢或者黎明》（1956 年～1969 年）時期、《用腳思想》（1970 年～1988 年）、《商禽詩全集》（補遺部分）（1989 年～2009 年）等三個階段。第一階段是超現實詩風勝出時期，第二階段是社會現實思維浮現時期，第三階段則鎔兩者於一爐，已不拘限於語言牢籠，能自由揮灑。

　　2009 年 11 月，《商禽詩全集》獲得國立臺灣文學館「臺灣文學獎・新詩金典獎」；2010 年 6 月 27 日，商禽因肺炎合併急性呼吸衰竭辭世。這位被陳芳明稱爲「二十世紀悲傷至極的詩人」終於走完了他悲傷的人生之路和「咳嗽」不止的文學旅程。

二、商禽文學研究概述

　　關於商禽文學的研究資料，大約可以分爲三大類：

　　第一類是研究商禽文學的專書專著，截至目前爲止，計有博論二部，碩論五部。其中臺大中文系博士劉正忠所撰《軍旅詩人的異端性格——以五、六十年代的洛夫、商禽、瘂弦爲主》（柯慶明指導），出版於 2001 年。該論文以「軍旅詩人」身分，探究洛夫、商禽、瘂弦突出於現代詩運動的特質；以「異端性格」彰顯他們在心態上抵抗公共價值，在藝術上違逆傳統典型的傾向。全文依「受難意識」、「疏離心態」、「前衛運動」和「語言策略」等面相逐章論述，結構謹嚴，並因論者具備詩史的深厚認知，以及現代詩創作的經驗，因此能見人未見，析解三人詩作的美學價值與社會意義，是一部擲地有聲的論述。

　　同樣以洛夫、商禽、瘂弦爲考察對象，佛光大學中國文學與應用學系博士劉志宏的博論《一九五〇、六〇臺灣軍旅詩歌的空間書寫——以洛夫、瘂弦、商禽爲考察對象》（陳鵬翔指導），2010 年出版，則以巴舍拉（Gaston Bachelard）的「空間詩學」理論與概念爲本，切入三人詩作文本，試圖從中釐出一條「軍旅詩歌」的空間書寫脈絡以及書寫策略，別出

蹊徑，也具有參考價值。

　　碩論部分五部，依出版序，分別是中山大學中國文學系商瑜容《商禽詩藝的實踐之道》（楊雅惠指導，2003 年）、東海大學中國文學系余欣娟《一九六○年代臺灣超現實詩——以洛夫、瘂弦、商禽為主》（彭錦堂指導，2003 年）、高雄師範大學國文學系回流中文碩士班林佑蘋《吟詠商音之禽鳥——商禽詩研究》（曾進豐指導，2006 年）、東華大學中國語文學系林餘佐《散文詩的抒情性研究——以秀陶、商禽為例》（須文蔚指導，2010 年）、吉林大學中國現當代文學研究所王安琪《從商禽詩歌的死亡意象看其反抗意識》（白楊指導，2011 年）。商瑜容和林佑蘋的論文都以探討商禽詩作的風格特徵為主，前者較多集中於商禽詩藝的實踐之道，後者則從綜合文壇評論、詩人詩觀、題材論與創作論等，歸納商禽詩作的特色。余欣娟之論集中在洛夫、瘂弦、商禽三人詩論與詩作的探討，試圖爬梳臺灣超現實詩的脈絡。林餘佐的論文則回頭反溯中國抒情傳統，探討秀陶與商禽詩作中的抒情性。五部碩論各有所見，也各有所得。

　　以商禽在臺灣現代詩史上的重要性來看，現有碩博士論文的研究仍相對不足，如商禽散文詩的詩藝專論仍付闕如，商禽詩作與超現實主義的相關性探討，也仍有待強化。

　　第二類是有關商禽的生平資料篇目。其下分為「自述」、「他述」、「訪談」、「年表」四類。以本彙編所收目錄來看，商禽顯然拙於（或懶於）夫子自道，真正屬於談論他創作經驗之文大概只有〈商禽詩觀〉和《用腳思想》詩集的〈跋〉、《夢或者黎明》〈增訂重印序〉等篇；他述部分則多為選集小傳、簡評、簡介或訊息報導，較值得注意的是《創世紀》同儕所撰對其為人行事與詩文世界的追述，其中辛鬱寫於商禽過世前半年的〈以生命本真書寫生命——略論商禽其人其詩〉一文，至情至性，特別動人。

　　訪談對談部分，較多的是多人座談紀錄或報紙採訪，較能完整傳達商禽詩觀、生命觀與書寫生活者，有袁則難〈碧梧棲老鳳凰——夜會商禽〉、侯吉諒〈海拔以上的情感——訪商禽〉、萬胥亭訪問；莊美華整理〈捕獲與

逃脫的過程——訪商禽〉、林麗如〈以平靜的心情面對波折的一生——專訪
詩人商禽〉及〈變調的鳥——冷眼看世界的商禽〉、王偉明〈讓火把成不褪
的回憶——商禽答客問〉、紫鵑〈玫瑰路上的詩人——詩人商禽訪談錄〉
等，不及十篇，足見商禽雖享有詩壇盛名，但生前則相當寂寞。

　　在年表部分，商禽並無自編年表，2008 年國立臺灣文學館出版《商禽
集》，書末有編者曾進豐所編〈商禽寫作生平年表〉；2009 年印刻出版公司
出版《商禽詩全集》，書後有張默整理的〈商禽寫作年表〉；2010 年商禽逝
世，文訊雜誌《夢或者黎明——商禽文學展暨追思紀念會特刊》，有張默整
理〈商禽寫作年表〉。

　　第三類是商禽作品的評論篇目。這些評論又分為「綜論」、「分論」兩
類。其性質則可細分為介紹、評析和論述三種，從一般性的商禽生平介
紹、作品評析到學術期刊、研究論文，基本上大多集中於商禽的人及其詩
藝部分，此處不細說，請詳下節。

　　又，商禽逝世前，2010 年 4 月 3～6 日在廈門大學有一場「商禽與二
十世紀華文文學研討會」舉辦，係由香港學者黎活仁策畫，共有 17 篇論文
發表，與會學者眾多，切入角度多樣，可說是商禽文學難得一件的總探
討，唯研討會論文尚待修訂，仍非定稿，本彙編暫以存目方式處理。

三、關於商禽研究資料彙編

　　商禽研究比起與他同年代的詩人（如余光中、洛夫、鄭愁予、周夢蝶
等）相對稀少，原因大約與他的詩作不多、語言難度亦高有關；但也與他
長期處於邊緣位置有關。在臺灣現代詩的發展過程中，他雖然早就展開寫
作，也多次進入十大詩人之列，但由於他的超現實書寫超越了他所屬的年
代，固然具有前衛性，同時也使他較難獲得讀者的接受；兼以他在超現實
詩風大起之際只寫不論，也使他較少受到學界和論者的關注，一如前節所
述。

　　本彙編根據現有已蒐集之研究資料，從中選取相關文章、論述與研究

共 15 篇。選取的原則，在文學生涯部分，有作家自述以及口述訪談，除了商禽自述詩觀之外，另選 4 篇，係商禽創世紀老友辛鬱、張默、瘂弦，以及師友郭楓對其人其詩的評價之文，合共 5 篇，用以勾勒這位重要詩人的臉顏與生命；在作品評論部分，除李英豪早年所撰，且被商禽視爲知音之文的〈變調的鳥──論商禽的詩〉、陳芳明所撰係《商禽詩全集》序、陳啓佑所撰係單一詩作賞析、以及編者所撰有關〈木棉花〉之版本發現以外，餘皆爲學院研究論文，各篇論者切入向度、視角各有不同，應可相互詮解、對話，凸顯出商禽文學書寫的文學史定位所在。選文分述如下：

1. 商禽〈商禽詩觀〉（作家自述）。
2. 辛鬱〈以生命本真書寫生命──略述商禽其人其詩〉（他述）。
3. 萬胥亭〈捕獲與逃脫的過程──訪商禽〉（訪談紀錄）。
4. 李英豪〈變調的鳥──論商禽的詩〉（他述）。
5. 張默〈我吻過你峽中之長髮──商禽的詩生活〉（他述）。
6. 奚密〈「變調」與「全視」──商禽的世界〉（綜論）。
7. 商瑜容〈商禽詩作的意象世界〉（綜論）。
8. 蕭蕭〈商禽──超現實主義的穿透性美學〉（綜論）。
9. 翁文嫻〈商禽──包裹奇思的現實性份量〉（綜論）。
10. 郭楓〈論商禽──迷歌的詩和變調的藝〉（他述）。
11. 瘂弦〈他的詩‧他的人‧他的時代──論商禽《夢或者黎明》〉（他述）。
12. 陳芳明〈快樂貧乏症患者──《商禽詩集》序〉（他述）。
13. 陳啓佑〈商禽的悼亡詩──逃亡的天空〉（作品析論）。
14. 林淇瀁〈商禽詩〈木棉花〉的初始版本〉（他述）。
15. 白靈〈約束與湧現──商禽詩的形式與精神義涵〉（綜論）。

商禽的〈商禽詩觀〉最早收於《八十年代詩選》（臺北：濂美出版社，

1976 年 6 月），此處選用《商禽詩全集》所收。這篇詩觀分「詩和志」、「詩與人」兩小節，前節引《詩大序》「在心爲志，發言爲詩」語，說此語乃是討論詩本質和創作過程，而非解釋詩的內容是甚麼的問題，藉此透露他反對詩成爲述懷、載道的工具，而應該把「意象」繪出；後節則強調「由人所寫的詩，一定和人自己有最深的關係」、「也必定和他所生存的世界有最密切的關係」，接著說他是一個「快樂想像缺乏症」的患者，「生而爲人，即使是『性』，也包含著幾許的悲哀」，最後強調「我的詩中沒有恨」──這篇短小精悍的詩觀，隱含商禽創作的主調，在於以意象語言表現人生的悲哀，表現自己和生存世界之間無奈的關係，而不以恨出之。而這樣的理念，正是他一生創作的基本理念，早年從事超現實書寫，將悲哀交給晦澀的意象處理，中年之後正視現實世界，以曉暢之語面對人生無奈，莫不如是。他的詩反映他的人生，也反映他的世界，悲哀但無仇恨。這可說是進入商禽詩世界的關鍵字。

　　訪談也可說是作者自述的一個部分，萬胥亭的〈捕獲與逃脫的過程──訪商禽〉，發表於 1989 年 9 月出版的《現代詩》復刊第 14 期，這時商禽第二本詩集《用腳思想》已出版一年，可以視爲商禽後期詩觀的總呈現。在這篇訪談中，商禽回答了有關現代派運動、超現實主義、創作歷程的提問。其中最重要的當然是他對「超現實」的體會和觀點，在商禽的觀點中，「超現實其實就是最真實的意思」，必須「把表層與底層同時再現出來」。其次，他在談到《夢或者黎明》與《用腳思想》兩詩集之轉變時，明確地提到了前後詩風轉變的原因，與他赴愛荷華參加國際寫作計畫，其後參加釣魚臺事件，以及「遙不可及的思鄉情愫」，都使得「現實影像可以踢到心坎」，這些現實影像使他「開始了比較表象的創作」，「根本就無關乎象徵等等技巧了」。這段自述，說明了從「超現實主義的商禽」轉變到「現實主義的商禽」的心路歷程。當然，即使白描，商禽說「我深信我同時抓住表象和底層」。

　　商禽的老友又如何看商禽呢？辛鬱所撰〈以生命本真書寫生命──略

述商禽其人其詩〉和張默所撰〈我吻過你峽中之長髮──商禽的詩生活〉兩文可爲補充。辛鬱之文以老友身分細數商禽一生行誼，有助於讀者對商禽生命歷程的了解；張默之文則論詩也論人，透過相關詩評和商禽的人生旅程，以及商禽的舊事凸顯其「圓融、澄明、嚴謹、獨特」的人格。兩文筆端都帶感情，是了解商禽人生行路與文學事蹟的用心之作。

　　相較於辛鬱、張默的回憶之文，同是商禽至交的瘂弦，在〈他的詩・他的人・他的時代──論商禽《夢或者黎明》〉文論中，則以詩人學者的慧見爲商禽詩作的美學和文學史意義定調。這篇文論發表於 1999 年 3 月舉辦的「臺灣文學經典研討會」，後收入同名專書之內，係因商禽詩集《夢或者黎明》被選爲臺灣文學經典而撰寫。瘂弦這篇文論，先論商禽與超現實主義的關係，次論其散文詩與魯迅的淵源，再論《夢或者黎明》的詩藝成就在於「創造與展示兼具、思想與意象交織」，並指出商禽此書的另一特色在人文精神，具有廣義左派的批判力量。

　　相對的，是與商禽同時出發於 1950 年代的詩人、評論家郭楓，在他的力作〈論商禽──迷歌的詩和變調的藝〉中，則認爲瘂弦「廣義的左派」之說是「過分抬舉的偏頗頌揚」。在這篇論文中，他以商禽的顛躓生涯凸顯商禽做爲「一隻幽谷悲鳴的孤鳥」的孤傲本質，對比同年代其他詩人的作風，強調商禽從作風到詩品的格調；其次，他又以商禽作品「在詩壇迷失年月獨唱清醒的歌」、「在窮困境遇中詩作題材指向現實」肯定商禽詩作的價值；第三節則以詩藝論商禽，指出他的散文詩有「詩質淡薄」、「基本語言蕪雜」的缺點；結論認爲商禽的詩作，題材務實，其詩觀則務虛，但相互拉扯終於辯證地統一，形成商禽作品特殊的樣相，即「作品風格上是超現實主義的，作品精神上是近似現實主義的」。這篇論述與歷來有關商禽之論述大相逕庭，是以現實主義視角切入的論點，相互之間可以並參。

　　以「變調」論商禽，李英豪〈變調的鳥──論商禽的詩〉應是最早的論述，這篇論述早在 1965 年就已發表，後收入氏著《批評的視覺》（臺北：文星書店，1966 年）。文章一開頭就說商禽的詩有著「生命存在的悲

哀感」，如一隻「變調的鳥」，「欲飛脫囚籠之現象界，翱不可觸及的凍結的
詭祕天空──一個內在的宇宙」。從此，「變調的鳥」幾乎成了論者對商禽
詩世界的定論。李英豪的敏銳，在於他看出了商禽詩中的現實性，以及不
為「超現實主義」所限的意境。他說商禽詩的特色，不單在其跳越過執著
的語意，缺去語格變化（declension）和「連結媒介」，而更在於其「中心
與靈氣不可分」的整個意境（心象全貌）的呈露。又說商禽的詩，是藉
「現實」原貌直接的反射，其暗示性和神話性，不在意象，而在整個意
境。這都是對商禽內在創作世界的洞澈之見。

　　奚密的〈「變調」與「全視」──商禽的世界〉則在「變調」之外，又
從「全視」來增益商禽詩作世界的主題、技法與風格。她指出，「如果『變
調』代表詩人對所有戕傷人性的思想、行為、體制的反思、抗衡和顛覆，
那麼『全視』可說是詩人對原我、真我的認同，對超越人為界限可能性的
肯定」，的確能精準抓到商禽詩中的兩股互相拉扯的動力。此外，她也看到
商禽的詩喜好以「實與幻的主客易位」來產生「變調」和「全視」的效
果，並展現出語言風格之後的「全視界」。

　　翁文嫻的〈商禽──包裹奇思的現實性份量〉試圖沿著「現實」的線
索，討論商禽詩中的現實性分量，她指出商禽詩作力圖逃脫概念，呈現畫
面，具備現代性與生活性，且能真誠無誤兩方物象，最後以「出神」論商
禽詩中的傳統性和時代性。

　　蕭蕭的〈商禽──超現實主義的穿透性美學〉，則嘗試從商禽的詩作中
分析其超現實主義的「穿透性美學」，他認為，商禽的詩有意將空間感泯
除，也透過個體物的並置來產生穿透作用，此外更善用異次元空間的穿透
和時間的穿透，形成多層次的穿透，藉以表現最真實的自我和人生底蘊；
不過，蕭蕭也敏銳地發現，1970 年代之後商禽所寫之詩，已有大幅轉變，
這個轉變就是「穿不透的悲哀」，隱藏著凝注現實的悲哀。論文最後說：
「超現實主義詩人商禽在 1980 年代的臺灣現實中，放棄『穿透』的超現實
主義技巧，回到『穿不透』的現實的悲哀」，是對商禽不同時期詩風及內蘊

變化的深刻觀察。

白靈〈約束與湧現──商禽詩的形式與精神意涵〉則從形式和精神兩層面探看商禽詩中的約束與湧現。他指出，商禽詩作具有「六分的夏卡爾，三分的米羅」，藉以分別其散文詩的兩種形式，一是相對易解的、較具戲劇性、不失散文邏輯定向的表現；另一是不易解的、較具自動寫作形式、較不具散文邏輯定向的表現。在精神層面，他用「宇宙四元關係」對應「約束原則」與「湧現原則」，歸納了商禽詩作的五種精神義涵，分別是火焰性格、隱身意識、漂流心境、齊物思維和逆反精神。

意象，是商禽詩作的主幹之一，商瑜容的〈商禽詩作的意象世界〉，指出，在商禽的詩作中，意象的塑造與類比關係的更新，展現出獨具魅力的詩性邏輯，能藉以傳達細微複雜的情感與見解。這篇文論以詩作分析商禽詩意向的感官新意、情境張力、奇喻與深喻，並比較商禽前後期意象組織的差異，對於商禽詩中意象的運用和轉化說之甚詳。

同樣論意象，陳啟佑（渡也）的短論〈商禽的悼亡詩──逃亡的天空〉則以商禽八行詩逐行細析，導讀被認為難懂晦澀的商禽。他以修辭學的「隱喻」析解〈逃亡的天空〉，展現了文本分析的細膩和嚴謹的論述邏輯，可與商文相互參照。

陳芳明為商禽生前最後一本詩集所撰的序〈快樂貧乏症患者──《商禽詩全集》序〉，是一篇具有文學史意義的序文，脫開了「超現實主義」的迷霧，直指商禽詩的時代性意義：「在他的時代，商禽當然不是寫實主義者，但是他的詩是內在心靈的真實寫照，寫出他在政治現實中的悲傷，孤獨，漂流。」這段話點出了被稱為「超現實主義詩人」的商禽集其文學的現實性，也足以解釋商禽一生生命與文學中化不去的悲哀本質。此外，本文透過商禽詩作，逐一論證商禽詩中的囚禁意象與釋放主題（包括鄉愁），說商禽「寫下的每首詩，不僅為自己受辱的肉體釋出無比的抗議，也是對他的時代表達強悍的批判」；並指商禽「絕非是超現實主義者」，「他訴諸繁瑣的、迂迴的句式，絕對沒有任何餘裕要建構超現實的美學」，而是「要更

精確把醜陋的、不堪入目的現實揭露出來，也要把受到折磨的、無法負荷痛苦的人生具體呈露出來」。這些論點，從商禽文本透析出時代脈絡，宏觀而精闢。

最後，是編者所撰〈商禽詩〈木棉花〉的初始版本〉，本文於追述編者與商禽短暫共事的情誼之外，也比對商禽〈木棉花〉一詩的手稿本與其後出現於詩集《用腳思想》的版本，應具文獻參考價值，可供研究者參酌。

四、結語

一如陳芳明所說，商禽是「20 世紀悲傷至極的詩人」，他的人生流離、困頓，總在囚禁與飛翔之中尋求自由與安頓。他的詩，表面上是超現實主義在臺灣的變體，運用了夢與潛意識的荒誕、迷離，形成一種違常的、反既定語言規則的跳躍和斷裂，而造就了他的詩的變異性的獨特風格，並以散文的形式區別於其他詩人的詩作，而被視爲「變調的鳥」，長期以來，也被認爲是臺灣超現實主義的領航人。

但如果參照他的人生、行路，他所走過的時代與身處的社會，從他不逾 200 篇的詩作中逐一尋索，我們則會看到一個在大動亂年代中被迫遷徙、被迫流盪的小人物的悲哀。他的詩作每篇都有著身爲社會底層者的身影，或者是他所見之人，或者就是他自己，面對著牢獄，面對著門或者天空，無從逃亡，這使他備嚐人生無以名之的悲哀，化入詩篇，字字血淚，而非書房之內尋求愉悅的文字遊戲。從這個角度來看，商禽其實是「哀傷之鳥」，他所說的「超現實其實就是最真實的意思」，要「把表層與底層同時再現出來」之語，就不只是表層的語言與意象問題，也連帶著底層的生命本質與存在的議題了。

商禽，是「變調之鳥」？或是「哀傷之鳥」？本彙編所選，仍不完整，仍有相當開放的對話與論述空間，有待學者繼續探討、相與論辯。

輯四◎
重要評論文章選刊

商禽詩觀

◎商禽

詩和志

詩大序上說：「在心爲志，發言爲詩。我想，這該是在討論詩的本質和創作過程，而不是解釋詩的內容是什麼的問題。

照古人的解釋，志是志向，是懷抱。詩便成了「述懷」、「載道」的工具了。

不僅古人，今人也一直以爲詩，乃至所有的文學都是一種工具。

我不喜歡做工具的工具。

如果「在心爲志，發言爲詩」是在討論詩的本質問題，或許我們可以借用西方詩學上的兩個字來加以說明：

「志」就是法文的 Poćsie

英文的 Poetry

詩就是法文的 Poème

英文的 Poem

（很高興林亨泰也有相同的看法。）

如果「在心爲志，發言爲詩」是講詩的創作過程，那麼「志」便是「意象」是「心象」了。

「詩」便是把「意象」繪出。

如果照古人的解釋，志是志向，是懷抱，寫出來的，雖有意義，恐怕就算不得是詩了。

可喜的是，自古以來的中國詩人所寫的詩，絕大多數都不是言志的。

詩與人

我總是堅決相信，由人所寫的詩，一定和人自己有最深的關係。

當然，我也同時深信，由人所寫的詩，也必定和他所生存的世界有最密切的關係。

因此，我不但不了解莫札特中的「歡暢」，並且也卑視他。

是不是我自己缺乏了對於「快樂」的想像力呢？即使一個人在他早年沒有「快樂」這種東西，但做為一個「詩人」一個「藝術家」，他也該憑想像而獲取，我們不是常說：「沒有吃過豬肉，也看過豬走路」的話嗎？

我判定自己是一個「快樂想像缺乏症」的患者。

我或許應該對莫札特之類的藝術家肅然起敬才是。

我是否一定要對人世的苦痛無視於衷呢？也許別人沒有完全領會，生而為人，即便是「性」，也包含著幾許的悲哀。

我想，我還是暫時放棄對於人們所稱道的「境界」之追求吧，我一定是無可救藥了。

唯一值得自己安慰的是，我不去恨。我的詩中沒有恨。

——選自商禽《商禽詩全集》

臺北：印刻出版公司，2009 年 4 月

以生命本真書寫生命
略述商禽其人其詩

◎辛鬱*

> 商禽自判為「快樂想像缺乏症」的患者。生活的曲折、磨難，點滴積
> 聚，也在他詩中更加助燃「脫走」的意念之火。

剛滿 15 歲，商禽就穿上了軍裝，當一名做些雜務的小兵。那時抗日戰
爭已近尾聲，部隊紮營成都，閒著沒事，逛祠堂，居然讓他發現了從未讀
到過的書。巴金、老舍、艾青、臧克家……這些名字，都好陌生，但是那
些書，讀起來不難懂，而且叫人感動；這第一次接觸，讓他終身不棄。

抗戰勝利後復員返鄉，只待了短短幾十天，就又加入軍隊；從此 43 年
之後，才重見面目全非的老家。部隊在廣東、湖南一帶停停走走，在小規
模的接觸戰裡，他看到了戰神的猙獰面目，因而終身反戰；這也造成心理
上被拘囚而又脫逃的顛躓印象，並在其作品中有更多陳述與表敘。

人生體悟入詩

商禽從 1948 年開始試寫新詩，是我們這一夥人中較早的一位，但是他
下筆嚴謹，所以創作量不多，在去年出版的《商禽詩全集》（2009 年），共
收錄作品 167 首。他在 1953 年先以「羅馬」筆名於《現代詩》發表詩作，
1957 年改以「壬癸」筆名，1960 年再改以「商禽」筆名。在這一階段，已
有常被各方論述推介的〈長頸鹿〉、〈躍場〉、〈滅火機〉等名作產生。

---

*專事寫作。

在此要特別插上一筆：〈長頸鹿〉這一名作，商禽當初首先投寄《藍星季刊》，卻被主編覃子豪先生退稿。如今細想，覃先生退稿的原因，應不是認為這首詩寫得不好，而是他詩中所表現的對於自由的渴望，以及生命被囚禁這一嚴肅命題，在 1960 年代政治的壓縮氣氛下，有所顧忌導致。

1956 年，紀弦組織「現代派」。商禽、楚戈與我，都參加了「現代派」成立茶會，在會場上結為知己。其時商禽在大直軍官外語學校當上士警衛班長，楚戈在士林一個裝甲兵單位當上士文書，我是六張犁營區某單位的作戰上士，待命移駐金門。

在未赴前線的一個多月裡，每逢假日，我們約好秦松與王凝（都參加「現代派」），不是去王凝服務的正聲廣播公司位於長安西路的營業部，就是去秦松服務的臺北市女師專附屬小學。商禽一定會帶著他從學校池塘釣的魚，為小小的餐聚增加一道菜。

商禽是不是釣魚高手，楚戈與我的看法或許不一，但我們在閒談雜論中，都悟出這一點道理，那就是商禽必然在釣魚過程中，體悟到釣者與魚的那種收、放關係，並延伸為他詩中那番拘囚與脫逃的生命掙扎。

我在金門經歷「八二三砲戰」，得識戰爭的另一貌相，寫了一首用句遣字並不考究的長詩，敘述我的感悟。商禽後來在臺東大武守海防，大概又讀了我那首詩，來信說：「你為戰爭作了一個小小註腳，切實又動心，看來，你終於找到自己的詩路了。」

這話對我來說很受用。因為，我自寫詩以來，似乎一直找不到自己的路子，在金門期間，才逐漸趨向以寫實取代虛擬，多寫切身感受。

商禽自判為「快樂想像缺乏症」的患者。如今我檢視自己的詩，所謂「快樂想像」的色素，似乎也淡之又淡；原來我也是一個「快樂想像缺乏症患者」呀！我走著近似商禽的詩路；只是他深我淺，他立體我平面。

生活幾多煎熬

1962 年，我二度金門調回臺北後，經常有機會與商禽會面，共同為現

代藝術的萌發敲邊鼓，在臺北市少數接受現代藝術展出的場所，經常可以看到我們（包括楚戈、張拓蕪等）的身影。那時商禽的詩作已引起注意，而由胡品清譯爲法文，葉維廉譯爲英文，分別向國外推介。到「現代藝術季」活動推展時，他卻缺席了。

他被調離警衛單位，到臺東大武守海防。撈捕鰻苗，是他在大武海邊的一段艱苦的生活紀錄之一。與我有多次通信，談的大多是當巨浪澎湃時，他在淺水區心理與生理上所受的衝擊。鰻苗能賣好價錢，但到他手上的鈔票，卻只薄薄幾張。這煎熬，都是爲了他預留在想像中可能獲得的幸福。不久，1967 年，他與女詩人羅英結婚了。又過了不到一年，他退伍，還其自由身。但生活艱難，於是在朋友的出版社當編輯，在高雄碼頭當船艙工人，後來又跑單幫，從高雄到臺北，販售在那時被視爲奢侈品的洋煙與玻璃絲襪。

這樣又煎熬一年，終於在 1969 年 9 月，應美國愛荷華大學國際作家創作專案的邀請，以作家身分進駐該校，而有了轉機。是年十月，由我負責編務的「十月出版社」，爲他出版處女詩集《夢或者黎明》。

商禽在美國一待兩年，除獲得愛荷華大學榮譽作家頭銜，也曾先後在美國中西部重要基金會、圖書館、博物館以及大專院校等處朗誦詩作，並在紐約餐館打工，與秦松短期相處。

1971 年 10 月返臺，先後任職臺北市某國民中學、《中國文化月刊》等處。1973 年後與羅英共同創業，開設托兒所，爲時五、六年，其間甜酸苦辣遍嘗。我曾多次親眼看到商禽撩衣袖、捲褲管，滿頭大汗的拖地板、抹桌椅。生活的曲折、磨難，點滴積聚，也更加在他詩中助燃「脫走」的意念之火。

接著是「賣牛肉麵時期」，先在永和某街一條小巷，牛肉麵的香氣雖然四溢，卻乏人問津；我去吃過他的牛肉麵加一塊滷蘭花干，味道非常好。由小巷子轉移陣地，到交通要衝的中正橋頭，店名「風馬牛肉麵館」；有人念成「風馬牛——肉麵館」，倒是別有趣味。老朋友紀弦，同道瘂弦、洛

夫、張默、楚戈、管管、大荒、梅新、楊牧、鄭愁予、羊令野、林懷民、
彭邦楨等等，一大夥人都去吃過；「夠味！」是一致評價。店裡掛著羊令野
的書法、李錫奇的版畫、楚戈的水墨，氣氛陡然雅了起來。

　　但是開不多久，也宣告歇業，商禽有〈風〉、〈馬〉兩詩寫於其時，不
無嗟歎感慨以記其事，我曾以同題兩詩和應，向老哥略表同感。

拘囚與脫逃的反覆顛躓

　　接下來，商禽緩步進入較為舒鬆的順境，他經由李錫奇引介，到《時
報周刊》工作，由編輯到編輯主任再到副總編輯，自 1980 年起直到 1992
年 8 月退休。

　　這期間，手頭較為寬裕，他開始蒐集陶瓷藝品，從民間到官窯，先後
蒐集數百件之多，其中以水滴、硯臺居多。更可貴的是，在大陸某地古物
市場，蒐購到十分珍稀的《十竹齋畫譜》。

　　在《時報周刊》之前，商禽曾與梅新應聘到中華文化復興運動委員
會，幫老友逯耀東編刊物。委員會藏書裡有一套完整的《新月》月刊，梅
新當時正與高信疆等辦「雕龍出版社」，腦筋動到《新月》上頭，便與商禽
計議，把《新月》全套重印，哪裡知道會有人舉發這樁好事，某治安單位
要傳兩人去問話。「《新月》是禁書你們知不知道？」

　　某治安單位人員可不管《新月》有無閱讀價值？兩人傻了眼，幸好有
人說好話，「過失」不追究，但已印好的全套《新月》月刊不得發行，已發
行的全數收回！

　　這經驗，跟我早他們兩位十年出版《沈從文自傳》一個樣兒；不過，
我是曾被傳去問話的。在商禽心中，這件事恐怕也引發「拘囚」與「脫
逃」的反覆顛躓吧？

　　《時報周刊》退休後，我們曾多次組團到大陸各名勝古蹟旅遊，有一
次他護照遺失（旅行社的過失），補發後未註銷原本，到了機場又遭到治安
人員的留置，失去了到玉門關遠觀殘壘、嚐沙塵暴滋味的機會。這次經驗

恐怕也曾挑起那根「拘囚」與「脫逃」的神祕神經吧？

　　商禽詩作曾獲多位詩學家的欣賞，尤其得到諾貝爾文學獎評審委員馬悅然的高度肯定，曾被推薦參與某年該獎的提名審查，這是極高的榮譽，但商禽內心雖然稍感寬慰，卻從不在人前炫耀。

　　晚年患帕金森氏症以後，行動不便，他幾乎隱匿自身，但他的詩，卻常在許多人的心中活躍著；因為這些詩，關乎命運與生命的本真！

——選自《文訊雜誌》第 291 期，2010 年 1 月

捕獲與逃脫的過程

訪商禽

◎萬胥亭*

時間：1989 年 5 月 28 日下午 3：00

地點：梅新先生府上

商禽在 1970 年代，有人稱他爲「鬼才」，也有人稱他是臺灣超現實主義的點火人。他的詩每每不加分行，似乎非詩，但又絕不是一般散文。可以這麼說：他刻意打破了一般人對詩外貌上的執著，讓讀者直接注視詩人的內心；又因形式上所採取的掩護效果，使詩的質素更加顯得曲折繁複。這一類散文詩，有許多經典之作，如〈長頸鹿〉、〈滅火機〉、〈鴿子〉、〈阿米巴弟弟〉、〈不被編結時的髮辮〉等等。

至於「超現實」，根據他個人的解釋是「超級」現實。可想而知，商禽的詩其實是絕對根植於現實的；只是他利用相當於寓言的手法將現實提升至藝術的境界，產生一種迷離、隱祕的氣氛。在現實中他有許多逃亡的經驗，於是他逃到詩中；在詩裡，他又想從讀者之中逃亡。也許正是這種逃亡的心態，他的詩恰如一個孤立之個人的獨白，也具有逃亡者的冷眼與不安。多年來，讀者就如此被他詩中的魅力所蠱惑。

商禽，又名羅燕、羅硯。1930 年生。曾任碼頭工人、園丁、牛肉麵販。1969 年赴美國愛荷華大學寫作工作坊，遊學二年。現任《時報周刊》副總編輯，並任教於文化大學。著有《夢或者黎明》、《用腳思想》。

*發表文章時爲臺灣大學哲學研究所碩士生，現爲成功大學中國文學系副教授。

被現代派的宣言激起創新的熱情

問：一般評論者常將你的詩歸爲「超現實主義」，無論西方前衛運動的原始脈絡中如何定義「超現實主義」，我們有興趣的是，你自己如何去理解「超現實主義」？以及在當時現實主義的環境下，你是採取怎樣的表現方式？

答：這是有遠因和近因的。基本上，和我的寫作成長背景有關。我差不多是從 16 歲才正式看見所謂的新文學作品，像冰心、矛盾、魯迅等一類社會寫實的作品。可以說是有幾分取巧的心理，也可以說是我有一點和別人不一樣的企圖。雖然是從 16 歲開始閱讀，但真正想到要自己創作，差不多是在 19 歲時，也就是在離開中國大陸的前一年那段動亂時期才開始。大都是寫在日記上，後來全掉了。我到臺灣來，最早正式發表的作品叫〈四月四日〉，那時候寫詩還是很概念化。

後來紀弦倡導現代派，我是成員之一，被現代派的宣言激起了創新的熱情。當時我寫了一些東西還是以現實爲題材，但在觀點上就已經不一樣了。這些東西我把它收集在重印的《夢或者黎明》裡，放在後面。比如，我寫〈一棵椰子樹〉，以椰子樹爲主角敘述它對週遭環境的觀感——它的樹葉觸到住在較高樓的人家，看見那家的少女失戀了，椰子樹就爲她流淚；然後，又把「我」重現在二樓，變成風雨中的一棵椰子樹，看見二樓人家天花板上的水漬，「我」把它想像是一張地圖，就像是一個未知的國度；接下來又看到水淹過後的陽臺，上面一雙木屐，好像是沒人的船。我在裡面用一些現代性、生活性的句子。比如天花板上的蔗板，它可能包含多少蔗糖成分，諸如此類。有點像劇場形態。在固定的時空裡，將週遭不同角度的世界展現出來，近乎舞臺劇效果。基本上，我早期的東西就是這樣，還沒有真正進入現代詩的領域。

從〈籍貫〉一詩開始，我發覺如果要用傳統的韻律、節奏來表現詩，那不是我之所長。我想把不同的段落當旋律，但我並不叫它散文詩；我只

是不想去分行。後來有人說這是分段詩，以外貌來說也是可以的。大概這個時候才確立了我詩的風格。至於怎樣進入到超現實主義，這與我接觸到一些繪畫作品有關，又湊巧那時有人介紹我抄寫論文。那篇碩士論文寫的是人格成長的幾個層面，我想這對我是個很深的影響，內容引述關於佛洛伊德及其門徒榮格的學說，並且談到人類在社會中受到壓抑，以及如何適當地發洩出來，還談到所謂「本我」、「自我」……等等問題，說起來就這麼簡單。加上看到一些繪畫作品，例如蘇波、夏卡爾、達利……等等。看了這些作品，就覺得非常富有詩意，這正是詩人應該努力去做的事。其實那時候我還沒正式接觸到超現實詩作的翻譯。

超現實繪畫予人很大的想像空間

問：你對超現實的理解如何？也就是你的基本看法。

答：就是把人類內心的基本欲望，在壓抑與奉獻的交錯之中，用形象表現出來。

問：在當時現實的背景下，無論在政治或文化環境上，是否給你很大的壓力？

答：我想這種壓力，不僅是在當時的臺灣，恐怕全世界都一樣。因為就佛洛伊德的理論而言，他注重人本性。人類所謂的精神，其實有時候還是附在肉體上，即生物本能上。但是，生理的題材，對我而言已經不是多了不起的問題。所以，無形之中我作品中出現的東西，其層次高過於佛洛伊德等人所說的被壓抑的欲念。細看我的作品，裡頭有大半的欲念是非肉體的。照一般學者的說法，就是形而上的。

對於征服時間、征服空間的欲望，常常是超乎我們一般生理的感受，比方說是要如何穿透時間、如何穿越空間等問題。而是把一些無法具體表現的給予具象化，給予實感。這些想法在創作時並沒有想過，後來仔細思索，又看到別人的理論，才覺得很接近。有些事情，人的想法都會很相近的。我原本以為佛洛伊德是個心理學家，但是他把一般僅僅是生理上本能

的欲望提升到哲學的境界——死亡也是本能。

　　也很奇怪，後來死亡成了我創作的主題。當然，也不能不說是受到環境的影響。在我父親去世以後，家裡很窮，沒辦法自己混生活。這種父親去世所帶來的打擊，給予我極深的印象。死亡衍成我創作的主題，一直延續到現在。

　　問：剛才您提到最早接觸到超現實的繪畫，它給您極大的衝擊？

　　答：就繪畫而言，超現實已予人很大的想像空間，我覺得從事文學，可藉形象透過文字達到更大的想像空間。

　　問：你那首〈阿米巴弟弟〉和米羅的畫好像有點關連。

　　答：對。但是有些時候，我自己也不是很喜歡這種作法。有人批評超現實繪畫太文學性。我企圖利用文字使它更具象，常常嫌自己寫得還太概念化。

　　問：我有時候也會有這種感覺，我覺得像〈長頸鹿〉、〈滅火機〉或是一般所謂的散文詩，我感覺那是在傳達一種概念和感覺。不過我覺得像〈阿米巴弟弟〉，有些意義已經超過米羅那幅畫。米羅那幅畫只是一個夢，現實的意義不那麼大。而〈阿米巴弟弟〉則比較曖昧、比較深沉，比較具有現實的意義。

　　答：有時候我企圖把概念與形象之間打破。如此變形的概念，只會把情況弄得更糟，不如讓形象自己去演出。

沒有受到超現實教條的限制

　　問：我個人主觀地把你的詩分為兩種類型，一種就是以象徵方式表達，比如〈長頸鹿〉或〈滅火機〉；另一種類型就是以較直接的方式，去描繪現實的經驗再呈現出來，像〈阿蓮〉、〈夢或者黎明〉這些作品。

　　答：我沒有企圖要把概念透過形象化加以表達，毋寧說是那些形象來到胸臆時，我深深被它感動，這時形象就會陰魂不散緊緊依附著我，這就是我寫得慢的原因。緊接著形象而來的就是概念，概念抓住我，我必須花

很大的力量才能逃脫，重新回到形象上，這是我寫作時的心路歷程。但是有些時候，我承認，我又想反悔，像在〈鴿子〉裡，我用了極為概念化、近乎吶喊的句子，像「工作過仍要工作，殺戮過終也要被殺戮的，無辜的手」，要想避免仍無法避免，只好讓它入詩，好幾次都想刪去，也沒有辦法。

　　至於你說的第二種類型，我覺得我應該給自己很大的自由，不應該把自己拘泥於某一種形式與風格。所以，像〈阿蓮〉、〈遙遠的催眠〉，我完全把自己放鬆下來，讓意象自己去組合。但也不是偶然的，我只是放棄主觀，處於觀察者的態度，意象與聲音遂隨之響起。

　　問：可是我覺得像這類作品，比如說〈阿蓮〉，都是非常精鍊的，好像經過很多的錘鍊而成的。

　　答：這一點，與其說是創作時的錘鍊，不如說是在平時閱讀與觀察時磨練出來的。

　　問：我覺得在閱讀關於你那一類作品時，都有種結晶的感覺，這是其他詩人所無法給予的。不像瘂弦、洛夫、管管，他們的詩就太直接了，而你的詩感覺很精煉，像經過無數修改而得來的。

　　答：其實修改的情形很少。至於你提到瘂弦、管管、洛夫他們，在我自己看起來，那正是我所沒有的東西。像瘂弦語言的自然性，形象與概念間很緊密的結合；管管帶著幾分豪放的口語，顯得很輕快，若真要講錘鍊的話，我趕不上洛夫。

　　問：洛夫給我的感覺真的很超現實，他屬於另一種類型。瘂弦也是相當熟練的，不過他錘鍊的方式與你不大一樣。

　　答：基本是因為我們語言本質上的不同。在學習中，自己除了有很好的語言基礎，還須加上在閱讀上下的功夫，自然地，便能具備詩應有的修辭功夫。由於語言本質的不同，我們閱讀瘂弦的〈暖暖〉，感覺華麗而溫柔；而管管則是粗獷豪放的。至於何人是否屬於超現實派，這問題嚴格說起來，在臺灣還很難用天秤去衡量。本來在臺灣，我們對於超現實主義的

接觸，說句實話，幾乎是沒有根據正式的理論。直到差不多十幾年前，《笠》詩刊才把超現實主義的宣言刊出來。可是從另一方面而言，這是好的現象，我們沒有受到教條的限制，我們不是按照人家的教條去創作，而是按照自己本身對於語言、對於意象，以及我們自己從自己傳統裡面學習來的。說到傳統，有些論者常常喜歡把老祖宗搬出來，說我們以前也有超現實主義，那是沒必要的。嚴格地說起來，所有的藝術家，大概都具有這種傾向，要把不可能的變爲可能。也就是說，所有的文學都帶有理想的成分，不甘於照著現實去做。從這樣的觀點去看，不僅可從中國古代的文學中找到，古代西方文學裡也能找到這樣的例子。只要不是流於只懂得懵懂的教條，鑽進教條模式去製造出懵懂的教條式的樣品就好。無論如何，創作是帶要有自由的。

剛來臺灣時，是咖啡館裡的游牧民族

問：在臺灣，一般讀者只要提到超現實主義，就會想到洛夫的〈石室之死亡〉，這種錯覺洛夫可能要負一點責任，他造成的混亂是一種概念上的混亂，負面的影響比正面的大。

答：不是我替老朋友辯護，如果說洛夫某些詩曾發生負面的影響，這也許是事實，但不是責任的問題。這是不公平的。我覺得〈石室之死亡〉這輯作品，的確是具有較濃重超現實的意味。在我們自己本身創作的步調還很亂的當時，這是很難的現象，因爲不是根據教條去創作。我曾和洛夫提起〈石室之死亡〉的缺點在於意象太濃密，就好像糖或鹽放太多了，難以入口，在他往後的有些作品經過稍加稀釋，已達到適當的透明，更能感動讀者。

問：也許是我「責任」一詞不當，我絕不是要否決洛夫在詩方面的成就，我覺得那些作品是他個人才華的一種表現，可以把他的錯誤掩蓋過去。

答：有時候可以這麼說，是樹大招風。假如像商某人寫了幾首詩，還得到一些好評，以後他的創作步調變慢了，產量減低了，人們只會去回想

他好的部分。而洛夫除了有才華，而且有恆心毅力，在不斷的創造之中，他有更多的作品產生，人們就會在他眾多的作品中挑點毛病。我的基本觀念是這樣的；如果那個人不是故意想做什麼而做錯了事情，不能說他該負什麼責任。

問：我個人很喜歡〈不被編結時的髮辮〉這首詩，這首詩當時創作的情形是怎樣？

答：這詩也帶有幾分自動性。也許當初在我的胸臆裡，流出這一大堆意象，但我還是加以選擇，不能統統都收。

問：我第一次看這首作品時，覺得很新鮮、很訝異。這樣的一種表現方式——一個意象一個意象的連接，也沒有使用什麼連接詞，近乎蒙太奇的效果。這首詩你大概在什麼時候寫的？

答：這首詩寫得很早，大概是民國 46、47 年時。

問：那樣的一種經驗，完全出自想像的經驗嗎？

答：也算是觀察的、經驗的。

問：感覺上那種經驗好像蠻現代的，像在大都市裡。

答：是都市意象，沒錯。我剛來臺灣時大部分時間都住在臺北市，朋友都窮，就像人家所說的咖啡館裡的游牧民族。只能三五個好友湊錢喝一兩杯咖啡，然後坐上一個下午；或是有時候路邊攤上打一碗太白酒，幾個人慢慢喝。紀弦在現代詩上的宣言，除了技法要現代，所書寫的對象也應是現代的。因為既然我們是都市人，為什麼我們一定要把心捧到田園裡頭去？

問：當時都市化的程度是怎麼樣？

答：那時候的交通狀況、資訊都沒有現在這麼發達，但都市仍然是都市。

問：我看這首詩時，不覺得那是 1950 年代，好像很現代。那種疲倦、虛無的感覺，反而是現在一般新一代的詩人所無法表達的。

答：也許是我們那時候又窮又無聊吧，加上東走西晃，各種的意象就

進到腦子裡，我們比別人更能接受這些意象。當別人忽略的時候，這些意象反而成為更鮮明的意象。我有一組詩叫〈臺北，一九六○〉，這組詩的最後一行我寫道：「在新公園的十字旋門上正踞坐著一個頑童以趕螞蟻的心情指揮夜從這面進來，白晝打那邊出去……」可以說是很寫實的。

我的企圖心未死，我隨時在等待

問：能不能談談你最近出版的《用腳思想》和《夢或者黎明》這兩本詩集之間的創作歷程？

答：除非一個人持續不斷地創作，他才能談得出來其中的創作歷程。事實上，這兩個集子相差 20 年，這其間可能某年有好幾首，某年一首也沒有。一方面我承認現實的壓力很大，在某種情況下，沒有寫詩的心境，或某些意象出來時，想抓，抓不住，有些時候用保溫或冷藏的方法暫時放在一旁，到了某一個時刻，忽然之間心境比較寧靜，或是情緒比較高昂時，再從保溫室裡拿出來，重新審視、觀照，如果不受打擾，有可能就把這些東西寫出來。真要說起來，我們必須承認，寫詩需要很多的時間，還要有相當的環境，以及所謂的靈感基因。假如工作的性質和自己的興趣有關，他必受工作的干擾而分心。一旦產量減少，慢慢的就會興趣缺缺。雖然有時候創作受生活的打擾，使得創作量減少，不過也不能完全歸咎於工作。

你問我兩本書之間有沒有變動，是有變動。《夢或者黎明》的創作時期是很長的，前後也有十幾年。後來我到愛荷華去，那時候剛好有釣魚臺事件，以及有很多遙不可及的思鄉情愫，到了迫在眉際的程度。原先這些思鄉情結，在經過長久的折磨與多年的壓抑，幾乎有使人加以放棄之感。一旦壓力解除便衝胸而出，好像現實影像可以踢到心坎，而這些現實影像愈來愈大，到了這時候根本就無關乎象徵等等技巧了。自己本來就抱持創作不拘於教條，於是便開始了比較表象的創作，有些時候是白描的，有些時候，也把一部分概念心境摻雜進去。我後來有些東西僅僅是白描，但是，我深信我同時抓住表象和底層。

問：我的感覺是 1960 年代到 1970 年代的詩人，較擅於使用濃厚的意象，到後來在超現實主義時期才逐漸淡化，甚至於更後來的是白描。

答：早年那些人詩的意象濃密，本來是希望求精簡，以有限的語言來表現更多的意思，可是有時想想又是種浪費，過度的濃密，反把許多寶貴的意象淹死了。不如把其中某單一的意象加以完整、透徹地表現出來。

問：你覺得目前的寫作環境和以前《夢或者黎明》時的寫作環境，哪一個對你較有利？

答：現在的環境對我來講不是很有利，麻煩出在我的企圖心未死，我隨時在等待。以前，我一點也不顧慮現實生活環境，過得很悠閒。現在工作壓力大，對於創作的激情多少有影響。不過，有時利害互為表裡的，壓力有時反成為寫作最好的推動力。

文學創作與其說在傳道，不如說是在表現

問：在《用腳思想》裡「封神榜」那一部分，你筆下的《封神榜》與傳統的神話有一種微妙的連繫，不是直接的。你的用典方式脫離了傳統的方式，像是改寫神話。你當初構思的情形如何？

答：有很多人把神話重寫，利用作者自己的想像，把故事重新鋪陳一遍，這與一般寫實主義無異。我認為那不是創作。我是要把它融入自己的生活。

問：像這樣的融合有什麼作用？我覺得即使沒有神話的穿插，也許也一樣可以把你的思想表達出來。

答：對，即使沒有神話也可以寫出來。神話並沒有什麼作用。只因剛好那時看了這本書，而我也不想重新去鋪陳故事中的人。寫第一首〈張桂芳〉時，感覺很好，我便以自己代替了神話。因為我覺得《封神榜》裡的神，應當是創造性的神，不像《山海經》裡的神話。我覺得很有趣，即使在現代的人生裡，也可以我們自己取代他們。

問：你以這樣的神話應用在創作上，讀者也許會以為原作有什麼關連，結果卻發現有出入，這樣是否會產生誤導的現象？

答：別人看來我像是在傳道。現在我有點相信（說相信不如說承認這個事實），直到現在為止，我從來不以為有某種傳達的意願。對我來講，文學創作與其說在傳達，不如說是在表現。假如我的作品中有一點言志載道，都是出乎我意料之外。毋寧說我非常個人主義。

在我重新讀了半世紀以前看過的封神之後，我產生感動，產生再表現的企圖。我也考慮到會不會產生誤導，但我還深怕現代的年輕人沒看過《封神榜》，我才把《封神榜》的原文縮短，列入其中。我只希望讀者知道我是根據《封神榜》的故事人物想來的，他們之間的關係，我所能表現出來的就是如此。至於讀者要把這兩者之間做何解釋，我實在不敢說。

問：按照現在一般的文學理論而言，有人認為創作的本身就是一種閱讀，你覺得這種原文和詩創作重新的組合，和原來的《封神榜》有什麼出入？

答：我舉個例子，比如〈水田〉，我寫的是「申公豹」。原來作者創作這個人物時，並沒有具備現代預言家預知未來的觀念。申公豹是個喜歡說謊的人，喜歡惹事生非，他過分表現他的忍耐，把頭割下來，後來因姜子牙的求情，才把頭顱接回去。在接的過程中，方向錯了，臉落到後面。這在封神榜的作者也許有某種筆伐的意思，彷彿在說：你看，這就是說謊者的下場！但依文字本身來看，它卻只是個完整的意象；一個說謊者，其言行互相違背的形象。這是很奇妙的象徵。在生活中，我也有過呆立在水田的經驗，也有待在水田裡看呆立在水田裡稻草人的經驗。人也都說過謊，也有說謊的那種身頭擺錯位置的感覺。所以，正如你剛才說的，即使我不借用神話，我大概也能寫出這樣意念的東西。

問：你覺得借用了以後，意義是更明確或更含糊？

答：我覺得借用了以後，意義更踏實一點。我想這也是創作上的一種策略，也就是回到傳統的題材來創作。我在「回煞系列」裡，說人死後回煞，收回自己的腳印，我寫過兩遍。在《用腳思想》中也寫了一、三、五，這也算策略，我寫單不寫雙。很多事情由理論上解釋很困難，反而由

意象表現比較好。這問題纏繞著我，這是一種挑戰。有些問題如果你轉身就跑，它會緊跟著你。大部分的人被困在問題裡，所以會被駁倒。這就是哲學家與藝術家最大的不同。哲學家是在解析，藝術家則是表現。不同的藝術家表現出不同的結果，不同的欣賞者產生不同的看法。

你應該知道自己應走的路，如果你是瘸腿的，你會用手走路

問：學院派的超現實主義和非學院派的有怎樣的差距？

答：別說詩，繪畫也是一樣，都是非學院派的人先開始做的。我民國39 年到臺灣，那時幾乎沒看過超現實主義的作品。紀弦提到過超現實主義，有一次他曾對我說他的〈吠月的犬〉就是超現實主義。《創世紀》最早刊登類似超現實主義的作品，有人還說這是商禽搞的，還說我當年跑到左營去「傳道」。其實那時候大家都只零零星星看到一些作品，就因零零星星才有自由空間。如果一開始就是教條，那就糟糕。超現實主義作品，有時候想想還蠻經濟的，把兩個不同時空的東西湊在一起，這可省掉許多筆墨。先前你提到我的詩可分散文的及自由詩體兩種。自由詩體意象比較多，有些時候我採取並列的方式，加以聯合、化合；在散文詩裡則是單一的意象。我先被單一的意象所感動，概念膨脹的時候，我就被俘虜，俘虜之後卻是想辦法再逃脫以免陷入太深，就是這樣一種被捕獲與逃脫的過程。

　　剛才曾談到洛夫須負概念誤導的事情，我想再補充一點。嚴格說起來，一個詩人是在不斷的學習中，如果要負責任的話，應該是過分呆板去學習某個詩人而產生的不良結果。他應當讀得更多、看得更多，除了閱讀別人的作品，他自己還應該去多觀察、多體會，錯誤不是前輩詩人造成的，而是後來的詩人沒有用他自己的感覺去接受這個世界。你自己所在的現場才是最重要的。你應該知道自己應走的路，如果你是瘸腿的，你會用手走路，對不對？有些時候，靠自己是非常重要的，了解自己，隨時審查自己，找出自己的道路才是對的。

問：像梅新先生早期的作品，算不算是超現實主義的作品？

答：比較少，後來有一些詩有超現實的味道。

有些時候「批評」如果不帶有情緒化，事情就比較好辦，批評者是要負責任的，千萬不可動情緒，如果動了情緒，眼睛、耳朵、說話就要不清楚了。但是人在年輕時候，總會有激情，像臺灣鄉土文學論戰前後，那就是一種激情現象。不過，很快就冷靜下來了。激情現象也會產生好的後果，使人認清自己身邊的事物，等到認清事物後，會覺得還是遠離一點比較好，然後繼續向前走。有些批評家有強烈的載道觀念，把一些不載道的就說是不好的，這是能理解的。最重要的是不斷創造，作品是好或是壞很難說，但要寫出自己滿意的作品。如果你覺得不易寫出自己滿意的作品，可能是你的才華不夠，也可能是學習不夠，或是從一種好的角度來說：你的標準高，律己甚嚴。

現在，我再回到超現實主義的探討。超現實其實就是最真實的意思，我們把表層與底層同時再現出來，便是真實。人類不單是個物質的存在，人類是複雜的動物，人的存在最重要的是心與腦的活動。如果說我對超現實主義還有點興趣，並且還在從事類似的創作的話，是因為我以為要做到真實，恐怕不只要做到表面的意象，還要把心裡的、腦裡的一起呈現出來。但這只是希望，是不是能夠做到還是另一回事，我們能做到多少就算多少。同時這還得依賴讀者有此心態，去接納這種作品。明明每個人都知道他自己的存在並不那麼單純——一個人坐著時他可能還在跑，還在前瞻後盼，為什麼我們只給他一個固定的軀體？我覺得那很不夠真實，超現實主義就是要把他從裡到外所有的東西都掏出來。所有的藝術家都面臨這種挑戰，文學的表現受限於單一的進行；繪畫的表現受制於它是平面的、可視的，那個形象定得更死。相形之下，文字還能多一點點想像的空間。超現實絕不能從字面上來講，說是「超脫」現實或「超離」現實；勉強而言，是「超級」的現實，不是表面所看起來的真實。超現實主義在以文字為媒體表現時，它很可能就不合於文法。當人在做描述時，使用文字或語

言的同時就脫離了真實感，像你看到的我作品中的〈阿米巴弟弟〉、〈不被編結時的髮辮〉，我寫的當時也許並沒有想到語言，只是使意象流動，化做文字，還要使自己脫離文法狀態。一旦你進入文法，就已經毫無意義。

我們應該像仙人掌一樣

問：現在正處於資訊社會發展的時代，年輕一代的人容易接受影像資訊，對於文字的感受力反而薄弱了，我覺得在這種環境下，文學的前途並不樂觀。

答：倒也不用那麼悲觀。有時候是不可預料的，很可能有天文字世界消失，那也是無可奈何的事。

問：現在青少年看場電影很容易，但要他們閱讀一首詩可能就很難了，藝術的接受能力可能會變得被動一點。

答：我想我們擔憂他們，不擔憂自己。

問：問題是作品需要讀者及觀眾，目前現代詩的困境是：讀詩的人就是寫詩的人，談不上有什麼讀者。

答：你太悲觀了。

問：這不是悲觀，是事實。目前的時勢就是這樣子。

答：我想，慢慢的，將來也許會有文化環保人士提出，如何珍惜這一批面臨絕種的「動物」。

問：到了提倡保護的時候，那意思就是保護不了了。

答：我們應該像仙人掌一樣，將來文化如果沙漠化，還是會有響尾蛇之類的東西出現。

問：就怕連沙漠都不如。

答：冰河狀況。

問：或者污染狀況，所有生物都死亡了。

答：我們期盼另一種仙人掌。

——選自《現代詩》復刊第 14 期，1989 年 9 月

變調的鳥

論商禽的詩

◎李英豪[*]

最近收到商禽（羅馬）的來信，他又向我重提他的一首舊作〈冷藏的火把〉來：

「你一直以為你心中有一把火。但是若干年後當你去審視它之時，一切外貌依然。火焰珊瑚般紅的。煙長髮般黑的。只是，唉，它們已經凍結了……」

這種生命存在的悲哀感溢出：詩人從有限的我，逃亡，逃向超我的我；如鳥，如一隻「變調的鳥」，欲飛脫囚籠之現象界，翔不可觸及的凍結的詭祕天空——一個內在的宇宙。

一

在 1970 年代中國詩壇中，商禽誠是一個絕無僅有的「鬼才」。說他是「鬼才」，非意味他純賴非意識寫詩，他仍有個人的「詩思」。他的詩不是主義，不是知識，不是逃避，他的詩不是其他什麼。

二

目下中國現代詩人常陷於一種盲驢繞磨的困惑，將自己變成固體化的定型（前進時的走動只是自騙的假象）：意象翻覆的自我襲取；或取方法而捨目的（表顯心象的目的），1.流於不一定需要的賣弄或虛飾；2.將精力廢

耗於文字的皮相；3.注重詩一行、一句、一詞，片斷的攝拾，而無整體的呈露；或溶爲隨勢所趨的液體，高粱、花雕、伏特加、白蘭地、葡萄酒的拌成一杯雞尾酒，酸甜苦辣不辨，骨登骨登的直灌五臟。於是，中國詩壇幾乎成了英美法德等國詩的殖民地。更甚者，有人欲將早已陷落的秦城重新砌起磚塊來，或眷慕昔日繁華，再儲束髮留辮的「文明傀儡戲」。

我喜歡商禽的詩，不單在其跳越過執著的語意，缺去語格變化（declension）和「連結媒介」（如介系詞或一些連接的意象），而更在於其「中心與靈氣不可分」（艾略特語）的整個意境（心象全貌）底呈露。這非理性所能表達於萬一，而是藉「現實」原貌直接的反射。其暗示性和神話性，非在幾個壓縮的意象中，卻是在整個意境本身中。或許有人以爲商禽的語言是散文的，因爲它看似綿長平冗，每每不作「詩」的分行；這僅是以詩的皮相看詩。詩的分行與否僅屬外在姿式，非內涵本質；詩之所以爲詩，非單在於形式外貌如何；所謂濃縮，非單指語字意象言，而在於整個詩的「境」。蘇貝維爾（Jules Supervielle）的詩是詩的，雖其語句聯續的外貌似乎非詩，聖約翰濮斯（St. John Perse）的詩也是詩的，雖其文字系列與串成被一些人稱爲「散文詩」。我以爲商禽的詩不折不扣是詩的，是心靈的一種極致。他的詩不是去敘述，而是挖出隱藏在意識深處心象的「原型」（"Archetype"），赤裸撈起變形的內象。其一，詩人的每一根孔毛，每一個感覺細胞都顫慄著；這顫慄基根於悲劇的現實。其二，詩人是神經過敏的，從現實不可名狀的，不可把牢的流變間，常常產生過眼雲煙的幻覺與異象；幾近「真亦假時假亦真，無爲有處有還無」的境界，如此似夢而非夢，植根現實而謀殺現實的形而上世界，屬於人類宇宙統合的奧祕和力量，從變調的年代「迷歌」底悲切而非悲切的隱祕聲音中喚出。商禽的詩，實是現代人欲言又止又悲劇性的、佛洛伊德式的寓言，撒佈對時代細密、飄忽、迷濛的感受網，如蜘蛛吐絲，織成符號般的「迷宮」。

現讓我們看看他的〈阿米巴弟弟〉：

拉著我草綠衣角的小孩，哭打著從樓梯上退下來的阿米巴弟弟。對他邀

請，我支吾地拒絕了。簡直是一隻嘷月的獸；他的頸子說：「為什麼不到樓上我們的家去？那時你只看見梯子，又細又長，你在城裡有一個窩，和一些星子嗎？」我奇怪他有一個這樣的弟弟「是既乾淨又髒的嗎？」像一只手，浣熊的，我想其掌心一定像穿山甲的前爪。

在語言本身，已含蘊絕大的暗示性。這是一種因自我隔離而構成的「轉位」（"transition"）。同時瀰漫心靈的神祕與不安底悲劇。詩人轉位為微小的、透明的，在不顯著的地位下形貌多變不定的「阿米巴」（"Amoeba"），「簡直是一隻嘷月的獸」，而掌心「像穿山甲的前爪」。這形貌顯示出個人生存的感覺和真實情境。阿米巴是「自我」變形的符號。跟著在末段投出「夜半的街頭有數十個的影了」，更加強了自我分裂的原性和不可捉摸；詩人的內心變化莫測，人的存在是「只見梯子」的無數幻象底投影，既模糊，又莫知光源所在。阿米巴的存在是最卑微的原生單細胞生物，幾近於中性和植物性；詩人的心象亦是最原始的；只有藉此「實在」（"Sein"）的「現象」（"Phainesestai"）界之低等生物，來使想像世界構成既簡且繁的「概念」（"Begriff"），自然而然予以「實體化」。

　　此種寓言的詩底方法，令人憶起卡夫卡的小說《變形記》（*Die Verwandlung*）之主角 Gregor Samsa，發現自己醒來變形成一條蟲。這是寓言和詩所結合的生存幻象。如卡夫卡在一封信中（1911 年 12 月 16 日）所言：「空洞的空間把我分離了一切事物，我甚至到達不了它的邊界。」商禽亦同樣（現代每個人亦如是，只要他的感覺細胞未死）陷於這分離了的不可到達的生存界域中；他在此便用了多方象徵符號（毋寧說寓言的示現性），從感覺的蛻變間，做一次詩的巨大轉位。這是現代人神話性的悲劇。人得離棄「人」本質上的位置，感到卑微生命之無定多舛，形成下意識的存在恐懼。阿米巴弟弟的困惑，當起於一個乏味的影子世界：一面固為心理上的可怖絕望，一面又從情境語字的暗示中，覺察生命隱祕而無情的蛻變外，人總受自己存在所禁閉和牽引，這是非人性所能忍受的自貶感受。

詩末相繼溢出的質詢：「知道嗎？……知道嗎？」實在濃結和挾疊了無數生之痛楚。我說是近佛洛伊德式的，不單只指詩的聯想方法及存在的乖張，而且指出其間顯夢時之隱義和啓示；抑且含有一種自我的奇譎嘲諷。臺灣具權威的《六十年代詩選》，在介紹商禽的詩時說：「……一種形而上的且又是倫理學的神經敏感症的表現，一種瑪克思・夏考白的奇異和幽默，使他的詩成爲我們這個年代的新的『迷歌』。」

即此，我以爲商禽的詩底成功，不單在美方面和技巧方面新的建築，而在其「由經濟之結合所創造的整個世界」（日本詩人西脇順三郎語）。說它們是「新的迷歌」，毋寧說是個人內心在現時存在中的「寓言」！

三

商禽和葉維廉、管管等當代中國現代詩人，可說在方法上，運用了「詩之意識流」。這是始於對存在及事物一種神祕而抽象的「靜觀」，以形成生命無可抗拒的流動。商禽「創造」一詩，實是情意我至真確的「轉寫」（"Decalcomania"）：

於福壽酒色的黃昏。於自己不被腐蝕的額際，自己的眼中、耳裡，將我的身體投在她的前面將她整個的覆蓋；她是一個雕塑家。她創造聲音在他自己的聽道裡；而我起初便說過：「我來，並非投入於你：乃是要自妳手中出去的。」
但是，她把一個胸像倒置著塑；唉，倒置著自己，我遂在黎明中醒來。
記憶裡，她玫瑰色的纖手已是淡紫的了。

詩人才是真正的靈魂雕塑家。有人或許會認爲商禽是從超現實主義出發，是形而上的，而非什麼古典主義者。在我們審視他的作品時（尤其如描寫獄中囚犯瞻望歲月的〈長頸鹿〉；寫夢遊病患者晚上砌牆、日間拆籬笆而不見自己世界的「行徑」），當發覺其佛洛伊德式的釋夢方法，回復心理上的

時間（柏格森底），甚至空間。詩的語字中，含有某一種夢魔的力量，基於自由聯想的方法；意象使人喚起 Salvador Dali，或 Tanguy 的畫來。

　　若一定要說商禽的詩是超現實的，我甚堅持將「主義」二字略去。因詩人非取超現實的「形」，而是自然浮現其「神」、「意」。甚反對一般詩人將某種「主義」生吞活剝的移植過來；但，詩的塊肉、每 c.c.血、每根骨頭，都是商禽用內在「浣熊的手」塑造出來的自我底整體。這是令人驚喜的。

　　我向以為超現實主義本身，有時對詩人會產生否定性的效果；但做為自由解放技巧的運用，它卻使回向自從浪漫主義以來便失去了的質素。詩的律動由此開始轉變，意象的擴延和彈性，加強對現象的觸感，詩的氣氛亦由思想轉向夢想（reverie）。所謂超現實，只有個人的超現實。商禽的超現實亦如是。他的每一首詩像是一個未可知的神話的一部分；我們只能想及神話的輪廓，無法清楚理解其細節，或具體地假想變了形，轉了位的人底本質。

　　商禽不同於保爾・艾呂雅（Paul Éluard），雖然他們是跟布勒東（André Breton）一樣具有無意識的心靈自動作用；但艾氏夢的內容，仍存有其一連串可解析的意圖。商禽基本上是一個中國的超現實詩人，神祕的語言中自具有現實更深的投影和本質。前者之詩集《大眾的薔薇》（La Rose Publigue），是單純的情欲符號；商禽則否，其詩的意象活動固為夢，而所描寫之心態，是一種似可辨而不可辨的生存情境底內向性顯露；未來的渴想重重壓在悲慘的現在；「淡紫的纖手」一面又刺探著記憶的流光；於是，未來、現在與記憶，就有如三夾板般夾成一個潛意識的心理平面；像是凍結，又像是不息的隱隱發痛地燃燒。因此在「意義」的賦予上說，商禽的詩底價值，非但壓縮於個人的平面上，而且是在整個人類宇宙的平面上。這「宇宙的我」與「我的宇宙」，示現於詩，有若黑板上的字母漸漸淡褪。這位「夢遊者」，不單從原性中投示自我存在的分裂、矛盾和困惑，抑且將一個價值尺度變動的世界（「自然布列於胸中」）從閃亮間躍出。裡面生長

著單細胞的生物如阿米巴,「臉是荒原中的沼澤」底死者,夜夜巡梭守候的動物園裡底動物,是「自動洗碟器」的月亮,將「狗的憂鬱」唧去築巢的螞蟻,「不喜說閒話」而「啼出來的僅是些抗議」的家禽,「不懂形而上學」和「向虛無示威」的火雞,伸長脖子去探測歲月容顏及行蹤的長頸鹿,以及海蠔,以及孔雀,以及老鼠,蛛蜘,鴿子……等等。這些轉動不息的感受,正是現代人存在中自嘲的無數影子,感到孤立隔離,若囚禁的卑微生物之失去個體交通。

超現實的詩是非理性的,經常因追尋夢而失「實」(指物象外貌,非內象的「實」)。通病是欠「集中」,詩行冗雜贅漫,意象稀少而多複沓。心靈經常被置諸次位,但非單為情緒的力量所擁擠;而是情緒的放逐,升向更深廣的「意識」中去。商禽的詩卻非病在蕪雜或欠濃結;其妙處,「不可湊泊,如空中之音,相相之色,水中之象」(引嚴羽《滄浪詩話》)。但其在另一種詩風上的實驗(如「死者」及「遙遠的催眠」)運用一連串複沓式的或輪迴式的變奏。「遙」詩藉「守著……」的 Pattern 去轉換意象;同是複沓和輪迴交替的;「死者」則重聯屬式相因相生的重覆,以逐漸發展之詩「境」。那不斷的萌發和生長,去顯示多樣的感覺;以使意象在變換間有一種推展的趨勢。「遙」詩由地而天,由天而海;「死」詩由「荒原的沼澤」而至「逃亡的天空」,再而回歸到沼澤。像一個圓的軌跡,從弧度及象限來照示詩的整體。其成功處,是利用歌謠的複沓,以求達至變調的催眠(現時代中的感受);創出內心的節拍和步調,有若獨白的夢囈;而富音樂性與意象複示的進行。可是,其值得商榷處亦在此。由此假借意象的複沓和 Pattern 的重覆,來強調心象的向性和形貌,以至太重音響上的效果;至使音樂的因子在詩的整體上,有喧賓奪主之嫌。心象的向性應是一種自顯(本然存有於詩中),而不必做為一種詩的「憑藉」。

四

除非我們緘口不「談」詩,「論」詩,「評」詩,否則,一涉及「談」、

「論」、「評」，無不含有「吹毛求疵」的意味，英文成語所謂 "Critic's Criticism"。我不以爲詩是不可去「析」的，只是看如何「析」；「析」中是否故意求取象徵，抑或一方面既確切敏銳的觀察，一方面卻發掘及賦予甚至詩人也從未想過的新的意義和價值。商禽是中國現代詩詩壇中一個作品較難去「析」的詩人。他是一個現代詩人，一個中國詩人，一個詭祕的「鬼才」，想是當之無愧的！

──原載 1965 年《好望角》

選自商禽《夢或者黎明及其他》

臺北：書林出版公司，1988 年 1 月

我吻過你峽中之長髮
商禽的詩生活

◎張默[*]

一

　　寫詩四十餘載的商禽，一共出版過三本詩集《夢或者黎明》（1969 年
10 月）、《用腳思想》、《夢或者黎明及其他》（1988 年 9 月）。嚴格說起來是
兩本，因第三木是第一本的再版，略略加以增訂並於卷首新寫一篇千字的
重印小序而已。

　　在臺灣現代詩壇，商禽成名甚早，他是寫得較少而始終享譽極隆的詩
人。1961 年大業版著名的《六十年代詩選》，即曾選入他的散文詩〈長頸
鹿〉、〈不被編結時的髮辮〉、〈躍場〉、〈火雞〉、〈滅火機〉等 12 首，主編人
瘂弦曾如此介紹他的詩作：「他是我們之中最具超現實主義精神的一人，爲
了企圖去消化一塊天，一片海，甚或幾個光年而把胃弄壞了。」又說：「一
種形而上的且又是倫理學的神經敏感症的表現，一種馬克思・雅各（Max
Jacob）式的奇異和幽默，使他的詩成爲我們這個年代新的迷歌。」

　　1966 年，由臺北文星書店出版《批評的視覺》的旅港青年詩評家李英
豪，在一篇題爲〈變調的鳥〉專論商禽的文章中，劈頭就說：「在七十年代
中國詩壇中，商禽誠是一個絕無僅有的『鬼才』。說他是『鬼才』，非意味
他純賴非意識寫詩，他仍有個人的『詩思』。他的詩不是主義，不是知識，
不是逃避，他的詩不是其他什麼。」

創世紀詩詩雜誌社創辦人。

　　1968 年，林亨泰在其新著《現代詩的基本精神》一書中，對商禽的某些詩作，也有很精闢深入的觀察。他說：「我認為商禽的〈事件〉是出類拔萃的詩，開頭的『一整天我在我的小屋中流浪，用髮行走，長腳蜈蚣』，……雖不免有不自然的誇大感，但是如果繼續讀下去，卻漸漸引人入勝，尤其是第四節末：

　　沒有風。我把食指放入口中浸濕，再向空中高舉。「大漠孤煙直」。

　　讀完時，從那印象所產生的感動，非常令人難忘。」

　　葉維廉在其詩論集《秩序的生長》（1971 年）中，對商禽的詩也有十分精湛的詮釋：

　　商禽有時採用「假語法」（"pseudo-syntax"）來否決現成的語法。例如〈逃亡的天空〉：

　　死者的臉是無人一見的沼澤
　　荒原中的沼澤是部份天空的逃亡
　　遁走的天空是滿溢的玫瑰
　　溢出的玫瑰是不曾降落的雪
　　未降的雪是脈管中的眼淚
　　升起來的淚是被撥弄的琴弦
　　撥弄中的琴弦是燃燒著的心
　　焚化了的心是沼澤的荒原

　　「是」字在這裡並不是像往常一樣用來做隱喻的。這首詩是一個意象重疊在另一個意象之上，直至意象繞成一個圓為止。……這種「假語法」只是作者對付白話的分析性傾向的手段之一。

而楊牧更在《傳統的與現代的》（1974 年）一書中，特別推薦他的詩集
《夢或者黎明》，直指商禽的詩「處處浸染著抗議的淚，他是最傑出的『文
字布置者』。」羅青在〈論商禽的〈鴿子〉〉（1975 年）一文的結語也明確
指出：「作者沒有輕率讓他的詩一瀉到底，在最狂喜、最緊要的關頭，他仍
然埋下一筆假設語氣，把釋放的歡愉憧憬，推入更深一層的悲哀
裡……。」

　　以上所引六家對商禽詩作的品鑑片段，雖著眼點不同，觀察有別，但
可從中得出一個共同的結論，那就是商禽是一個徹頭徹尾的創造者，而非
蕭規曹隨的因襲者，他一直很精緻、綿密地揀取最適當的語言，呈現詩中
各個不同的生命的風景，鑑照自己難以對人宣洩的淚珠。或者口他自己所
述：「我的悲哀是多麼多麼的透明啊。」

二

　　在戰亂荒寂中度過童年的商禽，本名羅燕（硯），1930 年 3 月出生於
四川琪縣行健鄉，一個相當偏僻的小鎮，該縣若干年代以前曾有將死人懸
棺於山崖絕壁之習俗。幼年讀過私塾及初中，1945 年 15 歲那年，在成都
被當地軍閥部隊拉伕，關在一個舊倉庫裡達十餘日，竟然使他馴服，原來
那裡堆滿了各種新文學書籍，包括魯迅的《野草》，冰心的《繁星》等等，
使他如獲至寶。以後數年他曾脫逃，流浪西南諸省，開始蒐集民謠並試作
新詩。

　　1950 年隨軍自雲南經海南島來臺，在憲兵部隊服役，駐地一再遷移，
北中南三地都待過，迄至 1968 年以上士一級士官退役。

　　退伍後商禽曾一度應邀到臺中出任普天出版社編輯，繼又赴高雄港碼
頭作臨時工，跑過單幫，當過《文藝月刊》編輯及私人園丁等職。

　　1969 年秋應美國愛荷華大學「國際作家寫作計劃」之邀，留美兩年，
曾遊遍美加各地，多次在美國大學及文化機構朗頌詩作，並膺選為該工作
坊榮譽作家之頭銜。1971 年秋返國後，曾在某國中擔任書記，旋又在永和

橋頭開設風馬牛牛肉麵館，親自掌廚，是正宗的川味，開張之日，詩壇老友廿餘人曾前往品嚐，終因經營不善而結束。

1980 年，商禽應聘到《時報周刊》任職，從主編到執行副總編輯，專司改稿及標題聲譽頗佳，與他共事的大都是年輕一輩的詩人，瘂弦曾戲稱他是「標題商」，他已於 1992 年退休，為時凡 12 載。

晚近商禽寓居頗有田園風味的新店玫瑰城，與張夢機比鄰而居，閑暇以讀書、寫詩，研究我國 16 世紀彩印版畫自娛。

這大半生，商禽除了出版二又二分之一本中文詩集外，透過瑞典諾貝爾文學獎評審委員馬悅然之推薦與翻譯，曾於三年前先後在國外出版瑞典文本的《商禽詩集》，收散文詩和自由詩代表作多首。另題為《冷藏的火把》詩集的英、法文本，悉數收入散文詩，分由馬悅然英譯，艾梅里（Martine Vallette-Hémery）法譯，亦同時出版，對臺灣現代詩人而言，商禽是第一個擁有三種外語譯本的幸運者。特別是艾梅里，她為了法譯商禽的詩，力求精確完美，曾三度來臺與作者交換意見，了解詩人創作的動機與背景，在法譯單行本未出版前，曾推薦商禽包括〈籍貫〉、〈樹中之樹〉、〈門或者天空〉等 22 首詩作，先期於 1978 年法國現代詩刊 *Poesie* 一次登出。她在卷前的介紹文特選摘一段如下：「商禽是中國現代詩壇最具前衛精神者之一，作品略受超現實主義的影響。他在軍旅中生活很久，喜歡烈酒，對大自然的山川、鳥獸、雲彩、花木，有著很特殊的感情，故而他的詩也常出現對這些事物最動人的詮釋。……」《創世紀》詩刊第 58 期（1982 年 6 月），特別為這次法譯在封底以整頁篇幅刊出〈漏網詩訊〉一則，大標題是「商禽的詩飛上巴黎鐵塔」，的確令當時喜愛現代詩的讀者眼睛一亮。

三

商禽在臺灣從事現代詩的創作活動，1956 年 2 月參加紀弦創組的「現代派」，應該記上一筆，當時他是以「羅馬」筆名列名其中。

作者以「羅馬」筆名首次發表在《現代詩》第 6 期（1954 年 5 月）的作品是〈四月四日〉，以後有詩作〈空間〉刊第 11 期，〈聖誕樹〉刊第 13 期，〈雨季之什〉刊第 14 期。他的名作〈籍貫〉，則是於第 16 期刊出（1957 年 1 月）。以「壬癸」爲筆名發表於第 18 期的〈躍場〉和第 20 期的〈火雞三首〉。他首次啓用「商禽」筆名發表詩作是在《現代詩》第 23 期（1959 年 3 月）上的那首〈流質〉。

商禽早期最優異的詩作，大部分是發表在改版後的《創世紀》上。從第 12 期（1959 年 7 月）到第 29 期（1969 年 1 月）。依次是〈創造〉、〈長頸鹿〉、〈滅火機〉第 12 期，〈天河的斜度〉第 13 期，〈風〉、〈不被編結時的髮辮〉、〈木柵四行〉第 15 期，〈遙遠的催眠〉第 17 期，〈逃亡的天空〉第 18 期，〈透支的腳印〉、〈玩具旅行車〉、〈木星〉第 20 期，〈逢單日的夜歌〉第 21 期，〈門或者天空〉第 22 期，〈風及其他〉第 23 期，〈鴿子〉第 24 期，〈夢或者黎明〉第 25 期，〈醒〉第 29 期。所有研究臺灣現代詩的人士，對商禽的這些詩作一定耳熟能詳。

1957 年秋，商禽奉派到左營海軍陸戰隊基地接受一項兩棲訓練，正巧那時瘂弦在左營軍中電臺服務，於是公餘之暇，他倆就經常泡在一塊，飲酒談詩，商禽手中有不少關於超現實主義詩人的資料，也就暗中變成瘂弦的手抄本。由於他倆過從甚密，當時有一則小小的流言，商禽是啣紀弦的口喻，到左營向瘂弦和《創世紀》的朋友傳授「超現實主義」，此一訊息曾在不少詩友間耳語，兩位當事人卻被蒙在鼓裡。但據筆者的記憶印象，應該是無稽之談。而洛夫、瘂弦、筆者三人，當年未能參加「現代派」，主要原因咱們也在辦詩刊，如果貿然參加，那《創世紀》往後的走向，何以自處？現在再把話題拉回來，商禽在左營受訓即將結束，正要返回臺北之際，某天夜晚，瘂弦作東請他沽酒，當時兩人都有些微醺，於是在海軍軍區的椰林大道，來來回回相送，彼此都不想告別，就這樣手攜手肩並肩走

了一夜的路，商禽不久寫成的〈透支的腳印〉[1]一詩，副題是「紀念和瘂弦在左營的那些時光」，隱約是記述當晚二人「行行復行行」送別的情景——

今夜我在沒有「時間」和語言的存在之中來到這昔日我們曾反覆送別的林蔭小徑。（「今夜故人來不來」。）今夜故人來不來？我行行復行行。當天河東斜之際，隱隱地覺出時間在我無質的軀體中展布：一個初生的嬰兒以他哀哀的啼聲宣告——雞已鳴過。而我自己亦清楚地知道——關於那些腳印，我已經透支了。

而瘂弦也於 1958 年 1 月 29 日完成一篇〈給超現實主義者——紀念與商禽在一起的日子〉。[2]用以回贈。茲錄其中一段如下：

你唱：糖梨樹，糖梨樹
在早晨五點鐘
在一些污穢的巷子裡
把聖經墊在一個風塵女子的枕下
摩西和橄欖山的故事遂忘懷了
在早晨五點鐘
糖梨樹，糖梨樹，你唱

那個年代，咱們雖然一貧如洗，但詩思與友情彌深，彼此不忘致力詩藝的追求，未曾懈怠，商禽和瘂弦以詩相贈取暖，不過是一個小小的例證罷了。

　　1970 年，商禽在愛荷華「國際作家寫作計畫」作客期間，認識了非洲烏干達詩人歐可（Okor P'Bitek），他們某晚同時參加一個美國農機製造商

---

[1]〈透支的腳印〉一詩，見《夢或者黎明及其他》（臺北：書林出版公司，1988 年 9 月）。
[2]〈給超現實主義者〉，《瘂弦詩集》（臺北：洪範書店，1981 年 4 月）。

豪華別墅的盛宴，會中當時有人請商禽唱中國民謠，他正在謙讓之際，突然一位高大的非洲詩人歐可竟不請自上，同時要他美麗的黑太太把事先準備好的非洲手鼓也搬上了臺，當時香港詩人溫健騮也站在一旁，看見此情此景，十分不悅，一面推商禽趕快上臺，一面噓歐可，結果商禽還是按兵不動，讓歐可先行表演擊鼓，雖然他的鼓技並不怎麼高明，商禽還是給予他相當熱烈的掌聲，接著商禽也應邀登臺唱了幾曲四川小調，而歐可回報的掌聲更加激情，從此他們成了最好的朋友，可惜商禽於 1971 年秋天返臺，歐可也回到烏干達，他們從此未再連絡。

　　時光飛逝，16 載過去了，商禽於 1987 年初讀到索因卡（1986 年諾貝爾文學獎得主）所編的《非洲黑人詩選》，集中也赫然收入歐可的詩作，簡介中說明他已於 1971 年冬辭世，而溫健騮亦於 1975 年死於鼻咽癌，他回想這兩位曾經朝夕相處的詩人都先後亡故，能不悵然於是商禽深情地寫下了〈我聽到了你的心跳〉[3]一詩，悼念歐可並懷念溫健騮。茲抄其中幾句如下：

就在你的眼中，臉上
我看見一隻公獅溫柔恰似一隻母狗
我看見一群大象湧動如風景前的雲
我看見幾隻羚羊跳躍彷彿橫飛的雨
我看見一村子的人歌唱還不如哭泣
唉，歐可，你怎麼喝酒時清醒
反倒是擊鼓時醉了
唉，歐可，你錯把美洲當作非洲了

　　從本詩一點一滴的形象情景推移，我隱隱撫觸到詩人的內心深處似乎

---

[3]原詩見《用腳思想》詩集（臺北：漢光文化公司，1988 年 9 月）。

在輕輕的淌血。

　　1993 年秋天，商禽曾回四川老家探望兄弟，特別就便轉往廣漢縣到覃子豪紀念館去憑弔，館址雖然不大，但四周花木扶疏，環境極其幽雅，室內陳設除收藏詩人著作、遺物、手稿、塑像、照片外，也陳列該館開幕時盛況的活動資料剪影。商禽對大陸四川一個小縣竟然有心能爲來臺已故川籍著名詩人設置紀念館之舉，十分感佩。回想臺灣社會，雖然現在大家都很富裕，但是對文化遺產的保存與蒐集，畢竟盲點太多，咱們究竟要怎樣才能急起直追，不使前人的心血智慧結晶變成灰燼。而商禽當日站在該館門前的留影，或許是臺灣現代詩人第一位訪問該館的見證者。

四

　　臺灣 1950 年代先後崛起的詩人，商禽及其同輩的夥伴們，他們共同的命運，大多未能接受完整的學校基礎教育，可是他們並未服輸，均能刻苦自勵，爲早期臺灣詩壇形成一個奇絕獨特的景致。

　　那時候，閒暇之際詩友交往殷切，紀弦的濟南路學校宿舍是一個景觀，覃子豪中山北路一段的糧食局宿舍又是另一個景觀，余光中廈門街的寓所更是經常高朋滿座，周夢蝶武昌街明星咖啡屋前的詩攤更是臺北十景之一，而葉泥的漳州街住處也自成風景，羊令野、葉泥、商禽、羅行、辛鬱、瘂弦，世謂「漳州街六君子」，經常在葉泥那兒雅集，品茗、談詩、爭吵，確是司空見慣。1981 年夏，女詩人林泠返臺，想不到當年在漳州街結緣的六位詩人都到了，於是大家一起在臺北陸羽茶藝館合影留念，使大夥兒彷彿又回到了 30 年前。如今羊令野已作古，其他諸友早生華髮，頗有時不我予之歎。

　　商禽與諸多詩人建立良好的友誼，最鮮明的當然是楚戈、辛鬱等三公了。而韓國詩人許世旭，在海外的鄭愁予、秦松、楊牧、王渝、葉維廉、秀陶，以及沙牧、張拓蕪、向明、白萩、林亨泰、管管、梅新、碧果……等等，可說俱屬莫逆。

　　商禽這一生以詩會友，風評不錯，雖然他的創作總量不逾二百首，但醞釀過程十分綿密豐厚，絕不輕易發表。尤其是散文詩，被譽爲自 1950 年以降的開山祖師，管管、蘇紹連，渡也曾先後坦承向他借過火，的確不是蓋的。商禽在詩作中建立嚴密的結構秩序，追求高度渾圓的藝術境界，使語言、意象燦然融入所表現的對象之中，也是無出其右。

　　商禽曾一再強調「詩的演出」，那是詩人內在諸多感覺的一體綻放，而非聲嘶力竭的表面張狂吶喊。

　　「圓融、澄明、嚴謹、獨特」，我想這八個字大概可以規模商禽的詩創作生活吧。

　　天上的海，我吻過你峽中之長髮
　　我穿越你在人間的夢中的變形之森林

　　深信七十在望的商禽，今後會數灑脫開闊，悠然自得，他的心中永遠沒有捷徑，而是條條大路通羅馬。

附記：

　　有關商禽的評論資料，見《創世紀》第 95、96 期合刊，1993 年 10 月〈商禽作品評論索引〉，共收入詩評論約六十篇，供愛詩人參考。

——《聯合文學》第 142 期・1996 年 8 月號

——選自張默，《夢從樺樹上跌下來：詩壇鉤沉筆記》
臺北：爾雅出版社，1998 年 6 月

「變調」與「全視」

商禽的世界

◎奚密[*]

I know I exist because my little dog knows me.

——"Identity a Poem,"Gertrude Stein

「我知道我存在因為我的小狗認識我。」

——〈身分詩一首〉，史坦恩

商禽是一隻「變調鳥」。眾所周知，「變調」來自他最常用的筆名，而「全視」則取自商禽第一本詩集的書名和同名詩〈夢或者黎明〉：「我的夢有全視境之眼」。這兩個意象既可用來概括商禽詩的主題，又可以形容它的技巧和風格。因此，本文選擇從這兩個角度來叩探商禽的世界。這並不意味著這兩個意象可以截然或分，只是為了討論上的方便，從兩方面來引申而已。

一、變調

所謂「變調」，意指詩人在使用某些象徵時，將它們的普遍意義做有意的逆反和扭轉，就好像一支人人熟悉的曲子被故意變調，雖然聽者仍能辨認出原曲。舉個例子來說，光明或白日通常象徵生命、希望、正義等正面意義，而黑暗或夜恰恰相反，象徵死亡、絕望、邪惡等。但是在商禽詩中，這兩個象徵被逆轉過來；黑夜不再是反面的，而代表了詩人所追求的

---

[*] 加州大學戴維斯分校東亞語文系教授。

心靈的解放和自由。在商禽 1950、1960 年代的作品中，黑夜是正面的意象，充滿感性奔放的聯想。1984 年大陸女詩人翟永明（很巧也是四川人，是商禽的同鄉）曾提出「黑夜意識」這個詞來形容女性的潛意識；她認為只有在這裡女性才得掙脫外在的種種束縛，自由表現自我的內心世界。翟永明以黑夜來象徵內我，和商禽有異曲同工之妙，雖然商禽早了 25 年。

商禽第一本詩集以「夢或者黎明」——不是夢「和」黎明——為名[1]，我以為正因為它暗示了詩人的「變調」詩觀。夢當然是夜的轉喻，而黎明宣布白日的來臨，是夢的終點，也是夢的敵人。對大多數白天工作的人來說，每個黎明都象徵那服從理性法則的世界又一次的甦醒和勝利。只有在脫離了這世俗之網、理性之網而獨處時，深層的「我」才能湧現，才得逍遙。所以詩人云：「請留在夢」（〈逢單日的夜歌〉）。詩其實是夢的另一個名字，它的存在就標誌著夢的勝利。〈夢或者黎明〉詩末幾行說：「而你就是日日必來的……／你就是我終於勝過了的／就要由我們朝朝將之烹飪的／那黎明麼」。〈塑〉裡的「我」被夜這雕刻家「倒置著塑」：「我遂在黎明中醒來，並且勝過黎明」。這都代表詩人對黎明和它所喚醒的外在世界的挑戰和勝利。

以夢和黎明相對，意味著它和黎明所代表的一切相對。後者主要指涉世俗加諸於人的有形或無形的束縛（包括對事物的界定評價）以及這種種人為束縛對本我、真我所造成的傷害。詩人從「夢」的角度觀之，質疑、抗議、終而拒絕和超越俗世的「界」。

現代社會裡，沒有什麼束縛比政治建制更無所不在了。從 15 歲在成都街頭被拉伕到 38 歲在臺灣以上士退役，商禽對國家機器的運作有切身的體驗。在他眼中，軍人既可怕又可憐，既是始作俑者，也是無辜的犧牲品：「你這工作過而仍要工作的，殺戮過終也要被殺戮的（鴿子），軍營是『沒有煙囪的金屬的屋宇；雄性獸欄』」（〈事件〉五）（「商禽」是否也暗示

---

[1]凡引用詩句，其後括符內即註所引原詩的題目。

「傷」禽呢？）。戰爭是揮之不去的夢魘。〈逢單日的夜歌〉裡，詩人說：
「我已沐過無數死者之目光」；他「曾禮過的公墓：陣亡者之墓／病故者之
墓／處死者之墓」（〈逢單日的夜歌〉）。〈逃亡的天空〉或可理解爲一首獻給
陣亡者（屈死者？）的悼歌。以沼澤比喻「死者的臉」，既暗示死的猙獰，
亦喚起潛伏在詩人記憶底層的死，一如埋藏在叢林深處的一潭死水。逃亡
的天空影射詩人欲逃離、化解此痛苦記憶的企圖——從凝滯的沼澤到「遁
走的天空」（流雲），從流雲到（祭奠死者的）玫瑰，從白色的玫瑰到白
雪，從白雪（天空流下的淚）到眼淚，從眼淚到琴弦和心（古典詩傳統中
琴聲一向象徵心聲）。連鎖的意象並沒有帶來夢魘的解脫，它只能再一次呢
喃死的魔咒，再一次將哀悼的心「焚化」在死的悲慘回憶裡。周而復始的
循環式結構暗示無可遁逃記憶，讀來讓人驚心動魄。[2]

　　經過戰爭和流亡的詩人，對國家機器中的低層人員（「其實你是一隻現
役的狗」〈海拔以上的情感〉）有一份出自認同的同情與悲憫。〈長頸鹿〉裡
的年輕獄卒雖然是建制的一部分，低他仍保存了純真——詩人以誇張的手
法（hyperbole）暗示他對囚禁的懵懂無知和對犯人出自本能的關切。因
此，相對於典獄長的冷漠，獄卒是「慈悲」的。他的純真——「夜夜……
到長頸鹿欄下，去梭巡，去守候」——正襯托出建制的非人性。〈界〉　詩
以「據說有戰爭在遠方」始，暗示人與人之間的衝突，人與人之間因某些
人爲的界限之爭而引起的衝突。詩中的巡警類似〈長頸鹿〉中的獄卒，對
「界」的來源意義並不明白：

---

[2]論者多注意到此詩的回旋形式，但是對形式和內容的內在聯繫並沒有深入的探討。我曾經討論中
國現代詩中的回旋形式，並指出〈逃亡的天空〉與早期新詩之間的承傳關係。見：Michelle Yeh,
Modern Chinese Poetry: Theory and Practice since 1917（耶魯大學出版社，1991 年），第四章。其
他關於此詩的評論包括：張漢良，《現代詩論衡》（臺北：幼獅文化公司，1997 年），頁 48～49，
陳啓佑，〈商禽的悼亡詩〉《渡也論新詩》（臺北：黎明文化公司，1983 年），頁 181～184；古遠
清，《海峽兩岸朦朧詩品賞》（武漢：長江文藝出版社，1991 年），頁 238～240；劉登翰・洪子
誠，《中國當代新詩史》（北京：人民文學出版社，1993 年），頁 519～520；章亞昕，〈商禽：面對
「空間」的超越者〉，手稿。

> 於此，微明時的大街，有巡警被阻於一毫無障礙之某處。無何，乃負
> 手，垂頭，踱著方步；想解釋，想尋出：「界」在哪裡；因而為此一意圖
> 所雕塑。

詩後半段暗示「界」是人為界限（頂上嵌滿碎玻璃的圍牆）對「夢境」的
阻礙：

> 一條界，乃由晨起漱洗者凝視的目光，所射出昨夜夢境趨勢之覺與折自
> 一帶水泥磚牆頂的玻璃頭髮的回聲所構成。

　　貫穿商禽作品的夢與黎明、夜與白日的對立隱在其中。

　　囚禁人的牢獄、阻止人的「界」更多的時候是內化的、無形的。〈門或
者天空〉裡的「無監守的被囚禁者」無法離開他「緊靠著圍牆下」走成的
那條窄路，也無法離開他「手造的只有門框」的那扇窄門。在這裡，門和
路不但不通向自由開放的天空，反而是一種局限禁錮。〈行徑〉裡的宇宙論
者「日間折籬笆」，「晚上起來砌牆」。他的「病」正在於其對自我設限的缺
乏自覺。較之外在的束縛，自我設限更難超越。這是多麼悲哀啊！悲哀，
和與此相聯的意象（哭、眼淚、歎氣）重複出現在商禽的詩中，流露詩人
對世界的悲憫（我們別忘了「商」本是古宮調中最悲傷的調啊！）

　　因此，詩人以「變調」來抗議建制人為的傷害，以「變調」來哀嘆被
傷害卻毫無自覺的人們。他將黑夜和白日．夢和黎明的意義顛倒。他「越
夜潛行」（〈前夜〉）「參與並純化了黑暗」（〈無質的黑水晶〉）。他唱夜歌，
用夜的流動來超越白日的界限，用夢的「無質」來顛覆黎明的統治。「等晚
上吧，我將逃亡」（〈海拔以上的情感〉）——他從白日逃向黑夜，從理性逃
往靈性。

　　在詩的語言上，變調的表現至少可以從兩方面來分析。第一是語境或
語義層面的重疊和錯位，並經由此所造成的突兀或意外的效果。典型的商

禽詩常以具體的時空開端，有一敘事架構，而敘述語氣往往是平淡低調的。敘述性開端如：「有一次……」的故事模式（〈手套〉和〈玩笑〉），「夜鶯初唱的三月」（〈行徑〉），「於福壽酒色的黃昏」（〈塑〉），「憤怒升起來的日午」（「滅火機」），「雨季開始以後」（〈海拔以上的情感〉），「在窮僻的山地的教室裡」（〈傷 2〉）等等。這類平淡的敘述給人寫實的假象，卻在進行中忽然轉向，切入寄詭神祕的語境，而詩人完全不予解釋。譬如〈躍場〉裡想像和現實的重疊。又如〈水葫蘆〉以「月黑夜」和「疾馳在鄉村公路上的一輛客運汽車」開始，第二句忽然說到「一齣平劇裡旦角喉中如何拉出一條鋼絲帶鏽以及某歌場中低音歌男難產了一頭小牛」。語境的轉位使兩個意象並不能單純地詮釋為隱喻。詩人以平淡寫實的語氣引進一異質的語境，使讀者不得不調整理解角度，試圖重新建構一語境使得閱讀的過程可以繼續以臻完成。商禽的變調正在對讀者這種試圖的挫折和阻礙，以異質的切入，不和諧的質地來造成雙重語境的效果。

雙重語境在〈長頸鹿〉裡來自字面意義（literal meaning）和比喻意義（figurative meaning）兩個語義層面的交錯。典獄長的回答：「他們瞻望歲月」，並不難懂，甚至可說是一用濫的修辭。但是對年輕獄卒來說，他活在另一個語義層面，他只能從字面意義來理解「瞻望」和「歲月」，並且按照那個世界的邏輯而得到「長頸鹿頸子最長，所以最有能看見歲月」的結論。跟一般寓言不同的是，在寓言裡喻旨（犯人、監獄）和喻依（長頸鹿、鐵籠）之間是對等平行的關係，意義的建立來自前者對後者最終的取代。商禽這首詩裡，字面和比喻兩個語義層面是共存的、沒有取代的關係。讀者置身於兩者之間的輆輟，似是非是，其效果近似魔幻寫實主義。[3]

變調也可以從意象的並置和流動來理解，如前面討論的〈逃亡的天空〉中連鎖意象之間的變換。又如〈蒲公英〉裡孤獨的「他」流下的眼淚，幻化為蒲公英・螢火蟲，最後變成星星，「綴入深碧的夜空」。我曾在

---

[3]關於此詩的多種討論，參考：陳啟佑，《渡也論新詩》，頁 185～187；流沙河，《臺灣詩人十二家》（重慶：重慶出版社，1983 年），頁 249～250。

他處討論中國現代詩裡星星的象徵意義：它一方面影射詩人處在現代社會邊緣的疏離和失落感，另一方面也代表詩人欲超越世俗的理想和自許。[4]星的象徵在商禽的詩中相當重要，與黑夜和夢的意義相輔相成。

　　意象的流動在〈阿米巴弟弟〉中頗突出：從小孩到阿米巴、嗥月獸、浣熊、穿山甲：

> 　　拉著我草綠色衣角的小孩，哭打著從樓梯上退下來的阿米巴弟弟，對他的邀請我支吾地拒絕了。這簡直是一隻嗥月的獸，他的頸子說：為什麼不到樓上我的家去？那時你看見梯子，又細又長，你在城裡有一個窩和一些星子嗎？
> 　　我奇怪人有一個這樣的弟弟「是既乾淨又髒的？」像一隻手，浣熊的，我想其掌心一定像穿山甲的前爪。一個人有個阿米巴弟弟既像浣熊又像穿山甲，而我在夜半街頭有數十個影子。

李英豪認為阿米巴弟弟指的是「我」。[5]就第一句的語法分析，我卻以為「哭打著從樓梯上退下來的阿米巴弟弟」是修飾「小孩」的名詞片語。因為穿著軍服的「我」拒絕留下（陪他玩？），小孩哭鬧著。「嗥月的獸」及（伸長的）「頸子」的意象傳神地勾勒出小孩苦苦挽留的神態。

　　「嗥月的獸」的意象脫胎自米羅 1926 年的名畫《吠月的犬》。紀弦曾在 1942 年寫過一首同名詩，是他作品中商禽最喜歡的一首。[6]根據商禽自述，他讀紀弦此詩時，「正瘋狂的愛嗜現代繪畫」，並曾將原畫找來對照過。因此他可以指出紀弦的詩和原畫的異同：畫裡的「月、犬、列車（其實是梯子）詩和畫都有」。如果「月夜、犬吠」是紀弦詩中的象徵符號，這

---

[4]*Modern Chinese Poetry: Theory and Practice since 1917*，第 2 章。
[5]〈變調的鳥──論商禽的詩〉，收在商禽《夢或者黎明及其他》，同註 1，頁 165～176。
[6]商禽，〈讀紀弦的詩，並教他八十大壽〉，《現代詩季刊》復刊第 20 期（1993 年 7 月），頁 30～32。關於紀弦此詩的討論，請參考筆者的〈從現代到當代──從米羅的「吠月犬」談起〉，《中外文學》第 23 卷第 3 期（1994 年 8 月），頁 6～13。

些意象也重複出現在商禽的詩中。更值得注意的是梯子的意象。紀弦的〈吠月的犬〉將它改成駛過曠野的一列火車，也就改變了原畫裡吠犬和梯子並置的突兀與現實斷層的變調效果。商禽的「噪月的獸」還原了米羅畫中梯子的意象，它和月亮、噪月的獸及星星並置（「吠狗」和月亮也出現在〈逢單日的夜歌〉裡）。如果「噪月的獸」影射渺小的個人對不可改變的龐大外在世界的抗議，和這種抗議行為本身寓含的悲哀絕望，那麼梯子——梯子通向天空——則暗示個人對超越的渴望，雖然這個理想往往僅更深切地提醒我們人之存在的悲哀和絕望。因此，在〈梯〉一詩裡，當斜靠著棄置車庫的竹梯移動起來時：

「等一等！等一等！」他一面狂呼，不顧一切的跨過我的桌子，從窗口衝出去而跌倒在地下了，可仍然不住的狂呼著：「等一等！等……—……等——」而我也只好俯首在書桌上歎息了。」

移動的梯子好像一艘駛在藍天上的船，白雲是它的帆。「我」雖然了解同事「他」這種超越現實的企圖，但是他更了解對現實界來說，這只是一個「荒唐的想法」，因此在寄予同情之餘，他也只是歎息。

二、全視：

如果「變調」代表詩人對所有戕傷人性的思想、行為、體制的反思、抗衡和顛覆，那麼「全視」可說是詩人對原我、真我的認同，對超越人為界限可能性的肯定。為了凸顯真我和非我的分別，詩人常用「我」和「他們」或「人們」相對立（這點在同時期的詩人如紀弦和瘂弦的詩裡也可以看到）。例如〈醒〉中「我」被「他們」非人化：

他們在我的臉上塗石灰
他們在我的全身澆柏油

他們在我的臉上身上抹廢棄的剎車油

他們在我的兩眼裝上發血光紅燈

他們把齒輪塞入我的口中

他們用集光燈照射著我

他們躲在暗處

他們用老鼠眼睛監視著我

他們記錄我輾轉的身軀

「我」只能「出竅而去」，逃往「夢的鬧市」。〈螞蟻巢〉裡的「我」歎息人們將空氣劈破，把風染污。〈主題〉裡的人們「像沒有自我的傀儡」，代表世俗的功利主義，「一向瞧不起……詩人」。在商禽的詩裡，人──複數的人──往往最不可愛，因為他們跟隨人為的因襲價值，驕傲虛偽而缺乏自省反思的能力。相對的，還保持著純真的兒童（如〈滅火機〉裡「無邪告白」的小孩；〈主題〉裡向詩人問訊、而詩人也樂於回答的小孩）和那些卑微的小生命，像小狗、老鼠、火雞、鳥、蟲等，反而是可愛的，甚至可比天使。

人的虛偽表現在種種世俗的名目裡。〈傷 1〉裡的「我」自覺到「道德」的虛偽。〈傷 2〉裡的「慈善家」和「宗教家」對山地畸形兒「過分明顯的憐憫」也是一種虛偽，而且這虛偽「擊傷」了觀眾中的「我」。如果詩人是萬物的命名者，那麼他的命名必然以拒絕、遺忘所有世俗的名目為前提。在這點上商禽和魯迅有相通之處。在〈這樣的戰士〉裡，魯迅的戰士所面對的敵人正是「各樣好名稱：慈善家，學者，文士，長者，青年，雅人，君子……」，還有「學問，道德，國粹，民意，邏輯，公義，東方文明……」。[7]相對於虛偽的名目，詩人追求的是無名的真。魯迅在〈秋夜〉說：「我不知道那些花草真叫什麼名字，人們叫他們什麼名字」。他在 1927

---

[7]魯迅，《野草》，「魯迅全集」十卷（香港：香港文學研究社，1973 年），第二卷，頁202。

年出版的詩集《野草》的序言裡，和野草認同，而野草是無名的。商禽最早接觸的現代詩是魯迅。魯迅詩中的「理與情、實與幻的主客優劣易位」，以及「近乎」自動寫作的「夢的記錄、手記體的自我告解」[8]皆在商禽的詩中可以找到回應。[9]

　　「實與幻的主客易位」正可用來解釋「變調」和「全視」。在商禽的詩裡，現實和夢、白日和黑夜、成人和小孩、人和動物、形和影⋯⋯這些對立都被易位。相對於現實、白日、成人或「人們」，夢、黑夜、小孩、和動物都較不受世俗名目、人為界限的局限；他們更接近真。至於影子，商禽以它和身軀相對，它可以逃離外在的束縛，是自由的。他在 1976 年的〈狗〉將影子比喻為忠實的狗，但是與現實法則相反的是，影子並不附屬於身體，它是獨立自主的：

　　當我走向那盞路燈時我才發現，我也有一隻忠實的狗跟在我的後面，並且也在我走過燈桿之後急急的跑在我的前面，愈跑愈遠，終於消失在沒有燈光之處。[10]

同樣的，1993 年的〈叛逃〉用複數的影子來強調自由：

　　當我發覺自己眾多影子竟然無視於我的停步不前各自背著光源悄然潛行之際，我嚇呆了。

　　我高舉雙手，它們低頭前竄。

　　我叱喝，它們逕自隱入不同的暗巷。

---

[8]楊澤，〈現代詩與典範的變遷〉，在 1995 年 3 月臺北「臺灣現代詩史研討會」會上發言稿。

[9]另一位值得注意的是廢名，他也是商禽極欣賞的詩人。廢名的詩裡不但常用星和夢的意象，而且在「小園」裡也表達了「無名」的主題。他寫詩的筆名（本名馮文炳，寫小說時用）在某種程度上已流露了詩人對「名目」的排斥。

[10]商禽，〈狗〉，《用腳思想》（臺北：漢光文化公司，1988 年），頁 67。

我驚叫。[11]

　　這裡影子結合了逃亡和黑暗兩個正面的意象。「我」的一連串反應（「嚇呆」‧「叱喝」‧「驚叫」）凸顯了現實和超現實界的對比。

　　和魯迅相對照，我們也可以發現某些相似之處。魯迅的〈影的告別〉說：「人睡到不知道時候的時候，就會有影來告別」。影子被擬人化，有自己的意志。它不想跟隨人而欲「在黑暗裡沉沒」：

　　我獨自遠行，不但沒有你，並且再沒有別的影在黑暗裡。只有我被黑暗沉沒，那世界全屬於我自己。

　　　　　　　　　　　　　　　　　　　　　　──《野草》，頁 160

　　影子和身軀、黑暗和光明主客易位，前者具正面的積極意義，因為詩人追求的是「真」的「全視境」，世俗意義之外的生命的「第二義」。

　　和無形無質的影子相連相通的是流動的意象，它是僵化現實界的對立，包括風，液體，和女性。詩人是「獵風的人」，他懇求：「風，請將我歌走」（〈逢單日的夜歌〉）。〈流質〉裡化為流體的女子留給「我」珍貴的「遺產」。女性在商禽的詩裡的意象是正面的。她是〈塑〉裡被比擬為雕塑家的創造的、美麗的夜。她也是母親和情人。前者見於〈溫暖的黑暗〉。這首詩可視為對母親的讚頌，對母愛（溫煦寧靜、無憂無慮的安全感）的嚮往。〈溫暖的黑暗〉指涉孕育生命的子宮（這點和佛洛伊德的理論相通），那「所有的男人走過」並以鄉愁的憂悒永遠懷念的地方。至於後者，〈阿蓮〉裡的「你」是「子宮般溫暖」的黑夜，是小溪，是溪裡的游魚。她喚醒了「我」的「春天」。聞一多在其詩經研究裡提出魚是性愛的原型象徵的看法，這個理論在此詩中完全可以成立。嬉戲的遊魚暗示兩情相悅，「擁

---

[11] 商禽，〈叛逃〉，《現代詩》復刊第 20 期（1993 年 7 月），頁 93。

抱」和「囁咬」，形容情人間的歡愛。但是，這春天是「冒牌」的，「那時是十一月」。「春天」和「冬天」的對立預兆來自外界的干預和迫害。詩前半流動鮮活的意象漸漸被固體的、死亡的意象所取代：夜變成黎明，活潑的游魚變成「垂死的魚」（後者也出現在表現人的疏離的〈路標〉一詩裡），親暱的情人變成「石化」的臂、頸的「浮雕」、「結晶的鹽」，被侵入的世界──詩中一再出現的「人家」──擊碎，踐踏，斬段（〈阿蓮〉）。這首詩固然可以有不同的詮釋角度──譬如，根據詩人的註，將它視為淳樸鄉土受到城市化之破壞污染的比喻──但是詩中流動、黑暗、女性的正面意義群是一貫的。

章亞昕曾討論商禽詩中逃亡和空間超越的主題，認為後者往往表現在上升的意象上。我想可以補充三點。第一是〈溫暖的黑暗〉裡對女性（母性）和上升的聯想：

> 就這樣，我們仰望一個女人，從花蕊中，以雙手握住自己的頭髮，將她自己提起來，上升，好似在燃燒。

第二是同樣出現在此詩裡的火焰的意象：「就這樣，我們便聽見，可是並不知道自己在唱，一組烈燄似的歌聲。」此外它也出現在〈冷藏的火把〉中；「火」流動的本質，看似液體實為氣體，象徵原初的生命力。第三個上升同時也是流動的意象是噴泉，雖然它只以反面的方式出現在〈臺北‧一九六○年〉裡：臺北是個「沒有噴泉的城市」。

三、結語：

在 1950、1960 年代相當壓抑的政治社會氛圍裡，包括商禽在內的一批中青年詩人在傳媒控制森嚴和文化守舊勢力的夾縫中開創一個新的美學空間。他們以藝術抗衡反共八股，從邊緣挑戰主流意識。這是其前衛性最重要的一面。或有論者以其未能產生具體的社會改革效應而質疑它的意義，

這種批判既忽略了當時的實際處境（尤其是若干前衛詩人身在軍旅這個事實），更誤將藝術運動簡單地和社會運動等同，並以後者的標準來衡量前者。當知 1920 年代發源於法國的超現實主義，是主張以文藝自由來帶動全人生全層面（包括社會政治）的自由，而不是以社會政治模式來統領文學藝術。這是超現實之父布列東和共產黨最終決裂的主因，也是文學藝術不為政治服役的強力輔證。[12]

因此，如果稱商禽的詩是超現實的，它的意義是雙重的。首先，我們必須體認他作品獨特的歷史語境和文學史脈絡，檢視它在 1950、1960 年代的臺灣出現的文化文學意義，以及它和前代詩人（如魯迅、廢名等）與同代詩人（如紀弦、瘂弦等）的互動關係。同時，我們也應著眼於商禽作品和法國超現實主義的精神互通之處，尤其它們對建制的抗衡和對文藝獨立的堅持。從這兩個層次來探討，商禽詩最深刻的意義不但在其「變調」的語言風格，更在這語言風格後面的「全視界」。

在商禽的世界裡，詩人既不是高高在上的先知，也不是懷著崇高使命感的知識分子，更不是苦難階層的代言人和社會改革者。商禽詩裡的「我」平凡卑微，但他一方面有冷靜嚴厲的自省視野，另一方面兼有悲憫和同情。自省表現在他對人性（尤其是通過自身）陰暗面的暴露──人的虛偽‧驕傲‧仇恨‧懦弱‧鄙瑣。他是那夜半回到停電的公寓，被計程車車燈將其中年人的背影投射到鐵門上的「我」，也是那「毫不留情」的車燈（〈電鎖〉）；他是那因「恨」而費盡心機捕殺一隻蚊子的「我」，也是領悟到「悲哀之自覺」的「我」（〈蚊子〉）。至於詩人的悲憫則表現在對無辜者──不論是建制裡的獄卒或巡警，還是純真的小孩，與動物──的認同和同情上。幽默的自嘲使詩人不流於自憐和感傷：他是那獵風不成，只落得個紅鼻頭的人（〈海拔以上的感情〉）；是那「差一點便兵此一生的……臭皮囊」，但終要「深深地擁抱」它的人（〈醒〉）。

---

[12] 關於臺灣超現實主義的討論，請參考筆者的〈邊緣，前衛，超現實：對臺灣五六十年代現代主義的反思〉，在臺北 1995 年 4 月「臺灣現代詩史研討會」上的報告。

　　只有當詩人透過嚴厲的自省和同情的悲憫擁抱全面的人生時，他才超越了種種人爲的界限，釋放了真我。我們稱之爲超現實也好，禪悟也好，對商禽來說，恐怕終究不過是對世俗名目的執著吧！

──選自商禽《商禽‧世紀詩選》

臺北：爾雅出版社，2000 年 9 月

商禽詩作的意象表現

◎商瑜容[*]

前言

　　意象作爲完整的載體，同時具有感性與知性的內容，它可能是單純由一種感官造成的結果，如色彩或聲音，也可能由不只一種感官造成，例如空間意象就可能混合著視覺、聽覺、嗅覺等等，它也可能是知覺的投映，甚至混合著感覺與知覺，而成爲多種感知的綜合體，意象派詩人龐德（Ezra Pound, 1885～1972）即界定「一個意象是在瞬間表現智慧和情感的複合體」。[1]意象不僅包含著作者意圖的投射，也是聯繫內涵與外延的紐帶，它更打開一個審美的空間，讓讀者的想像活動去填補，在它投射的世界，在敏銳的感知上「看到」詩。[2]

　　在商禽的作品中，意象的塑造與類比關係的更新，展現獨具魅力的詩性邏輯（poetic logic）[3]，傳達著細微複雜的情感與見解。本文要捕捉的即是這些意象的豐富義涵與審美效應，如何建構商禽詩作的世界，創造深刻的意義。

---

[*]發表文章時爲中山大學中國文學研究所碩士生，現爲中學國文教師。

[1]引自拉曼・塞爾登（Selden, R.）編、劉象愚等譯，《文學批評理論——從柏拉圖到現在》（北京：北京大學，2000 年），頁 329。

[2]在西方文學批評史中，意象的涵義經歷複雜的變化，它同時標明隱喻和描述、字詞間的語言關係和對現實的指示關係、修辭學的策略和心理的效果。參見 Alex Preminger and T. V. F Brogan: *The New Princeton Encyclopedia Of Poetry And Poetics* , Princeton University Press, 1933，頁 557。

[3]維柯（Giambattista Vico）從原始初民「充滿幻想的語言」找到「詩性邏輯」的表現，認爲步入文明之後，人類的心智由於語言中充斥抽象詞彙而遠離感官。而海洛・亞當斯（Hazard Adams）進一步指出，抽象邏輯思維所缺少的就是「詩的真正聲音」。參見海洛・亞當斯，《西方文學理論四講》（臺北：洪範書店，2000 年），頁 47～87。

一、聯覺的感官新意

　　商禽的詩作意象鮮明，經常有令人驚訝的演出。詩人讓不同的感覺交融轉換，使意象由單一的感覺複合成通感意象，造成所謂的「聯覺」（"synesthesia"）[4]，達到陌生化的效果，使日常的事物產生新意。例如：「菜鏟子舞動著，聲響是受驚的鳥從熱鍋中飛起」[5]，複合了聽覺與視覺的意象，以鳥受驚竄飛比喻頓發的聲響，不僅形象生動，也將聲音的效果具體化了。又如「用我不曾流出的淚，將香檳酒色的星子們擊得粉碎」[6]，詩人賦予液態的「淚」固實的力道，可以將星子「擊得粉碎」，又用液狀的「香檳酒」形容固體「星子」的顏色，異質的元素在詩人的想像中巧妙結合，這種變化也使得意象呈現嶄新的面貌，強化了悲傷的力量。再如〈水葫蘆〉：「突然，汽車在過平交道時驚滅了車內的燈，黑暗就將人們的聲音壓成一塊薑糖——甜蜜和辛辣在裡面擁擠」[7]，詩人讓無形的聲音具體化，又讓聽覺意象轉化為味覺意象，傳神地表現出乘客紛紛的話語。

　　另一個聯覺的例子為〈傷〉第二首，詩中畸形兒牽強的表演換來宗教家憐憫的掌聲，詩人以生動的形象示現那場演出：「她唱，聲音自她屈曲的身軀中蹣跚地出來，踟躕著，只短短的幾步，踉踉蹌蹌，便倚住什麼似地停息了」[8]，詩人將畸形兒「短痲的腿」的特徵與其歌聲疊合，一方面強化了她的形象，一方面也使這場聲音的演出具象化。緊接著，詩中人「被那些宗教家由零落而趨熱烈的掌聲所擊傷」，而那憐憫底掌聲：「正如經書上記載的人們用以擲擊娼妓和耶穌的那些石塊一樣」，在這個比喻中，詩人再度轉換聽覺意象，表達出掌聲所帶來的強烈感受，「石塊」的硬度和「擊

---

[4] 聯覺是五識彼此交融，例如顏色帶有味覺、音覺中有鼻識的感受等等，是象徵詩重要的表現方式，目的是將現實變形，觸及存有的原始層面。參見呂健忠、李奭學編譯，《近代西洋文學》（臺北：書林出版公司，1990 年），頁 135～146。
[5] 商禽，〈木星〉，《夢或者黎明及其他》，頁 63。
[6] 商禽，〈海拔以上的情感〉，《夢或者黎明及其他》，頁 35。
[7] 商禽，〈水葫蘆〉，《夢或者黎明及其他》，頁 29。
[8] 商禽，〈傷〉，《夢或者黎明及其他》，頁 47

「傷」所暗示的力量，將掌聲的響亮和無情的傷害充分具體化。

除了聽覺意象的轉換，在〈廢園〉中，詩人描寫優曇「在夜間，於微風中嶄露／從手臂長出來的／私處／以可觸的時間之速度／緩緩開放」[9]，詩人從花的形體展開聯想，以「可觸」形容花開的速度，稍縱即逝的時光本是不可見不可聞的，然而詩人將之具體化後，不僅表現出花開之緩，「可觸」及跟「手臂」的呼應，擴大了擬人化的效果，傳達出一種探求美的渴望，於是「形而上的芬芳／自桃色的唇瓣分解出來／陶醉了石頭與瓦礫」，優曇「從手臂長出手臂又長出／短暫之歡愉」、「無意於捕捉明日之雲朵」，詩人刻畫出追求極致的生命形態，「可觸的時間」將短暫歡愉的體驗性表露無疑。

二、情境的張力

除了感覺的陌生化，意象在情境的構築上也有重要的作用，如〈傷〉第一首的詩中人被一幀裸照擾亂，模特兒的眼睛令他感到「僅一瞥，我便受傷了」：

急急地，我出去買一貼橡皮膏；急急地，我把它貼在 ——啊，因發現我的虛偽而不斷擴大的，我內裡的傷太深了——急急地，我把橡皮膏貼在那雙肆無忌憚的眼睛上。

——《夢或者黎明及其他》，頁 45

「急急地」不斷重複，內裡的傷不斷擴大，這首詩由意象產生出悲劇性的壓力，加深了詩中人受創的程度，就在如此急迫痛苦的情境中，「一貼橡皮膏」暗示著療治創傷的可能，然而詩中人卻違背了讀者的期待，將橡皮膏貼在模特兒的眼睛上，如此一來，內裡的傷彷彿無止盡的擴大深化，張力

---

[9]商禽，〈廢園〉，《用腳思想》，頁24。

也隨之蔓延開來。而在〈手套〉中，手套勾起了詩中人哀傷的情緒：

> 就這樣，一雙赭褐色的粗白手套，唉，再也沒有比這更能象徵出：沒有
> 希望的希望，絕對的空虛的悲哀，與千萬萬分的頹廢的人。即使是一個
> 未亡人擁一襲外套跳慢板的華爾滋。
>
> ——《夢或者黎明及其他》，頁 151

詩人由「手套」聯想到「外套」，兩者都因離開了主人而虛空，未亡人擁一
襲外套跳舞的情景，無疑充滿孤獨之情，然而沾染了泥土的空癟手套，卻
更能象徵出「沒有希望的希望，絕對的空虛的悲哀，與千萬萬分的頹廢」，
帶著手套努力工作的人最後卻陷入絕境，詩人藉由意象表達了深刻的悲
憫。〈水葫蘆〉中也以形象化的摹寫示現既謬且真的情境：「疾馳在鄉村公
路上的一輛客運汽車中的燈光被乘客們發熱的話語擠迫得顫顫畏縮」，在這
個擬人化的修辭中，詩人呈現了瞬間的複雜意念，將燈光的明滅形容為
「顫顫畏縮」，如此一來，不僅凸顯了車箱內人聲的喧噪，也表現出汽車行
駛的速度感與顛簸感，甚至暗示了詩中人置身其中的心境。而在下段詩行
中，詩人描寫車燈「驚滅」一位乘客大聲說話的情境：

> 無人知道他們在討論什麼，我卻懂得他所以嘶喊的用意：因為我已經看
> 見了他發光的聲音；並因之而看見人們僵直的面孔，被點燃了的眼睛；
> 且穿透車窗照亮空寂的夜野，恰似目眩於一塘盛開的淡紫色水葫蘆花。
>
> ——《夢或者黎明及其他》，頁 29

在這段描述中，「發光的聲音」、「被點燃了的眼睛」都以感覺的轉換豐富意
象的效果，充滿光亮與熱度的嘶喊與眼神，由於與黑暗的車箱、「僵直的面
孔」形成強烈對比，十分引人注意，而「被點燃了的眼睛」的火光，與
「一塘水葫蘆花」的水感、夜野的寂黑與淡紫色的柔美，都形成明顯的衝

突，而詩人就在衝突中顯現美感，表現出情境的張力。

　　比較商禽詩作，意象在情境構築上都起著重要的作用，但是烘托的方式卻略有不同，前期意象的對比效果鮮明，近期則突出誇飾的運用。

　　就前期的意象對比言之，〈籍貫〉即可為例，詩中以音量大小的對比，凸顯「我」與「他」認知的差異。詩中的「我」內心「常怕說出自己生長的小地名」[10]，對於別人詢問籍貫的問題，是以「響亮的說明」、「大聲地反問」來回應，相反的，籍貫為宇宙的「他」，聲音卻是「隱約地」、「像虹的弓擦過陽光的大提琴的 E 弦一樣輕輕地」，兩者態度的不同，從聲音中表現出的鮮明的差異。意象的對比也出現在〈阿蓮〉：「如果是夜，阿蓮／在你子宮般溫暖黑暗裡／我可點燃一絲意念／照亮那唯一的小溪」[11]，此處詩人以「點燃」將抽象的「意念」具體化，而燃燒的光熱與黑夜、小溪對比，更傳達出渴望「照亮」的熱烈情感，同時呼應「溫暖」的感覺。

　　在〈哭泣或者遺忘〉中，對比的張力則用來表現矛盾的情境：

　　我們是霧。不管是在歡樂或是哀傷中，在沼澤似的三角洲，在蘆荻間，
　　我們是看不見的小船，是僅僅被聽到了的槳櫓的傾訴，那就是兩聲部的
　　我們的歌。
　　若然真的哭了，櫓與槳，哀哀的荻草，我們沒有——聲音已在肺葉中死
　　去。而淚落的石欄杆、銅香爐，雖然他們沒有哭。

　　　　　　　　　　　　　　　　　　　　　　——《夢或者黎明》，頁 127

「我們」是霧又是小船，看不見卻聽得到，而且有「兩聲部的歌」，這些隱喻暗示著認同的矛盾，間接呈現了士兵的心境，然而渴望傾訴、哭泣的「我們」，「聲音已在肺葉中死去」，這些衝突與掙扎，「銹蝕著兵士們的槍刺，而淚是更其快的」，「雖然他們沒有哭」，詩人以意象揭示生命的困境，

[10]商禽，〈籍貫〉，《夢或者黎明及其他》，頁 9。
[11]商禽，〈阿蓮〉，《夢或者黎明及其他》，頁 67。

何其淒迷。

〈坐姿的鐵床〉則以同一類型的意象突出對比，效果十分鮮明：

> 人們用話語來防禦死
>
> 人們用沉默來防禦死
>
> 人們用一小盆水芋
>
> 用一支玫瑰
>
> 整個夏日啊　於你
>
> 只是一株文竹
>
> 一種瘦瘦的慘綠的姿勢

——《夢或者黎明及其他》，頁 76

在重複出現了「人們用……來防禦死」後，水芋和玫瑰的後面留下了空白，然而讀者可以想像美麗嬌弱的花朵無法阻擋死亡的逼臨，對病中的人來說，生命只餘下「一種瘦瘦的慘綠的姿勢」。水芋、玫瑰和文竹同屬植物，在意象類型上有一致性，然而花與竹卻有著不同的象徵義涵，如此又對比出人們的期望與實際病況的差距，而延續著植物的意象，詩人描寫道：「你在瘦瘦的胸膛／為他們建造陽臺／為淡綠色的淚為發抖的目光」，病瘦的胸膛承擔著親友的期盼，就如陽臺擺放著玫瑰和水芋，病人文竹般慘綠的身影印照在人們眼中，化為淡綠色的淚水，詩人的傷逝之情也在意象的組合中投射出來。

在近期的創作中，商禽則以誇飾的手法擴張意象的表現力，往往達到「出語驚人」的效果。[12]〈穿牆貓〉刻畫謎一樣的女子：「她照顧我的一切，包括停電的晚上為我捧來一鉤新月」、「燠熱的夏夜她站在我身旁散發

---

[12]誇飾為誇張鋪飾超過客觀事實的修辭方式，黃慶萱指出「誇飾的主觀因素是作者要『出語驚人』」。參見黃慶萱，《修辭學》（臺北：三民書局，1999 年），頁 213。

冷氣」、有「長長尖尖的指甲」[13]，詩人以想像縮短距離，讓女子將月亮捧在手上，凸顯女子的付出，而在夜晚手捧新月、散發冷氣，更增添譎寒之感，最後女子離去，同樣神祕的穿牆貓「夜半來，天明去」，是否就是女子的化身，有著無窮的想像空間。在〈聊齋〉中，為了尋找「她」遺失在黃昏之中的形象：「我倒退著向黎明奔去，穿越凌晨、午夜，翻遍了昨日所有的晚霞」，「翻遍晚霞」鋪寫出詩中人奮力找尋的情態，誇飾的時間逆轉更進一步彰顯他的幻覺所在，「以為一腳踏進的應是朝雲之際」，「第二隻腳已然站在夕暮之中」，時光不曾倒退，女子的形象是永遠遺失了。

　　〈默雷〉描寫陳庭詩畫作的雷霆萬鈞之勢，詩人也運用誇飾表現畫家磅礴的筆力：「沒有聲音的霹靂把濃郁的黑夜震裂，閃電在早已失卻糖份的蔗板間奔馳，太陽吶喊，天空驚叫」[14]，在濃郁黑夜的襯托下閃電更顯突出，詩人發揮擬人化的想像，以閃電奔馳點出藝術家的創作活力，太陽和天空的吶喊驚叫則表現了畫作帶來的震撼，而黑夜震裂的意象充分表現出藝術的巨力。在〈露臺〉第二首中詩人寫道：「月已西沉　親愛的／不要去搬動／盆栽　當心／你薄薄的影子／被突來的晚風吹落陽臺」[15]，「薄薄的影子」令人聯想到身形，而能被晚風吹落凸顯了重量的輕盈，詩中人提醒輕瘦的「你」別去搬動盆栽，充滿巧思的關懷讓閒情逸趣橫生。

　　〈音速〉中詩人悼念枉死的王迎先，巧妙將暗示與誇飾的效果結合，在虛實的變化間現出深意：

有人從橋上跳下來。

那姿勢凌亂而僵直，恰似電影中道具般的身軀，突然，在空中，停格了1／2秒，然後才緩緩繼續下降。原來，他被從水面反彈回來的自己在蹤身時所發出的那一聲淒屬的叫喊托了一下，因而在落水時也只有淒楚一響。

---

[13] 商禽，〈穿牆貓〉，《用腳思想》，頁50。
[14] 商禽，〈默雷〉，《商禽世紀詩選》，頁101。
[15] 商禽，〈露臺二首〉，《用腳思想·露臺》，頁26。

——《用腳思想》，頁 16

「電影道具」此一意象，不僅比喻逝者的身軀和姿態，同時也隱喻被逼供以致於認罪的王迎先，如同警方為應付輿論壓力而搬出的道具，詩人更從聲音凸顯逝者的冤屈，叫喊之淒厲竟足以「從水面反彈」將自己的身軀「托了一下」，這樣的誇飾變形使「叫喊」有了懾人的力道，相較之下，落水時的「淒楚一響」更顯微弱，死者面對威勢的悲憤和無助也因此嶄露無遺。

三、奇喻與深喻

藉由隱喻性的意象讓事象彼此聯結碰撞，激發豐富的聯想[16]，是商禽詩作另一精采的表現，而這項特色在不同的創作階段中，同樣也呈現出不同的風貌。

在前期，商禽往往以出奇的聯想跳躍，建立事物間嶄新的關係，激生驚奇的美感，例如〈海拔以上的情感〉：

> 怎麼你想起一隻退休的船；海蠔浮雕著舵，肆無忌憚地豪笑的魚群空手歸去；而一隻粗心的老鼠在兩年后醒來躺在甲板上哭了。其實你是一隻現役的狗。雨天不一定是聖餐日。慈悲的印度王子不會給你一隻他自己的香港腳。而獵風的人回來，得到的僅僅是一個紅色的乳鐘形的鼻子⋯⋯

——《夢或者黎明》，頁 35

詩中意象的織合跳脫邏輯，顯現內在聯想紛紜的流動，更含有豐富的潛在

---

[16] 廖炳惠謂：「隱喻將兩種事物加以轉換融合，使它們產生移替與互動，使正規的語言從平鋪直述邁向比喻象徵的活潑與多義性」。參見廖炳惠：《里柯》（臺北：東大圖書公司，1993 年），頁120。

意義，當「你」想著船、海蠔、魚群，乃至一隻粗心的老鼠……「其實你是一隻現役的狗」突然將情境分割，「現役的狗」是現狀，那麼「退休的船」、兩年後因覺醒而哭泣的老鼠就顯得別有深意。而和粗心的老鼠、現役的狗相對的是「印度王子」，詩人以「香港腳」刻意破壞王子高貴的形象，暗喻王子也和常人無異，然而真正醜陋的是他苛刻的心，「慈悲」兩個字無疑是充滿諷刺性的反語。而正由於身分崇高的人沒有真正的「慈悲」，於是「獵風的人」徒勞無功、有人活著就像「現役的狗」、「粗心的老鼠」，這一切令人感到莫可奈何的悲哀，讓詩中人不禁想著「等晚上吧，我將逃亡；沿拾薪者的小徑，上到山頂」，海拔以上的情感是如此孤絕。又如〈岡山頭〉中：「想想你在園中的早晨，你的花／想想那些快要成熟的果子／都不似自發的，我在懷疑／是否它們患了顏色的傳染病」[17]，詩人描寫花果成熟的景象，以傳染病來比喻滿園燦發的繽紛，充滿不可遏制的美感。

　　在意象新奇的跳躍間，商禽仍兼顧到意象間的巧妙對應，如〈逢單日的夜歌〉：

> 我已解纜自你的邊夐，
> 在人間我已是一個島嶼
> 我仍可以是一具琴
> 然則請撫我，冷風來自西北，請奏我
> 黑暗中看不見海流，海流中看不見你鹹鹹的路
>
> ——《夢或者黎明及其他》，頁 94

詩人建立「我」、「島嶼」和「琴」的類比關係，當冷風吹來，「請撫我」、「請奏我」相應於「琴」，而對海流的籲求又相應於島嶼，「我」、「島嶼」與「琴」的結合充滿新奇的美感。相似的對應也出現在〈天河的斜度〉

---

[17]商禽，〈岡山頭〉，《夢或者黎明及其他》，頁 71。

中:「在霄裡的北北西／羊群是一列默默／是盼望的另一種樣子／在另外一種樣子裡／牧場在天河之東」[18]，詩人以隱喻的筆法，將天空與雲朵想像成牧場與羊群，兩者分別在霄裡的北北西與天河之東，頓時展現了開闊而悠閒的天景。

　　商禽有時以擬判斷的方式突出兩個事物間的關聯[19]，例如:「陰影是可觸的藻草」[20]，以藻草的水感寫夜晚的涼蔭:「整個太陽的行爲都是對蜘蛛的模仿」[21]，將日光的射線和蜘蛛吐絲連結:「我們都是沒有經過窯燒由自己燃就的木炭」[22]；以木炭的燒就寫人生的焦灼:「因爲咬不著自己的尾巴而不斷旋轉的是黃狗亦是木星」[23]，將黃狗的旋轉與木星的運轉類比……這類詩句由於判斷句式的主觀與肯定，以及擬判斷的強力暗示，意象的結合充滿奇思妙想。另一個鮮明的例子是〈逃亡的天空〉:

死者的臉是無人一見的沼澤

荒原中的沼澤是部份天空的逃亡

遁走的天空是滿溢的玫瑰

溢出的玫瑰是不曾降落的雪

未降的雪是脈管中的眼淚

升起來的淚是被撥弄的琴弦

撥弄中的琴弦是燃燒著的心

焚化了的心是沼澤的荒原

──《夢或者黎明及其他》，頁 77

---

[18]商禽，〈天河的斜度〉，《夢或者黎明及其他》，頁 85。

[19]英加登指出，在文學的藝術作品中，有些具有判斷句形式和陳述句特徵的句子是一些擬判斷。這些句子具有暗示力量，使讀者相信意象中顯現出來的事物是「可能的」，同時又不認爲這些句子是「正確的」、「符合事實的」。參見氏著《對文學的藝術作品的認識》，頁 64～92。

[20]商禽，〈透支的足印〉，《夢或者黎明及其他》，頁 39。

[21]商禽，〈事件〉，《夢或者黎明及其他》，頁 51。

[22]商禽，〈臺北・一九六○〉，《夢或者黎明及其他》，頁 57。

[23]商禽，〈木星〉，《夢或者黎明及其他》，頁 63。

這首詩以判斷句強調「□□是□□」，而句子間頂真的聯結又強調推論的連貫性，但是沼澤與天空、天空與玫瑰、玫瑰與雪之間，存有天與地的差異；雪與淚、心與荒原存有人與自然的差異；淚與琴弦、琴弦與心則存在人與物的差異，這些物象間的差異被判斷句強勢地抹去，然而「□□是□□」屬於一系列論斷的結果，但是物象間何以建立等同的關係，詩人卻並未言明，如此一來就產生文本的不確定性。在意象的動勢上，「逃亡」、「遁走」、「溢出」、「升起」、「撥弄」、「燃燒」、「焚化」等詞都是動態的意象，這些動態意象造成的變動感在擬判斷的推導下，使得意象層層疊加、不斷蛻化，直到分不清「荒原中的沼澤」與「沼澤的荒原」，分不清天地之間、物我之間、生死之間，什麼才是最後的終局。

在商禽前期的詩作中，奇喻的產生是由於隱喻將殊異的外界事物巧妙地聯繫起來，建立意想不到的關係，而到近期，商禽多將外在事物與內在人性聯繫起來，以意象投射不同的生命情態，充滿暗示性與多義性的隱喻深化了詩的意蘊。相較之下，前期詩作的隱喻乃以新奇見長，近期詩作的隱喻則精於深刻。

〈歲末寄友人〉中，詩人感懷遠方的友人，首先推測：「麥高文街雙柳園／庭前參差的草地／此時該已為白雪擺平了」[24]，再從雪聯想到蒲公英，追述往日光景：「春來又會飄著黃雪／那便是蒲公英／它們總會領先／早我一步抵達你門前／便對遲到的我說：／下次別再呆在橋上看／逝者如斯的愛荷華河水」，逝者如斯，不復回的又豈止愛荷華河水，還有那歡聚的日子，詩人寄情如飄絮，以流水喻時光，傳遞了細緻的美感與幽微的哀傷。

詩人在〈馬〉一詩則將車比喻為馬：「我破舊的雙輪坐騎／應和著我／也在輕微的咳嗽……／你這愛在風雨中行吟的／至今還有人叫你自由車的馬／可是，等到了家門／你就會被鎖在公寓樓下……我深怕／又有人順手牽羊／騎走了你這匹只會咳嗽的／馬」。[25]詩人描寫生活的感觸，對於陪伴

[24]商禽，〈歲末寄友人〉，《用腳思想》，頁118。
[25]商禽，〈馬〉，《用腳思想》，頁56。

自己的車抱有同甘共苦親密感，因而將它聯想爲富有靈性的「馬」，會應和會咳嗽，而不單只是一部機械，然而對於不得不將「自由車」上鎖，詩人又充滿自憐之意，彷彿隱喻嚮往自由的人爲了生活，也不得不被鎖在單調的工作中。

　　詩人在〈楊逵素描〉中以竹比喻文人氣節：「乾瘦的雙腿／盤坐在／光潔的竹床／同樣有嶙峋的骨與節／都是只能折斷／而無法彎曲的」[26]，而〈池塘〉藉哪吒蓮花化身的典故，寫孤獨的命運如「深秋后池塘裡孑然的一支殘荷」[27]，〈水田〉則藉申公豹頭顱被踘走的情節，喻說一開始就幻滅的美好理想：「才唱出第一句／一隻白鷺飛來／便將我的歌／踘走」[28]，最後「白鷺再度降臨／我的歌／早已詞句顛倒不堪吟唱了」，命中的離亂何不若顛倒的詞句？又如〈五官素描〉以隱喻的意象寫眉：

只有翅翼

而無身軀的鳥

在哭和笑之間

不斷飛翔

　　　　　　　　　　　　　　　　——《用腳思想》，頁 106

在第一層意義中，詩人由眉的形狀聯想到鳥的翅翼，接著又從眉的位置，寫眉隨著表情變化或緊皺或上揚，如同翅膀揮展飛翔，隱喻生命在悲喜之間徘徊的過程。

四、由流動到凝結：意象的組織

　　在意象組織的方式上，商禽前期和近期的詩作也有所差異。前期的詩

---

[26]商禽，〈楊逵素描〉，《用腳思想》，頁 86。
[27]商禽，〈池塘〉，《用腳思想》，頁 32。
[28]商禽，〈水田〉，《用腳思想》，頁 34。

作善於展現心象的變化，意象推進經常富有流動的美感。首先舉〈逢單日的夜歌〉為例：

> 如今鳥雀的航程僅只是黑暗的歎息
> 而我足具飛翔中之靜止
> 天上的海，我吻過你峽中之長髮
> 我穿越你在人間的夢中的變形之森林，
> 星星之果園

> ——《夢或者黎明及其他》，頁 96

「鳥雀的航程」、「黑暗的歎息」將讀者帶到夜空中，而「飛翔中之靜止」此一矛盾短語，使得「航程」、「飛翔」的速度感由動之靜，於是想像的夜空之旅開始以漫行的調速去「吻」、去「穿越」，而「天上的海」、「星星之果園」，倒置天上人間的圖景，「峽中之長髮」又呼應「變形之森林」，詩人以意象織結想像的圖示，天地的變動有如夢似幻之感。

在〈夢或者黎明〉中，睡夢與黎明的想像輪次出現，隨著主體的轉換意象也不斷變動：

> 航行中
> 我的夢有全視境之眼
> 疲憊的雲層不斷上升而且消散
> 風滑過沉思水潭
> 在山中　桃金孃將她的紫色
> 緩緩地釋放
> 而聲音尤未賦予黃鶯兒
> 無從打起
> 穿越　山巔或是星座額角的微溫

老遠我就覺到你噓息的渾圓

或許　機群已然出動

——《夢或者黎明及其他》，頁 101

透過夢的「全視境之眼」，詩人想像曦光照臨的景象，疲憊的雲層上升消
散，彷彿睡眠後精神飽滿的狀況，也帶來晨風的感覺，於是詩人繼而描寫
「沉思水潭」，凸顯了水深寂穆的景境，而「風滑過」是極輕靈的，姚金孃
「緩緩地釋放」、黃鶯兒還沒有聲音，一切景物都烘托出黎明的寧靜。山巔
或是星座「額角微溫」、而你「噓息渾圓」，圓與角巧妙對應，微溫與噓息
互射，微風陣陣就有如噓息般輕暖，透露著在黎明的山巔，渾圓的太陽即
將高昇。

　　〈事件〉中意象也隨著主體在上升與下落間變動。第一節：「一整天我
在我的小屋中流浪，用髮行走。長腳蜈蚣。我用眼行走；有幾公克的燐為
此付出代價。我用腦行走」[29]，用髮、用眼、用腦行走就預告了一種上下的
倒置，於是詩中人的世界就出現了顛躓的變動，有升高的屋宇：「這些沒有
煙囪的金屬屋宇；雄性獸欄。號碼在惓性的灰色中逐漸模糊；屋頂在升
高……屋宇在人的疲憊中愈升愈高」；有下墜的星子、蝙蝠和山：「哀傷的
星子們飄入窗口，墜落」、「蝙蝠自屋簷滴下溶入溫柔的夜色」、「山，愈來
愈低」，就在升降起落的空間中，「落下的天再升高」，詩中人的行動也不斷
移易：「在小屋中流浪」、「走出去」、「奔跑」、「逃出」，於是隨著空間的變
動與時間的發展，其他奇詭的意象穿梭其中，呈現複雜的感覺和義涵：「一
塊磚在腦中運行，受阻於一扇竹門」、「一片瓦自我的腦中逸去」。此外，這
首長達七節的詩，節與節之間又經常是對比的關係，例如第一節的末尾寫
「整個太陽的行為都是對蜘蛛的模仿」，到了第二節就寫「月是自動洗碟
器」，第三節末尾寫我「逃出欺人的驕傲」，第四節就反問「你為何逃跑」，

---

[29] 商禽，〈事件〉，《夢或者黎明及其他》，頁 51。

而第四節的末尾爲「『大漠孤煙直』」，第五節的開頭就轉寫「沒有煙囪的金屬的屋宇」。就在空間意象的起落、時間中的行動發展、以及段落之間的對比中，詩中複雜的意識以緊湊的節奏流動著，最後詩人卻以一個靜態的意象作結，呼應「我」最後的回歸：「檸檬水色的星群正露出它們久久即已存在著的怔忡」。

　　相較於前期紛繁流動的意象組織，商禽近期的詩作則以嚴密的組合方式建立統一性，呈現不同的美感效果。舉〈某日某巷弔舊寓〉爲例，詩人以書法比喻紊亂的建築工地：

> 黃昏過後
> 鋼筋在瓦礫中橫斜
> 舒卷一帖
> 鐵的狂草
> 溶入淡墨的夜色

──《用腳思想》，頁 76

工地裡散亂的鋼筋，在詩人的想像下成爲「鐵的狂草」，「溶入淡墨的夜色」更從色彩的聯想，結合墨水與黑夜，又巧妙地呼應狂草的意象，在這節詩行中，意象的色彩、類型與情境充分渾結，從平凡景物中顯現不平凡的美。

　　意象的充分織合也出現在〈宿霧情歌〉中：

> 把花環掛在她熟芒果色的頸項上
> 讓香氣散發在她幼椰子的胸脯前
> 不要讓昨天的歌遺留在海螺的耳朵裡
> 快把你鬍髭的微雨落在她貝殼的肩上

──《用腳思想》，頁 96

詩人使用相同類型的意象，包括「熟芒果」、「幼椰子」，以及「海螺」、「貝殼」都是相應於熱帶海島的意象，而熟和幼的對應也極為巧妙，此外，為了傳遞戀人的熱情，詩人還使用了人體的意象：「頸項」、「胸脯」、「耳朵」、「鬍髭」、「肩」等，以甜美的水果和精緻的貝殼來形容「她」的肢體，將兩個意象群組織起來，洋溢活潑熱烈的美感。

除了意象群的統一，詩人也經營結構的統一性。詩人在〈高個子的美學〉中悼念亡友梅新，從他的身長，詩人聯想到他的許多特質：

> 他總是把詩的句子寫得那麼長長得和長江黃河一樣
>
> 他總是把工作時間排得很長長得跟長城一樣
>
> 他總是把對朋友的叮嚀說得好長長得和自己的歎息一樣
>
> 他也在笑後把憂鬱拖得長長得像他獨處時的影子一樣
>
> 而現在他又突然把自己升高高得和月亮星星那樣甚至遠於
>
> 他從前常談的星座以致連我們的呼聲都聽不到……
>
> ——《商禽世紀詩選》，頁 91

詩人以長江黃河和長城，比喻梅新的詩句和工作，一方面取其長，一方面也以河川跟建築的宏偉寄寓讚揚之意，而寫他對朋友的叮嚀，以他自己的歎息為喻，更顯其待人的真情，而從他的憂鬱、他獨處時的影子，詩人寫出好友沉靜的一面，而長江、長城和梅新的影子、歎息相比，逝者又顯得如此渺小孤獨，最後詩人寫他「突然把自己升高」，感慨逝者已聽不到「我們的呼聲」，彷彿體悟到最長最遠的其實是生死之隔的距離。雖然詩人表達的寓意極為豐富，但是意象在密集的變化中卻始終以逝者為中心，同時緊扣「長」的特質，因而產生結構的統一性。[30]相近的例子還有〈我聽見了你

---

[30] 姚斯謂：「統一性並非存在於持續的時間變動中，而是存在於不斷變形的原則中。詩人在他的始終不變的詩歌主題中發現了這個變形的原則，並把這一原則化為不斷地變化著的各種現象」。參見漢斯・羅伯特・姚斯（Hans Robert Jauss）著、顧建光等譯，《審美經驗與文學解釋學》（上海：上海譯文，1997 年），頁 351。

的心跳〉：

　　就在你的眼中　　臉上
　　我看見一隻公獅溫柔恰似一隻母狗
　　我看見一群大象動如風景前的雲
　　我看見幾隻羚羊跳躍彷彿橫飛的雨
　　我看見一叢樹生長勝過燃燒的火焰
　　我看見一條河流奔流就是憤怒
　　我看見一村子的人歌唱還不如哭泣

──《用腳思想》，頁 120

商禽悼念非洲詩人歐可，以其故鄉作為統一的背景，描繪歐可在他心中的
形象。通過首語重複「我看見」，詩人將視角集中在歐可身上，充滿躍動感
的意象，彰顯歐可的性情和旺盛的活力，詩人彷彿還看見他生命底層源自
於鄉土的情感，以燃燒的火焰和奔流的憤怒寫出那「歌唱還不如哭泣」的
悲哀。
　　〈無言的衣裳〉可視為結構統一性最精采完美的表現：

　　月色一樣的女子
　　在水湄
　　默默地
　　搥打黑硬的石頭
　　（無人知曉她的男人飄到度位去了）

　　荻花一樣的女子
　　在河邊
　　無言地

搥打冷白的月光

（無人知曉她的男人流到度位去了）

月色一樣冷的女子

荻花一樣白的女子

在河邊默默地搥打

無言的衣裳在水湄

（灰濛濛的遠山總是過後才呼痛）

——《用腳思想》，頁 78

詩人在前兩段採用相同的句式結構描寫女子浣衣的情景，又在其後插入旁白似的說解。詩人以「月色」、「荻花」形容女子，既寫景又寫人，情景融合為一，烘托出絕俗的美感。「默默地／搥打」、「無言地／搥打」，則從動作中透露出耐人尋味的訊息，氣氛懸宕之際，詩人沒有提出解答，反而以「沒人知曉」來擴大斷裂。透過相鄰的關係，「黑硬的石頭」與「她的男人」也產生暗示性的聯結。

前兩段詩行雖然結構相同，詩人卻以「河邊」置換「水湄」、「無言地」置換「默默地」，雖然語義相近，在節奏的複沓中加入變化。而「冷白的月光」與「黑硬的石頭」在色彩上形成強烈對比，卻有共通的「冷硬」氣息，而旁白「飄到」、「流到」，都配合河水的意象。

在最後一段，詩人變換句式，前兩段的首句挪移，分別加入「冷」和「白」，「月色一樣冷的女子／荻花一樣白的女子」轉化了月色荻花的美麗想像，極精鍊的一個字反而充滿無盡的想像空間，「冷」可能是感覺或是心境，不論是忍著天寒或是心寒都甚為悲淒，而「白」更引發蒼白的聯想，增加悲傷的義涵。第三句詩人將第二段的「在河邊」與第一段的「默默地搥打」組合，假如依此規律，第四句應為「在水湄無言地搥打」，然而詩人卻加以變化，寫「無言的衣裳在水湄」，先前用以形容女子的「無言」、「在

水湄」，此處被用來修飾「衣裳」，隱喻女子默默承受命運的「搥打」，最後「灰濛濛的遠山總是過後才呼痛」，將視景拉向渺遠朦朧之境，僅餘搥衣悲憤的回聲。[31]

　　〈無言的衣裳〉透過詞語的鋪排重組、音義的複沓及變化，將時間空間與人情高度壓縮在濃鍊的意象中，整體的氣氛、音調乃至於意象的內在關聯，都能達到均和統一的境界，詩人不僅創造完整而獨特的美感，也攀向了新的藝術高峰。

結語

　　商禽的詩作中，皆以通感意象融合不同感官，達到陌生化的效果，且較多被用來呈顯聲音意象的變化。此外，意象在情境塑造上有重要的作用，在前期，詩人經常以鮮明的對比強化情境的張力，而在近期，詩人更加入誇飾的成分，擴展情境的表現。

　　在類比的建立與意象的組織上，前期詩作常以出奇的隱喻建立事象間的對應關係，同時以意象組織的流動感達到驚異的美感效果。但是到近期，詩人改以隱喻深化意蘊，將意象投射與生命情態充分結合，同時傾力於統一性的追求，這種統一性不僅表現在意象之間的渾結相應，同時建立在意象推進的原則上。詩人以視角的統一取代意象的任意排列，意象的美感也由流動轉為凝結。

　　從意象表現來看，商禽善於利用通感意象，將不同的感官交融轉換，達到陌生化的效果，這項特點尤其在聲音意象的表現上格外突出。此外，詩人也以形象化的摹寫構築情境，這項特點在前期多運用對比突出張力，到近期則以誇飾強化閱讀的驚奇感。商禽精於作喻，在前期經常以隱喻建立事象間新奇的聯繫，並以擬判斷的手法疊印意象，而到近期詩人則以隱喻投射不同的生命情態，蘊藉深刻的義涵。在意象的組織方面，詩人經常

---

[31]王小琳鑑析此詩指出「痛」字「它是狀聲字，做為搥打聲響在空寂山谷中的回音」。參見王小琳，〈無言的衣裳〉，《創世紀詩雜誌》第 93 期（1993 年 4 月），頁 94～97。

以跳躍的方式展現內在聯想的變化，造成意象推進的流動感，到近期則以意象群的緊密對應代替矛盾對比，也以視角的統一性取代了意象的流動排列。

——選自《臺灣詩學學刊》第 2 期，2003 年 11 月

商禽：超現實主義的穿透性美學

◎蕭蕭*

一、羅顯炘的逃亡

　　商禽，本名羅顯炘，又名羅燕・羅硯，曾以羅馬、夐離、壬癸、丁戊己為筆名寫作（這麼多的名字，商禽視之為「另一種方式的逃亡」），1930年 3 月 11 日出生於中國四川堺縣。根據《夢或者黎明及其他》書前〈增訂重印序〉，商禽自述：15 歲在成都被當地的軍閥部隊拉伕，隨部隊赴重慶時第一次逃亡，從此一路上遭到各種部隊的不斷拉伕、拘囚，他也不斷在進行著一次又一次的逃亡。1949 年，那些曾經拘捕與囚禁過他的人，也來了一次集體大逃亡。他說：「來臺之後，曾無逸樂可酌，都由於城鄉距離的縮短以及語言的不適應，人的軀體已失卻了逃亡的機會，我只能進行另一種方式的逃亡：我從一個名字逃到另一個名字。然而，我怎麼也逃不出自己。」[1]所以，他認為：《夢或者黎明》仿如自己逃亡的足跡。

　　生命中無止盡的逃亡，顯現在詩裡，顯豁的當然是「我正越夜潛行」、「我將逃亡，沿拾薪者的小徑，上到山頂」、「將你們從我雙臂釋放啊！」、「逃亡的天空」、「出竅而去。我的魂魄」、「我看見那些素以勇敢、團結著名的螞蟻，忽然變得非常怯懦、自私起來了；僅一秒鐘的時間還不到，便都逃得精光」這種詩句。但是，逃至何處？最早以超現實主義者論述商禽的李英豪則認為：「這種生命存在的悲哀感溢出；詩人從有限的我，逃亡，

---

*發表文章時為南山中學國文教師，現為明道大學中國文學學系教授。
[1]商禽，《夢或者黎明》，原由臺北十月出版社 1969 年印行，後由臺北書林出版公司 1988 年 9 月增訂重印，易名為《夢或者黎明及其他》。〈曾訂重印序〉見此書「序」頁 1～3。

逃向超我的我；如鳥，如一隻『變調的鳥』，欲飛脫囚籠之現象界，翱往不可觸及的凍結的詭祕天空──一個內在的宇宙。」[2]以「逃亡」而言，李英豪說商禽是從有限的、現象界的我，逃亡，逃向超我的、非現象界的我。但以超現實主義的原發點而言，方向剛好相反，詩應該是由潛意識中升發而來，是由夢中逃亡而出。

　　因此，關於「逃亡」，從一個空間抵達另一個空間，從某個時間延續到另一個時間，不如視之爲美學上的穿透，穿透空間上的局限，時間上的束縛；既是穿透，就可以相互往來於兩地、異時之間，如是，是從現象界逃往潛意識，還是從潛意識冒出於現象界？是先往後來，還是單方向的直行？就可以不必顧忌，自由來去，無所拘泥。

　　20 世紀初期的藝術家，有幸接觸先人留下的歷史古蹟、石洞壁畫，前往各地蒐集原始部落的藝術作品，開始重視兒童未經習染的繪畫原貌，甚至於精神病患以繪畫所能傳達的內在聲音，他們因而相信，繪畫絕不只是雙眼所可以看見的現實，在理性的背後，包括本能、衝動、直覺、慾望、夢幻、宗教，隱藏著一股神祕的氣息，一股神祕的力量，詩藝術就要從這裡脫殼而出，詩人必須穿透那層看不見的薄膜，穿透本能、衝動、直覺、慾望、夢幻、宗教與理性之間，意識與非意識之間那層薄膜，這就是超現實主義者所追求的超乎現實的真。因此，這一節，我們將討論超現實主義者商禽的這種穿透性美學。

二、穿透：空間感的泯除

　　商禽的詩作中，夢與黑（或夜）兩字出現比例極高，在《夢或者黎明及其他》58 首詩中，有「夢」字的詩約十首，「黑」字或「夜」字 20 首，有時同一首詩中「夢」與「黑」交互出現多次，題目出現這三字的如〈前夜〉、〈溫暖的黑暗〉、〈逢單日的夜歌〉、〈夢或者黎明〉、〈無質的黑水晶〉

---

[2]李英豪，〈變調的鳥──論商禽的詩〉，收錄於商禽《夢或者黎明及其他》（臺北：書林出版公司，1988 年），頁 165。

等都是。

　　奚密以「變調」解讀這種現象，認為是詩人在使用某些象徵時，將它們的普遍意義做有意的逆反和扭轉，所以，「黑夜……代表了詩人所追求的心靈的解放與自由」，「夢」和「黎明」相對，「每個黎明都象徵服從理性法則的世界又一次的甦醒和勝利。只有在脫離了這世俗之網、理性之網而獨處時，深層的『我』才能湧現、才能逍遙。」[3]這樣的解說，落實了商禽之所以為超現實主義者最主要的證據，他們相信夢才能給人求取自由的權利，夢是潛意識世界和現實世界的橋樑，是不受意識支配的、精神的自動作用。

　　如此說來，商禽的詩耽溺在夢境與黑暗之中，有著「懼光」的傾向。不過，僅以為這是脫離理性之網，消極的任潛意識自動演出，不如說是主動的設計：空間感的泯除。商禽不僅是詩中出現多次夢與黑，而且，如果是「火」，則出現的是「滅」火機，「冷藏」的火把；如果是「光」，則光是被擠迫的、被拒絕的，如〈水葫蘆〉詩一開始是「月黑夜。疾馳在鄉村公路上的一輛客運汽車中的燈光被乘客們發熱的話語擠迫得顫顫畏縮。」[4]〈無質的黑水晶〉則是「我們應該熄了燈再脫；要不，『光』會留存在我們的肌膚之上。」[5]不讓「光」留在肌膚上，商禽有「拒光」的傾向。

　　李白「相看兩不厭，唯有敬亭山」，陶淵明「採菊東籬下，悠然見南山」，都是白天的行為，因此，山與人素面相見。柳宗元的〈始得西山宴遊記〉則設計為：「蒼然暮色，自遠而至，至無所見」，所以「心凝形釋，與萬化冥合」，所以「猶不欲歸」。人與萬化冥合是人與萬化相互穿透，必須設計在「黑」「夜」中進行。至少，也應該是在「光」源稍弱的時候，所以商禽的時間設計，不是「黑」「夜」，就是與「黑」「夜」緊鄰的黃昏、「福壽酒色的黃昏」或清晨。

---

[3]奚密，〈「變調」與「全視」：商禽的世界〉，商禽《商禽‧世紀詩選》（臺北：爾雅出版社，2000年），頁11～12。

[4]商禽，〈水葫蘆〉，《夢或者黎明及其他》（臺北：書林出版公司，1988年），頁29。

[5]商禽，〈無質的黑水晶〉，《夢或者黎明及其他》，頁134。

　　《夢或者黎明及其他》從第一首詩開始就積極設計「空間感」的泯除、「界」的消失，第一首詩詩名〈籍貫〉，是對籍貫的疑惑，對空間的疑惑。詩一開始：「火紅的太陽沉沒了，鎳白的月亮還沒上升，雲在游離，霧在氾濫。」太陽沉沒、月亮還沒上升，是黃昏時刻，有泯除空間感的可能；「雲在游離，霧在氾濫」則又加深「空間感」泯除的更大可能。在這樣的時空背景探討什麼是「籍貫」，從省、國、世界、地球、太陽系的「小空間」的疑惑，以至於確立「宇宙」這個「大時空」才足以言籍貫，詩才完成。宇宙籍貫既經確立，則省際、國際、星際，太陽系等「小空間」的界線就可以泯除，若是，宇宙之大，何處不可以來去，何物不可以穿透？

　　商禽以泯除空間感來奠立「穿透」的可能，〈行徑〉又是另一個明證：

　　夜鶯初唱的三月，一個巡更人告訴我那宇宙論者的行徑，想起他日間拆籬笆的艱辛，我不禁哭了：「因為你是夢遊病患者，你在晚上起來砌牆，卻奇怪為何看不見你的世界……」[6]

拆籬艱辛，砌牆看不見世界，一個宇宙論者的行徑正是去除空間的障礙。去除空間的障礙，而後可以穿透。

　　這種障礙，如「籬」、如「牆」、如「籍貫」，都是人為的、後天的、自定的疆界，大部分又是透明的、看不見的、不自覺的阻隔。商禽的〈界〉詩，將他心中的人與人之間的阻隔、人與物之間的疆界，加以具體化：

　　據說有戰爭在遠方。……
　　於此，微明時的大街。有巡警被阻於一毫無障礙之某處。無何，乃負手，垂頭，踱著方步；想解釋，想尋出：「界」在哪裡；因而為此一意圖所雕塑。

[6]商禽，〈行徑〉，《夢或者黎明及其他》，頁12。

而為一隻野狗所目睹的，一條界，乃由晨起的漱洗者凝視的目光，所射出昨夜夢境趨勢之覺與折自一帶水泥磚牆頂的玻璃頭髮的回聲所織成。[7]

詩一開始，說遠方有戰爭，點明：正是因為人封疆劃界帶來戰爭的災害。「界」本來是不存在的：「巡警被阻於一毫無障礙之某處」，多可笑！既是毫無障礙，竟然會被阻，正如煩惱一樣，都由自尋。「界」的無形存在，商禽以「凝視的目光」、「夢境趨勢之覺」、「玻璃頭髮的回聲」，暗喻其無形無影，無聲無息。多少人卻被這種無形無聲的「界」所隔絕，無法穿透。

至於「穿透」的意義，是物與物仍保持各自的特質，相互之間卻可以自由進出，以商禽的詩來說，「我來，並非投入於你；乃是要自你的手中出去的」[8]，「投入」是一種融合，是膠與漆的交融，但它不是穿透；「出去」才是「穿透」，穿不透也就出不去。「他們並非被黑夜所溶解；乃是他們參與並純化了黑暗」[9]，「溶解」是消溶自我，是水與乳的交融，但它不是穿透；「參與並純化」才是穿透而後質變。

所以，「在手中有霧在臂彎裡／在髮中有風在頸項間」，「樹在樹之中，／樹在樹之間」[10]就是穿透的現象。「我已沐過無數死者之目光／我已穿越一株斷葦在池塘投影的／三角之寧靜／我已經成為寧靜」，「我穿越你在人間的夢中的變形之森林，／星星之果園」[11]，其中，或穿越實有，或穿越現象，或穿越超乎現實的現實，同時也因為穿透而改變了現有的現實（參與並純化了黑暗，穿越寧靜而成為寧靜）。

三、穿透：個體物的並置

並置書寫，是超現實主義者所喜歡運用的技巧，在商禽的詩中極易發

---

[7]商禽，〈界〉，《夢或者黎明及其他》，頁 37～38。
[8]商禽，〈塑〉，《夢或者黎明及其他》，頁 15。
[9]商禽，〈無質的黑水晶〉，《夢或者黎明及其他》，頁 135。
[10]商禽，〈樹中之樹〉，《夢或者黎明及其他》，頁 91～93。
[11]商禽，〈逢單日的夜歌〉，《夢或者黎明及其他》，頁 94～100

現這種手法，最早的如〈不被編結時的髮辮〉：「不被編結時的髮辮／早春之黃昏／在早上十點猶賴床的人／陽臺上一隻斷了絆的木屐／不被編結時的髮辮／髮辮下細長的白頸／一個在下水道出口處乘涼的乞丐／下班了的夜巡警／溫泉浴室裡搖響的耳環廢彈及棄船以及棄船上的纜索；以及不被編結時的髮辮；以及賴床的人，呵欠；以及右眼的淚流到左眼中：『我還以為你們這裡的湖水是甜的哩。』以及左眼的淚已經流經耳門——告訴她晚風在市郊時那股子懶勁——之後流到不被編結時的髮叢中去了。」[12]是以「不被編結時的髮辮」為主調的一次拼貼行為，仿如瘂弦〈如歌的行板〉拼貼許多「必要」。

這種拼貼，是個體物的隨意並置，如瘂弦〈如歌的行板〉中許多「必要」實則並無關聯、並非必要，而商禽「不被編結時的髮辮」暗示的就是散亂、未曾梳理的髮叢，隨意散放的髮絲與不相干事物的並置。

詩人將個體物隨意並置，看似無心，其實應該隱藏深義。也就是物與物之間獨立存在，看似無關，其實是相互穿透。如果以法國超現實主義所信奉的佛洛伊德學說來看，這些個體物即使是來自夢境，來自潛意識，應該是傳達出某種共通的訊息。如商禽〈不被編結時的髮辮〉如果以慵懶、懶散、懶洋洋，去理解這些並置的個體物，彷彿它們都散發出這種氣息：不被編結時的髮辮，慵懶；早春之黃昏，慵懶；在早上十點猶賴床的人，慵懶；陽臺上一隻斷了絆的木屐，慵懶。這就是以個體物隨意並置，所造成的物與物相互穿透的美學。

頂真，是修辭學裡為求形式美而設計的一種修辭格，意義是否相繫相連原非設計的本意。商禽〈遙遠的催眠〉就是以長篇的頂真、排比、類疊，形成「憫憫的」歌謠似的催眠效果，讀者很少去計較星在夜中如何守著你。商禽名詩之一的〈逃亡的天空〉也以頂真法寫成，句中的名詞（如：臉與沼澤，沼澤與天空，天空與玫瑰）如何繫聯，值得思考：

---

[12]商禽，〈不被編結時的髮辮〉，《夢或者黎明及其他》，頁 13～14。

　　　死者的臉是無人一見的沼澤

　　　荒原中的沼澤是部分天空的逃亡

　　　遁走的天空是滿溢的玫瑰

　　　溢出的玫瑰是不曾降落的雪

　　　未降的雪是脈管中的眼淚

　　　升起來的淚是被撥弄的琴弦

　　　撥弄中的琴弦是燃燒著的心

　　　焚化了的心是沼澤的荒原[13]

洛夫評論這首詩，歸納為「飛翔式的循環」，「飛翔」的妙處在詩與實際世界不即不離，「循環」則是意象環扣著意象的頂真效果。他說：「一個意象環扣著一個意象，前一意象衍生出後一意象，最初一個意象與最後一個意象看似沒有關聯，但在感性上貫通一體，使整首詩形成一種飛翔式的循環，生生不息。我認為，詩中的意象似乎屬於這個世界之內，而實飄浮遨遊於太虛之外。它是溝通詩人與世界之間的一個客體（object），與現實密切結合而又超於現實之上，正所謂：『超乎象外，得其圜中』。超現實的詩大多具有這種飛翔的，飄逸而又曖昧的特性，其妙處即在與實際世界不即不離。」[14]

　　　洛夫企圖以這首詩解說超現實主義的曖昧特性，奚密則試圖找尋八個句子、八個個體物之間的內在繫聯，說這是一首獻給陣亡者（屈死者？）的悼歌。[15]其實，以單一句子而言，每一個句子是一個譬喻句，「死者的臉是無人一見的沼澤」即以「無人一見的沼澤」暗喻「死者的臉」。創作譬喻句的消極原則之一是，喻體與喻依兩者之間的物的屬性不可相近相似，如「伯父像伯母一樣長壽」，不如說「伯父像松柏一樣長青」；積極的原則則

[13]商禽，〈逃亡的天空〉，《夢或者黎明及其他》，頁 77。此詩曾經修定，此依《夢或者黎明及其他》版。

[14]洛夫，〈超現實主義與中國現代詩〉，《洛夫詩論選集》，頁 95～96。

[15]奚密，〈「變調」與「全視」：商禽的世界〉，收錄於商禽《商禽‧世紀詩選》，頁 13。

是喻體與喻依兩者之間的物的本質最好不相屬，如「骨瘦如豺」，不如說「骨瘦如柴」，人與豺，同屬動物，屬性相近的緣故。以此原則來看〈逃亡的天空〉中的八個個體物：「死者的臉」、「荒原中的沼澤」、「遁走的天空」、「溢出的玫瑰」、「未降的雪」、「升起來的淚」、「撥弄中的琴弦」、「焚化了的心」，相鄰的兩個個體物，其屬性截然相異，不相繫聯，因此，這才是傑出的譬喻句。八個不相繫聯的個體物，雖然以頂真法串聯在一起，其實是八個個體物的並置。因為「並置」，所以可以互相「穿透」。

以電影「蒙太奇」鏡頭的運轉來面對八物，可以兩兩交互並置，可以同時二物、三物、四物、甚或八物並置，可以淡出、淡入方式處理，可以讓鏡頭相溶或疊合。這樣的鏡頭運用，正顯示這些詩句在我們腦海中浮現的各種可能，因此，不相聯屬的個體物在我們腦海中就有相互穿透的可能。如「死者的臉是無人一見的沼澤」，讀者的腦海中交互出現「死者的臉」與「荒原中的沼澤」的畫面，接著是「荒原中的沼澤是部分天空的逃亡」，「荒原中的沼澤」又疊合「烏雲密布的天空」（天空的逃亡），如是，「死者的臉」像「荒原中的沼澤」、「烏雲密布的天空」像「死者的臉」……「死者的臉」中有「滿溢的玫瑰」、「升起來的淚」中有「死者的臉」。不相聯屬的個體物相互穿透，營造出死亡的悲淒。

逆溯回源頭，回到商禽寫作此詩的潛意識，或許就是這些鏡頭再三的浮現與沉沒。所以，超現實主義者抓住潛意識中的真實，將眾多個體物並置，產生穿透作用，讀者則在物與物的穿透中領略潛意識中的真實（如此詩中的惶恐與傷逝）。

四、異次元空間的穿透

個體物並置因而產生穿透的作用，是屬於空間穿透的一種。就臺灣現代詩壇而言，管管〈春天像你你像煙煙像吾吾像春天〉、瘂弦〈如歌的行板〉都屬此類。商禽詩中另外發展出「異次元空間的穿透」，更有一種顫慄性的震撼，就像周夢蝶「火中取雪，且鑄火為雪」，商禽說是「冷藏的火

把」，商禽先描述現實：「深夜停電飢餓隨黑暗來襲，點一支蠟燭去尋找果腹的東西。正當我打開冰箱覓得自己所要的事物之同時突然發現：燭光、火焰珊瑚般紅的，煙長髮般黑的，只是，唉，它們已經凍結了。」而後非現實的「正如你揭開你的心胸，發現一支冷藏的火把。」[16]「一支冷藏的火把」穿透心胸而存在，就是顫慄性的震撼。這種顫慄性的震撼，洛夫的詩中最常設計。不同的是，商禽是在兩個不同的時空中讓「我」與「物」相互穿透：我進入凍結的燭光中／冷藏的火把在心胸中。

〈流質〉這首詩，商禽在夏末秋初讓一個女子在男人的眼睛裡從固體成為液體，又在「我」的「想」中蒸發為氣體，這是「穿透」的另一種模式，潛意識展現的無限可能之一。〈透支的足印〉中「我收回我的足印。我的足印回到它們自己……」隱隱中，足印穿過時間、穿過空間、肉體，回到它們自己。〈玩笑〉詩裡，聲音的穿透：「我好像聽見一個巨靈似的聲音從每隻螞蟻的口中驚呼出來；而我就是把這聲音投到自己心中的人。／那聲音說：『啊，死！』」[17]在商禽詩中，幾乎是無物不可穿透，商禽以其透視之眼看穿萬物，也讓萬物相互穿透。

商禽喜歡用「或者」造成詩的題目，如〈夢或者黎明〉、〈門或者天空〉、〈哭泣或者遺忘〉，「或者」前後是兩個拼貼的、並置的、不相屬的個體物，以「或者」介乎其中，則兩物可以交叉往來，相互穿透。試比較「門或者天空」和「門與天空」，「門或者天空時，可以是門也可以是天空，具有穿透的可能；「門與天空」時，則門與天空並置而不起作用。

〈門或者天空〉[18]這首詩以「詩劇」的方式寫成：

　　時間　　在爭辯著
　　地點　　沒有絲毫的天空

---

[16]商禽，〈冷藏的火把〉，《夢或者黎明及其他》，頁138。

[17]商禽，〈流質〉，《夢或者黎明及其他》，頁27～28；〈透支的足印〉，頁39～40；〈玩笑〉，頁153～155。

[18]商禽，〈門或者天空〉，《夢或者黎明及其他》，頁123～126。

在沒有外岸的護城河所圍

繞著的有鐵絲網圍

繞著沒有屋頂的圍牆裡面

人物 一個沒有監守的被囚禁者。

這個沒有人監守的被囚禁者，做成一扇「只有門框的僅僅是的門」，他推門，他出去，然後，像其他西洋荒謬劇一樣重複著，出來，出去，出來，出去，「直到我們看見天空」。

為什麼我們能看見天空？為什麼我們能找到出路？答案只有一個：「穿透」。其實在那個抽象的「門」出來出去出來出去的動作中，我們不是早就看到「穿透」的答案一再地在我們眼前演出？

第二本詩集《用腳思想》出版[19]，雖然已過了超現實主義風行的熱潮，仍然可以見識到商禽穿透美學的運用，不同的是，這時期的穿透介乎現實與非現實之間，如〈電鎖〉一詩，停電的夜晚回家，靠著計程車的車頭燈，「我也才終於將插在我心臟中的鑰匙輕輕的轉動了一下『卡』，隨即把這段靈巧的金屬從心中拔出來順勢一推斷然的走了進去。」現實的是那把靈巧的金屬，非現實的是「我的心臟」是車頭燈前的黑影，不變的是：「鑰匙」穿透了我，我穿透了黑暗。再如〈穿牆貓〉一詩，「貓」是真：「自從她離去之後便來了這隻貓」；「穿牆」是虛：「在我的住處進出自如，門窗乃至牆壁都擋牠不在。」[20]穿牆貓在此詩中是幸福的象徵，但「幸福，乃是人們未曾得到的那一半。」所以，他還未曾真正見過牠，見到的是「她用手指用她長長尖尖的指甲在壁紙上深深的寫道：今後，我便成為你的幸福，而你也是我的。」若是，「穿牆貓」是幸福的象徵，因而成為非現實的存在；但那種穿透才是幸福的寓意，卻也顯豁在其中。

---

[19]商禽，《用腳思想》（臺北：漢光文化公司，1988 年 9 月）。
[20]商禽，〈電鎖〉，《用腳思想》，頁 12～13。〈穿牆貓〉，頁 50～51。

五、異次元時間的穿透

　　對於「時間」，詩人是敏銳的。在商禽詩中，人可以穿透時間：「竟不知時間是如此的淺／一舉步便踏到明天」，[21]時間似水，人是涉水之禽，一舉步就忘卻了昨日今天。在商禽詩中，時間也可以穿透人：「當天河東斜之際，隱隱地覺出時間在我無質的軀體中展布」。[22]就因為時間薄淺，軀體無質，所以容易涉渡、展布，容易相互穿透。

　　商禽詩中有許多場景的穿透設計，時間因素是其中最引人心折的，如〈前夜〉詩第二節：「那時我正越夜潛行。聽了自己的話，乃從黝黑的星空急急折返。歸來看見：在淚濕了的枕旁熟睡的我的，啊啊，那笑容猶是去年三月的。」[23]越夜潛行，穿透時空，回來看見帶著去年三月笑容的自己。這是夢境的重現，還是潛意識的浮升？這是記憶的追索（去年三月），還是未來的恐懼（越夜潛行）？這是原我的拼圖（第一節首句：因為那永恆的海曾經是最初的），還是自我分裂的徵兆（有淚，有笑）？超現實主義詩作之所以迷人，就在這種可虛可實、非虛非實的廣大面向裡。

　　神話是超現實的寓言，商禽創作的神話詩〈水田——申公豹之歌〉與〈聊齋〉，使用不同方式的時間穿透，一寫其久，一寫其速，各盡其妙。寫申公豹時，時間穿透安排在詩的前四行與後四行：「才唱出第一句／一隻白鷺飛來／便將我的歌／啣走」……「若干年後／白鷺再度飛臨／我的歌／早已詞句顛倒不堪吟唱了」，我的歌被啣走，又被帶回，昔日之歌與今日之歌在穿透時顯得零零落落，不堪吟唱。寫〈聊齋〉時，放在詩的中段，「我」要去黃昏找回「她」遺失的形象，所以倒退著向黎明奔去，穿越凌晨、午夜、翻遍了昨日所有的晚霞，立刻折返，再次穿越午夜、凌晨，以為一腳踏進的應是朝雲，結果竟已夕暮。時間可以穿越（穿越凌晨、午夜），但是卻不可掌握（應是朝雲，卻已夕暮）。

---

[21]商禽，〈涉禽〉，《夢或者黎明及其他》，頁110～111。
[22]商禽，〈透支的足印〉，《夢或者黎明及其他》，頁39～41。
[23]商禽，〈前夜〉，《夢或者黎明及其他》，頁17。

　　現實人生中，即使是對母親子宮的歌頌，商禽仍然安排穿透時間回到
「溫暖的黑暗」，以倒帶式的方式穿透自己成長的歷程：

　　就這樣，我們便聽見，可是並不知道自己在唱，一組烈焰似的歌聲。

　　就這樣，在感覺中緩慢而實際超光的速度中上升。就這樣一個人看見他
　　消逝了的年華，三十歲、二十歲、十八歲、十七歲……淺海中的藻草似
　　的，顏彩繽紛，忽明忽暗的，一一再現，直至儘屬於我們一己的最初──
　　──那極其溫暖的黑暗。[24]

　　這是時空交錯的穿透。我們聽見（可是並不知道是）自己所唱烈焰式
的歌聲：聽的我與唱的我相互穿透，這是空間的穿透。我們看見消逝的年
華：我看見過去的我，這是時間的穿透。

　　在這些穿透的後面，還有一個「我」穿透並書寫「聽的我與唱的我」，
穿透並書寫「我看見我」。這種多層次穿透，超現實主義「直式」的並置，
層層剝離，層層逼視，可以看到最真實的自我，最真實的人性底蘊。

六、穿透是為了抵達真實

　　穿透是為了抵達真實。

　　〈水葫蘆〉詩中，驚滅了車燈的汽車裡，一個旅客大聲說：「那是假
的！那是假的！」「我」懂得他所以嘶喊的用意：「因為我已經看見了他發
光的聲音；並因之而看見人們僵直的面孔，並點燃了的眼睛；且穿透車窗
照亮空寂的夜野，恰似目眩於一塘盛開的淡紫色水葫蘆花。」[25]這種發現真
實的喜悅是超現實主義者所刻意追索的，撕破現實的假面，以直抵夢或潛
意識、在黑暗中發光的聲音。

---

[24]商禽，〈溫暖的黑暗〉，《夢或者黎明及其他》，頁18～19。
[25]商禽，〈水葫蘆〉，《夢或者黎明及其他》，頁29～30。

　　以商禽最有名的散文詩〈長頸鹿〉[26]做爲例證來探討：

> 那個年輕的獄卒發覺囚犯們每次體格檢查時身長的逐月增加都是在脖子
> 之后，他報告典獄長說：「長官，窗子太高了！」而他得到的回答卻是：
> 「不，他們瞻望歲月。」
> 仁慈的青年獄卒，不識歲月的容顏，不知歲月的籍貫，不明歲月的行
> 蹤；乃夜夜往動物園中，到長頸鹿欄下，去逡巡，去守候。

這裡有「現實的」不真，如「身長的逐月增加都是在脖子」，如「青年獄卒
到長頸鹿欄下去逡巡，去守候」；卻因此推演出非現實的、荒謬的真：「他
們瞻望歲月」。事實上，連「窗子太高」與「瞻望歲月」的問答，都是現實
生活中不可能出現的對話，但無法否認被拘囚者計數時日、盼望自由的急
切之真。超現實主義者不計一切，只求撥開現實的迷霧，直探本心，因此
現代詩會有小說的企圖，會像小說家一樣以全知的觀點，切入，穿透，安
置角色，導演情節，甚至於記錄精神耗弱者的幻視、幻聽，喚起精神病患
者當初被壓抑的慾望，有些背離現實的畫面，不可思議的聲音，因而浮
現：「飲者說：『同我一樣，做一個真正的好人吧！』那聲音高得只有瞎眼
的老鼠和未滿月的嬰兒才能聽得見。」[27]這是超現實主義者第一層次的穿
透。

　　爲求更爲逼近真實，商禽設計青年獄卒積極要識歲月的容顏，積極要
知歲月的籍貫，積極要明歲月的行蹤，所以才會去逡巡、守候。這裡的
「識」、「知」、「明」，就是逼真的透視，第二層次屬於商禽的積極的穿透。

　　一幀裸體照逼使「我」買了橡皮膏遮住裸照的眼睛，因爲那雙眼睛逼
視我，讓我發現我的虛僞（想看而又有罪惡意識之類的僞善念頭）。一個畸
形兒的表演，宗教家「過分明顯的憐憫底掌聲」擊傷我。這是商禽在

---

[26]商禽，〈長頸鹿〉，《夢或者黎明及其他》，頁 33。
[27]商禽，〈溺酒的天使〉，《夢或者黎明及其他》，頁 130。

〈傷〉[28]這首詩中設計的兩個情節，不論內在或外在，「傷」來自於「虛偽」，看穿虛偽，拆穿虛偽，需要智慧。

　　〈滅火機〉中，大人／小孩，憤怒／無邪，成爲偽與真的對比。〈醒〉詩中，他們／我，軀體／魂魄，是另一種偽與真的對比。文學評論家奚密把這種對小孩、無邪、魂魄的「真」的追求，視之爲「詩人對原我、真我的認同，對超越人爲界限可能性的肯定」，稱之爲「全視」。根據她的敘述：小孩、卑微的小生命、夢、黑夜、影子、風、液體、女性、火焰、噴泉，比較不受世俗名目、人爲界限的局限，更接近真。[29]藝術評論家劉振源認爲：「被超現實主義精神所貫穿的藝術行爲和作品，也都是在現實世界中以對立的二元論，合理的存在著。」「超現實主義所推行的對現實世界的告發手段，……採取相對的程式，把『近代』的內面真實，順次發掘出來。」[30]對峙的是：有意圖／無意識，合理／不合理，調和／錯亂，白晝、論理／夢、不可思議，常識／驚異，文明／未開發，科學技術／咒術，天主教／異端。偽與真二元的對峙，商禽以穿透做爲辨識的手段，爲求立竿見影，去偽存真，有時不免悚慄以待，以「穿不透」反證穿透式美學。

七、穿不透的悲哀

　　穿透式美學最完善的展示，要以〈躍場〉[31]爲首，根據商禽詩後的註解：「躍場爲工兵用語，指陡坡道路轉彎處之空間」。商禽散文詩的特色，第一節通常是現實環境的凡常描述，第二節才是超現實的非常設計，〈躍場〉的設計正是這樣：

　　滿鋪靜謐的山路的轉彎處，一輛放空的出租轎車，緩緩的，不自覺地停了下來。那個年輕的司機忽然想起這空曠的一角叫「躍場。」「是啊，躍

---

[28]商禽，〈傷〉，《夢或者黎明及其他》，頁45～48。
[29]同註15，頁20～26。
[30]劉振源，〈超現實畫派價值觀〉，《超現實畫派》（臺北：藝術圖書公司，1998年），頁35。
[31]商禽，〈躍場〉，《夢或者黎明及其他》，頁31～32。

場。」於是他又想及怎麼是上和怎麼是下的問題──他有點模糊了；以及租賃的問題「是否靈魂也可以出租……」

而當他載著乘客複次經過那裡時，突然他將車猛地剎停而俯首在方向盤上哭了；他以為他已經撞燬了剛才停在那裡的那輛他現在所駕駛的車，以及車中的他自己。

在這首詩中，「時間」就好像一個個凍結的空間所接合而成，因此，空間可以穿透，時間也可以穿透。時間穿透就像倒映的影帶可以回到過去，出租轎車的年輕司機一路駕駛而去，其實是一路穿透時間而去，在順遂的路上這樣的穿透當然毫無問題，但在〈躍場〉，一個人生陡坡急轉彎處，他必須猛地剎停時，自己撞燬自己的驚駭卻引爆而出──這是商禽穿透美學中「穿不透」的悲哀。

商禽在《夢或者黎明及其他》的〈增訂重印序〉中曾言：「我怎麼也逃不出自己，姑無論是『門或者天空』抑且『夢或者黎明』。／一個人之為內心所拘確是夠悲哀的。」[32]「為內心所拘」、「逃不出自己」，正是「穿不透」的悲哀。〈行徑〉詩裡，「你」是一個夢遊病患者，白天拆籬，晚上砌牆，牆穿不透，看不見自己的世界，所以，「我」不禁哭了。〈界〉詩中「有巡警被阻於一毫無障礙之某處」，既是毫無障礙，何以被阻？正是自定疆界，穿不透自己。〈前夜〉詩裡，我越夜潛行，從星空折返，看見淚濕的自己，是因為聽了自己的話，這話出現在第一節：「因為那永恆的海是最初的；唉，你不能謀殺一個海浪，因為你不能謀殺一輪月亮，是因為你謀殺不了太陽，是因為你謀殺不了你自己的影子是因為……」[33]此節使用省略的頂真法，依其句式句意應該是「你不能謀殺一個海浪，是因為你不能謀殺一輪月亮；你不能謀殺一輪月亮，是因為你謀殺不了太陽；你謀殺不了太

---

[32]商禽，〈增訂重印序〉，《夢或者黎明及其他》，頁2。
[33]商禽，〈前夜〉，《夢或者黎明及其他》，頁17。

陽，是因爲你謀殺不了你自己的影子；你謀殺不了你自己的影子，是因爲……」刪節號之處應該是「你謀殺不了你自己」。「你謀殺不了你自己」，如序所言，正是「逃不出自己」、「穿不透自己」。

　　寫作於 1960 年代——超現實主義風行臺灣的年代——的《夢或者黎明》，商禽的穿透美學已經顯現「穿不透」的焦急。出版於 1988 年的《用腳思想》，共有 46 首詩，其中註明寫於 1970 年代或未註明者（可能屬 1970 年代）22 首，1980 年代者 24 首，其時，超現實主義業已退除流行，商禽的詩不論寫於美國（1970 年代）或寫於中和（1980 年代），大量出現「穿不透」的悲哀。

　　1970 年代者，如〈月亮和老鄉〉:「老鄉！好高興在外國相遇／多想用中國話和你寒暄幾句／卻又怕你只會說英文／只好背轉身來故意不看你」，無法寒暄，不能以語言相互穿透，無形的籍貫和疆界分隔了你、我。如〈五官素描〉，「嘴」「吻」過酒瓶，「眉」在哭笑「之間」飛翔，「鼻」是「雙」穴的墓，「眼」中間「隔」著一道鼻梁（有如我和我的家人中間隔著一條海峽），「耳」如果沒有雙手幫忙是一種「無可奈何」的存在，五官六識無一可以通透，是小我之傷，也是大時代的悲劇。再如〈凱亞美廈湖〉（Kiamesha Lake）使用的是商禽最擅長的排比兼頂真的句型「比水的清冽更遠的是林木的蕭殺／比林木的蕭殺更遠的是山的凝立／比山的凝立更遠的是雲的蒼茫／……」，一景疊一景而去，最後卻是「比天的渺漠更遠的是我的望眼」[34]，「望眼」（而）「欲穿」，「欲穿」（即）「穿不透」，超現實主義詩人商禽在異鄉失卻了穿透的法眼，有了「鄉疇」（鄉愁）的悲哀。

　　1980 年代者，如〈音速〉:「他被從水面反彈回來的自己在縱身時所發出的那一聲淒厲的叫喊花托了一下，因而在落水時也只有悽楚一響。」淒厲叫聲被水面反彈，跳水自殺的人被自己所發出的淒厲叫聲托了一下，都是「物」無法穿透而淒厲。商禽詩中常見「時間」的穿透與定格，就「空

---

[34] 商禽，〈月亮和老鄉〉，《用腳思想》，頁 102～105。〈五官素描〉，頁 106～109。〈凱亞美廈湖〉，頁 116～117。

間」而言，邊緣人物（如王迎先）卻是與時代「格格不入」無法穿透的犧牲者。又如〈手腳茫茫〉中，右腳找不到左腳，左手找不到右手，「在茫茫的空中茫然的探索」；〈用腳思想〉詩以上下隔開的兩欄方式排列，「找不到腳／在天上／我們用頭行走」／「在地上／找不到頭／我們用腳思想」。[35]這兩首詩，不僅文字、形式上顯現隔絕，相配的兩幅圖也以左右對峙、上下斷裂的形式呈現，超現實主義詩人商禽在 1980 年代的臺灣現實中，放棄「穿透」的超現實主義技巧，回到「穿不透」的現實的悲哀。

——選自蕭蕭《臺灣新詩美學》

臺北：爾雅出版社，2004 年 2 月

---

[35]商禽，〈音速〉，《用腳思想》，頁 16；〈手腳茫茫〉，頁 132～133；〈用腳思想〉，頁 130～131。

商禽
包裹奇思的現實性份量

◎翁文嫻[*]

　　商禽詩齡近五十載了，共出過不到三本的詩集。但他有瑞典、英、法、荷等國的譯本，法文版在 2005 年，由另一家出版社再版。[1]他算是臺灣第一位具有三種外語譯本的詩人[2]，而譯本能在國外再版的，亦非常罕見。

一、「超現實」或「更現實」？

　　別的詩人也許亦擁有不少評論文字，但商禽的評論者觀點每有特異而精采，早在 1965 年，香港評論家李英豪一篇〈變調的鳥〉[3]，令人難忘。文中說：「未來的渴想重重壓在悲慘的現在……未來、現在與記憶，就有如三夾板夾成一個潛意識的心理平面；像是凍結，又像是不息的隱隱發痛地燃燒。商禽的詩底價值，非但壓縮於個人的平面上，而且是在整個人類宇宙的平面上。」1990 年，詩人許悔之則說：「一整天讀商禽的詩集《用腳思想》，感受了前所未有的壓力。……可能這個閱讀者的心靈面積太小，幾

---

[*]成功大學中國文學系副教授。

[1]商禽嚴格言有兩本完整的詩集：《夢或者黎明》（1969 年初版，1988 年由書林出版公司再版），《用腳思想》1988 年，漢光文化公司出版），另一本是世紀詩選系列輯的《商禽‧世紀詩選》（2000 年，爾雅出版社），除選入前二本詩集作品外，還有近十多年來未結集詩共 26 首，故說還「不到三本」詩集。法文版在 2005 年由 Les editions du Murmure 出版，名字就叫《夢或者黎明》；第一本法文詩集則在 1992 年出版，名字叫《憂傷的鳥》（*L`oiseau triste* 由 Le Nyctalope 出版）。

[2]此意見是張默說辭，他說 1993 年前後，商禽就有瑞典文、英文、法文的譯本，是臺灣詩人中僅見的。文見 1996 年 8 月份《聯合文學》第 154 期，〈我吻過你峽中之長髮——商禽的詩生活〉。

[3]李英豪一文收入 1988 年書林版《夢或者黎明》。此文原來刊於李氏著《批評的視覺》（1966 年，文星書局出版）。

乎被不知多鉅大的作用力壓迫到不能呼吸。」[4]

　　商禽的詩語言明顯地異於其他詩人。多是散文體，卻完全不是散文的敘述，那些畫面的呈現，像是一刹那放出的白日夢，個人小小的存在變成一點游離中的意識，「一夜飛渡鏡湖月」[5]，什麼應該出現想要見到的時間空間，全可以一起來。奚密所說的「全視」[6]，蕭蕭評論用的「穿透性」[7]，而在更早的 1960 年代，大家好奇迷惑於法國的「超現實」，便一致公認商禽就是這個「超現實」詩人，他屢次辯解都好像無效。

　　按商禽自己的說辭，倒並未讀過超現實主義的詩作，也未看過理論，便將寫詩寫成這樣。1989 年答覆萬胥亭的訪問裡，他舉例寫〈一棵椰子樹〉，以樹為主角，敘述它所見到的周遭景況，譬如鄰家女孩失戀了，樹會流淚；在二樓天花板上的水漬，樹看成是一張地圖；而水淹過的陽臺上的木屐，就如沒人的船；重點是他還會加上「現代性、生活性的句子，比如天花板上的蔗板，它可能包含多少蔗糖成分，諸如此類，有點像劇場形態，在固定的時空裡，將週遭不同角度的世界展現出來。」

　　這類原始狀態，再加上後來他接觸到夏卡爾、達利等人的畫作品，以及抄寫一篇引述佛洛伊德及榮格學說的論文，談及人類在社會中的壓抑、及如何抒放「本我」「自我」的問題。「看了這些作品，就覺得非常有詩意，這正是詩人應該努力做的事。其實那時候我還沒正式接觸到超現實詩作的翻譯。」[8]

　　這段訪問很有意思，如果超現實運動真有其時代性，倒在於不同地域的藝術心靈，自然感受到這種「自由解放技巧的運用……加強對現象的觸

---

[4]許悔之，〈人的壓力〉，是書評《用腳思想》，登 1990 年《文訊雜誌》4 月號。
[5]李白，〈夢遊天姥吟留別〉中的一句詩，李白這句詩也很超現實。
[6]奚密，〈「變調」與「全視」：商禽的世界〉，登在《商禽‧世紀詩選》頁 10～30。
[7]蕭蕭，〈超現實主義的穿透性美學──商禽論〉，為彰師大「第六屆現代詩學研討會之論文」，刊登在《臺灣前行代詩家論》（臺北：萬卷樓圖書公司，2000 年）。
[8]此訪問刊登復刊第 14 期的《現代詩》（1989 年秋季號），頁 23～38，題目是〈捕獲與逃脫的過程──訪商禽〉，所提有關〈一棵椰子樹〉，其實並無此標題，其詩應該是〈雨季〉，登在《夢或者黎明》頁 141。

感，詩的氣氛亦由思想轉向夢幻」。[9]商禽並未刻意學習，而是同時異地接收了這訊息。再加入他自己特有的社會環境：一名青年逃役七、八次終難改變軍人之命運，離家鄉愈遠而來到臺灣，遇上嚴厲拘謹的政治氣氛繼續當兵。所以李英豪說商禽太異於法國超現實詩人，他們心靈自動作用的底層可能是單純的情欲符號，但商禽「神祕的語言中自具有現實更深的投影和本質」，所以李氏另起名號，說商禽是一個「中國的超現實詩人」。[10]

在 1996 年與孟樊的對話中，商禽乾脆重新詮釋「超現實」三字，他認為，「超」視爲脫離、超脫，是有非常大的誤解，不如說「超」字有「更」的意思，「就好像超人，超人是『更強的人』」，超現實則有更現實的那種意思。」[11]在此意義上，他自許爲「我仍然是　個所謂的現實、寫實主義者」。

法文原文 Surrealisme 一詞前面的 Sur 字，有「在……之上」之意，直譯是「在現實之上……」，它可能是更深的更內質的現實，飄了出來，浮動在現實之上，像一層霞光夢影。中文若將「超」視作「超離」而衍爲「脫離」，只是抓著了形貌，法文「在……之上」卻並不一定是離開，其間有許多含混及夢的色彩，商禽的詮釋不無道理。不過，他願意成爲「更現實」的詩人，這一個詞彙及想法，卻非常值得深入探究。

本文討論的焦點，恰是要沿著「現實」的線索，來理解商禽。當我們用這詞時，會想到實際生活中的某些限制，但因眾人都面臨共同的難題，而彼此了解。我們都是現實中人，可以有許多一致的溝通詞彙、文化積習，相對地，亦有種種原因（或者壓抑）而生的夢想。當商禽用「更」現實的觀念，他有如溜到現實狀態之遠處，好去觀看、去把握這全部的現實。在與萬胥亭同一次訪談中，他提到：「超現實其實就是最真實的意

---

[9]參見李英豪，〈變調的鳥〉，《夢或者黎明》，頁 172。
[10]同前註。
[11]〈與孟樊對話〉，見《創世紀》第 107 期（1996 年 7 月），此文題目〈現代詩創作與理論的鴻溝〉，頁 51～60。

思。」[12]進一步說，是要把表層與底層同時現出，不單做到表面的意象，還要把心理的，腦裡的一起呈現，才算是完整真實，這是「更現實」的本義。

如前所述，眾多評論者已有不少動人的文字，挖掘商禽詩作的豐富性，本文卻從另一面，試圖思考這詩質的豐富，是如何產生？所努力追求的「更」現實（或真實），在詩語言訊息中，它如何表達？「現實」，例如包含了中國傳統的詩歌模式，殘留在詩人的思維裡：「現實」，亦含有做人處事的基本反應，當然亦有社會的壓力、生活的投影、時代思潮鼓盪的新異氣息、個人的夢與欲望。以下試自三項內容，分析商禽詩作如何沿著原有的現實面，而把握一個「更現實」的人生真相。

二、逃脫概念，呈現畫面

臺灣詩壇的現代風格，一連串名字都離不開這批自大陸來的軍人，他們經歷動盪的北洋軍閥、中日戰爭、國共內戰，少年時就莫名奇妙要當兵，根本無暇也無緣親近學校。但也因為輾轉各地，接觸書籍或見識世面的機會，總比終年在鄉間務農的孩子大得多。每聽他們憶述，那些書本總是意義非凡，遠不是今日面對考卷的學生可能想像。[13]可以說，這一批軍旅詩人的書本知識、文學素養，是與廣大土地的顛沛流離景象同時吸取，在文學史，令人聯想到建安時代，或在當代中國大陸動亂了幾十年後，突然有一個鬆綁，於是出現了一批「朦朧」詩人。[14]

中國傳統詩歌的形式或特性，在學術領域研究來研究去的議題，就一點都沾不到這批少年意識之內。或者幸好如此，他們用全身體的細胞，用最純真的方式去自然感應。即如前文他說怎樣去表達「一棵椰子樹」，將不

---

[12]與萬胥亭訪談，見註 8，頁 37。
[13]參見張默文章，同註 2。文中有言：商禽在成都被拉伕，關在一個舊倉庫十餘日，竟令他「馴服」，原來那兒堆滿新文藝書，包括魯迅《野草》、冰心《繁星》等，使他「如獲至寶」。
[14]此處想說的是，朦朧詩人的一代，正是知識分子被勞改或知識青年下放的一代，北島是工人、顧城隨家庭下放，到山東放豬。後來才「回流」到城市，再接觸書本與文學。

同視點空間用一平面呈現，這種寫法在古典詩不是都如此？曹操〈步出夏門行〉：「……水河澹澹，山島竦峙。樹木叢生，百草豐茂。秋風蕭瑟，洪波湧起。日月之行，若出其中……」詩人一會像草內小蟲，一會身體轉在風中，下一剎那又如飛仙在水波之上，才可寫出這樣句子。古典詩裡的畫面，都是全面觀照式。[15]商禽不一定要「知道」這些，但他讀舊詩的經驗裡（可能不多），或者他的思維狀態裡，總渴望某些能全面呈現的詩形式，這是同一族群相傳遞的「現實」，可能是不知覺的，他只是想努力去抓住。如他說：「如果用傳統的韻律、節奏來表現詩，那不是我之所長。我想把不同的段落當旋律，但我並不叫它散文詩；我只是不想去分行……。」[16]原來他這批影響深遠的「散文詩」，也不是故意的，他只是不知道怎樣去處理，傳統詩中曾那麼吸引人的節奏。此處其實牽涉一個龐人的詩學議題，新興的白話文將如何重新捕捉精微的感性世界？這可能需要不斷詩人學者的努力，並非當年一介青年所能理解。但商禽的反應與選擇，卻走出一條康莊大道。

　　我們回顧三本詩集內的題目，隨便見到的：〈蒲公英〉、〈火雞〉、〈螞蟻巢〉、〈阿蓮〉、〈夢或者黎明〉、〈玩笑〉、〈蚊子〉、〈站牌〉、〈頭七〉、〈五七〉、〈大句點〉、〈彩色騷動〉……。多屬生活裡碰遇的景物或事件。除了〈用腳思想〉及「封神榜」系列稍有較抽象的結構外，其餘皆承接古典詩人的詩思方式——寫詩是偶然外物的興發觸動。

　　但就是在同一族群相傳的腦袋中，我們更辨清商禽的創造性。他出現這樣一種散文的文體，卻怎麼讀也不是散文。與魯迅的《野草》相比，他更短兵相接而銳利，詩的濃度大許多。怎麼達至？他自己所說的，真實就

---

[15]此處可參看葉維廉，《比較詩學》（臺北：東大圖書公司，1983 年）中一篇〈語法與表現〉，其中有云：「理想的詩，應該是精緻的時間的捕捉，使我們同時看到存在的每一面」，而這種詩在中國古典裡是普遍的特色。葉氏舉柳宗元〈江雪〉為例，他說：「鏡頭首先給我們一個鳥瞰全景，任我們擁有萬象的全景——如所有的中國畫一樣——然後移向一個單獨的物象（巨大的冰雪中一個老翁）。」頁 50～51。
[16]參見萬胥亭訪談〈捕獲與逃脫的過程——訪商禽〉，1989 年，頁 25。

是要把表象與心裡腦裡一起呈現。在曹操的古典句型中，也不是沒看見詩人的心與腦內訊息，但需要很敏捷的文字解讀者，才說清楚（表面上都是草木啦星星啦），而商禽運用白話文，將一個可見的表象與不可見的心象，眼睜睜同時出現，加上白話文的精確書寫，達至驚人效果。如〈音速〉[17]一詩內寫王迎先的下墜屍身：「……突然，在空中，停格了 1／2 秒，然後才緩緩繼續下降」，這一畫面真是劇力萬鈞，但句子不多，筆觸冷靜。商禽詩對於自己心象的處理，也取旁觀式，這更合乎白話文的分析性，但完全迥異傳統詩的抒情調。

　　他寧放棄節奏、壓制直接抒情，就為了呈現畫面；白話詩在分行時，畫面容易中斷。商禽詩出現所謂法國的超現實方式，來恢復心與腦與表象並存的「感覺之真實」。一般讀者礙於其古怪的西方某某主義，說難以親近，但在詩學立場上，我們卻看見，他其實是盡了很大的努力，拉近那個幾乎消逝的、古典詩裡的「全知視域」（儘管他不知道）。

　　他還說，這些畫面並非源自概念，需是「那些形象來到胸臆時，我深深被它感動，這些形象就會陰魂不散緊緊依附著我。」[18]畫面形象，是一個有機體包括日常接觸、心與腦的綜合消化，它是如此豐富複雜，難以理解，但一旦變成概念，便消滅、簡化許多訊息。商禽說一個形象出現後，可能也忍不住去思考，於是「緊接著形象而來的就是概念，概念抓住我，我必須花很大的力量才能逃脫」，而一直不能逃脫的，才是真正的，他願意說的話，才讓它在詩內出現。例如〈鴿子〉詩內：「工作過仍要工作，殺戮過終也要被殺戮的，無辜的手」，就是每次想刪而沒辦法的。

　　任何可能削薄真實性的途徑，他盡量避開，所以，「不得已」出現了散文詩。此外，對於另一類分行詩，他卻走另一條路，盡量做許多音韻的實驗，如〈遙遠的催眠〉、〈逃亡的天空〉、〈樹中之樹〉比別的詩人更富節奏的形式，蔚為奇景。至於是否都成功？那是另一個討論的議題，但正如他

---

[17]商禽，〈音速〉，《用腳思想》，頁 16。
[18]此數語引自萬胥亭訪問，見註 8。

自己發現傳統詩中此項優勢，便也曾盡力，去挖掘這個「聲音的現實」，卻是商禽好可愛的一面。

三、觀察——現代性與生活性

筆者在另一系列論文中，為了研究臺灣早期詩人的「變形」模式，曾將管管與商禽並看[19]；另外，又有一次試將商禽、瘂弦與周夢蝶並看[20]，於是意外發現了非常有趣的結果。

管管的〈鬼臉〉[21]與商禽〈流質〉[22]，剛好同時描述夏天的熱力與車廂內女子的臉之變化，相同的題材，而且用了相似的夢幻式連接（或說意識流、超現實也可）；管管詩內的文字符碼訊息，如糯米稀飯、黑棗兒、車廂、梨樹、荷花、少年等，比較像民初的車廂風景，（有北方話調調與自然景）；但商禽字詞的訊息，卻是極為準確的都市現代性（然毫不像中國大陸的）：候車室、催眠、湯匙、棉紙、蒸發、口紅、鉛粉、拓印。管管的女主角在融化中浪漫地黏到別人身上去了；但商禽的女子，在熱氣裡整個妝變形，被一群男士觀看，是殘酷的現實。有趣的是詩中男主角，在這群人中，他冷靜地觀看著惋惜著，也想入非非（例如想到用湯匙撈起，想到拓印她的口紅當做遺產傳給子孫）。連續出現的內心畫面，極其有趣極其私密個人式，但亦忠實傳遞了，只有現代社會才這樣幾乎白日夢分裂式的內心世界。

再如與周夢蝶、瘂弦相比較，三人的詩都出現一些戲劇性畫面，瘂弦的角色眾多，有山神、乞丐、水手、上校、修女、坤伶、瘋婦；甚至有畫家馬蒂斯、蘇聯總統；還有多個外國城市如倫敦那不勒斯芝加哥、甚至有

---

[19] 翁文嫻，〈在古典之旁辨解現代詩的「變形」問題〉，《創世紀》第 28 期，頁 114～132。
[20] 筆者在 2004～2005 年的國科會研究計畫：〈兩岸現代詩『變形』美學之比較〉，其中有四位研究對象：黃荷生、商禽、北島、顧城。商禽研究中有將其與瘂弦、管管、周夢蝶並看，可參考國科會簡報。
[21] 詩見《管管詩選》（臺北：爾雅出版社，1986 年），頁 127。
[22] 詩見《夢或者黎明》，頁 27

土地公與耶穌。詩內清晰傳達了他描述角色的身分。[23]但商禽詩內，身分的社會地位模糊，更多情況是他自己。就算偶然有名有姓的人物，（如陳文成[24]、王迎先[25]），讀者在詩內看見更多是這人物的內心活動，那些想法、行程、變形的夢，線條是簡化的，但刻畫著人類深一層的內質。周夢蝶詩裡雖然亦同是寫內在活動（那些悲苦的情，或無限世界的嚮往），與商禽相較，馬上看見周公的閱讀知識：有來自聖經、佛典，與中國或西洋的經典文學書。另方面，我們同樣看到瘂弦的閱讀面，他甚至故意將當時文藝青年關注的書本與廣大老百姓的意識並排，令產生衝突或若干諷刺的效果，（如〈鹽〉裡二嬤與杜斯妥也夫斯基的對比；〈如歌的行板〉裡出現的海明威等）。

如果用符號學觀念，搜尋早期幾位呈現畫面的詩人語言，看看哪一位腦袋裡留著哪一領域更多的符碼。管管的詩倒很多是民初的民間風貌，詞語的都市形態不那麼強烈，他的畫面常牽扯身體和自然界，如月亮、女性與肉慾，有點像高更的畫；瘂弦詩的書本符碼來源最多，常特意放一起顯出主人意識中的矛盾和衝擊；周夢蝶詩的宗教（東西方都有）追求，無人能否認。並在一起，馬上看出商禽好像完全「沒有」那些書本知識的人，他也絕不是民初。30 年前的詩現在看來，好像寫一些我們左鄰右舍的人，平常甚至不知他們幹什麼職業，也缺乏寒暄，但就是透過某些動作，生活畫面，我們得以「偷窺」他們的內心世界。他消隱掉書本的痕跡，就算如明顯用書的〈封神三章〉[26]，裡面角色也是與現在生活連成一片，未讀過《封神榜》的人，也可全無阻隔進入。

「現代性，與生活性」[27]確是商禽強調的。他「現代」並不單表現在時

---

[23]以上一段研究可參見翁文嫻，〈在古典之旁辨解現代詩的變形問題〉，文見《創世紀》第 128 期（2001 年秋季號），頁 114～132。
[24]商禽，〈木棉花──悼陳文成〉，《用腳思想》，頁 18。
[25]商禽，〈音速──悼王迎先〉，《用腳思想》，頁 16。
[26]商禽，〈封神三章〉，《用腳思想》，頁 16。
[27]此二語來源參見萬胥亭訪問文章，前註 8。

代物品而已，而是直接挖入現代人之內心，有著表裡分裂、潛意識不自覺跑出來的狀態。讀商禽詩，讀者好似愈來愈懂得了，這一個世代，都市文明的現代人內心的活動：〈電鎖〉[28]中那位走進黑暗之心的中年人；〈蚊子〉[29]裡與蚊子喃喃對話，不斷反省，有「悲哀之自覺」的人類；〈鴿子〉[30]內他回顧自己一雙手，又要殺戮又要工作；〈滅火機〉[31]內這個人剛升起憤怒，卻被小孩的無邪逗得哭了；〈穿牆貓〉[32]裡，一對彼此相愛又折磨的男女……。我們活在這時代，有異於遠古的某些特殊性，在商禽詩展現下好像不斷一層層更迫近自己。

　　為了達到現代性與生活性的效果，除了如上述盡量避免書本知識，商禽還善於捕捉，某些確實深於觀察的人才看到的景象。而且這人看得定定地，簡直如恍遊於整個現象之外。例如上文舉的〈流質〉，主角還會想到「用湯匙來撈起那女子的夢」，「湯匙」一語真的「不知他想到那裡」了，但又非常實際的生活化動作；又如〈雪〉[33]詩，詩人將一頁信紙反面摺疊，成　錐形，再用小刀又剪又挖。「我老是以為，雪是這樣造成的」。第二段想像造雪的同時又想到「幸好那人的字跡纖細一點也不會透過來」，一種生活裡都經歷過的趣味，商禽用來造出天上的雪，還特別方便（人力一點的字就造不出白雪了），這真是如白日夢遊的聯想。但也可能是，他一直看一直盯住如斯纖細的字跡，覺得「她」潔白極了，因太深入的觀看，還不自覺動手去剪去挖，將信箋的靈魂——一場雪，抖造出來。

四、「真誠無誤」的連結

　　個人的觀看，為什麼讀者願意跟進去，去到一個那樣荒誕的世界呢？

---

[28]商禽，《用腳思想》，頁 12。
[29]商禽，《用腳思想》，頁 58～65。
[30]商禽，《夢或者黎明》，頁 42。
[31]商禽，《夢或者黎明》，頁 34。
[32]商禽，《用腳思想》，頁 50。
[33]商禽，《世紀詩選》，頁 95。

如上所述，我們見到商禽特別注意一般人很少注意到的動作、神情，而這些小節又其實不斷在生活裡存在。在這意義上，他更像小說家——能精準抓住某剎那動態詮釋人物內心。小說寫完片段動作，還要進行連串的故事情節，但商禽截取精簡部位，很多時只有兩個。妙的是，他能將毫不相干，距離遙遠的兩個領域，連結起來。通常是，對於雙方，他都予以相同分量的描寫，讀者透過他的筆，摸見厚實的質感，分別感到那些「物」，正活生生地存在。

問題是，各據一方的「物」：如湯匙撈夢；信紙變雪變天使；鴿子與手，貓可穿牆變成女人，門鎖孔洞變成心，憤怒與滅火機……這些事物如何慢慢移動，靠近對方，直至相融無間，漫成一片，讀者簡直覺得，結合之後才是更合理、更接近真實的世界呢？此處便有個很重要的竅門。

我們且透過商禽自己的發言，來稍解某些疑團。與孟樊的訪談他說：「我喜歡孟子，我有一些美學觀念在孟子的書中找到，『真誠無誤』真是一個很好的文學素養。」「在從事創作表達時，簡單的說就是『必要』兩個字，當我那樣寫的時候，我會考慮有沒有必要把這個場景擺進去，有沒有必要把這個人物引出來……這好像是『多了就會胖，少了就會瘦』。」[34]

他講得好像很簡單，以致孟樊以為，這只屬一種創作過程中「技巧」的運用。在原訪談中，孟樊一直追蹤創作者的理論反省層次，但商禽答言，總似四兩撥千金，又好像不太對應他的問。當時《創世紀》詩刊的標題乾脆定名：〈現代詩創作與理論的鴻溝〉。回顧這篇對話，卻看出中國與西方思維，對於理論語彙運用之不同。商禽的「必要」，其實非常困難做到，他不斷每一刻都要回問自己，往內尋找，此處尚牽涉到：「自己」是否一個純粹的狀態？否則會誤判。「誠」的觀念，更深刻發展的應在孟子之後的〈中庸〉：「誠者，物之終始，不誠無物」，要用這想法看，商禽的「真誠」、「必要」等詞，才有其美學深度。但詩人不一定要「懂」得那麼清

---

[34] 此段文字見〈與孟樊對話〉一文，《創世紀》第 107 期，頁 53。

楚，他出身四川珙縣一個小鎮，鄉鎮踏實氣息較少都市繁華，一種樸實真誠的態度，一直隨之成長、成熟與成名。「誠」之一字，好像百般老套，人人會說，但中國哲思式的語言不在理論的成套，而貴於堅持不懈去實踐。商禽的內在我們不便知悉，但提到以「真誠無誤」來說語言的美學，倒可以在其詩歌字裡行間，挖掘某些訊息。

　　「誠」若是一種創作動念時的心意，則意象（畫面人物情節等等）的選擇過程中，便是「有沒有必要」的抉擇。在讀者的接收器，會感到這寫得自不自然？真不真實？而評論的立場，可能更需一大堆東西方都不同的詞彙來分辨。在白話書寫中，我們已少採用諸如王國維的「隔」與「不隔」、「如在目前」，或畫論轉成文論的「氣韻生動」等評論述語，而轉成繁複許多的各種理論派別。但不用古代詞彙，不等於便真消去掉那些觀念。運用著漢語的作者、讀者、評論者之間，我們其實很容易使心有所「感」，儘管擺出來的語言陣勢架構像是分析性的。

　　在上一節研讀到，他呈現的物象能夠除去書本包袱，捱近當下，完整表達有特定意義的「現代性」與「生活性」。而在兩方物象描述過程中，商禽往往有些意念，突發的奇想，出現連中舉動，慢慢將 A 與 B 攪在一起。他的動作與意念，在上文下理來看，總是很「可能存在」，「自然必要」，「有這個就可能有下一個」，展現著詩人嚴格操作下，一份至誠之情，在這情況下，讀者會被強力吸入——一方面物象的逼真，一方面舉動之意外——去到他的意識界，半醺半醉不辨彼此的詩境。

　　在各詩內物與物的交融，都有這情況。但最佳的例子莫如〈蚊子〉一篇。這是各集內字數最多的詩，好像散文那麼長，讀來情緒起伏，那種令人驚覺驚歎的程度卻是非常地「詩」。在詩內，他有極精確而獨特的蚊子刻畫，本來，蚊子外形如何如何，普通人也可一步步慢慢寫完，但商禽文字展開的，卻可讀出與他人很不一樣的訊息。例如被蚊子一針叮下去的那一刻他寫：

最奇妙的應該是後面的兩條腿，看它現在，正高高的舉起來，配合著牠因口器插得愈來愈深，而以致尾部上翹，整個身體和我的皮膚表面形成了一個美麗的十五度傾斜。或許是因為吸血時需要使力之故吧，那兩隻後腿還在不住的有節奏的掀動。

便這樣，牠本來黑白分明的腹部開始漲大而變得模糊了。其實，我所看見的只是那些黑白斑紋的漲大，先是黑的變成赭色，白的變得有些粉紅，我不斷的克制和努力的忍耐著。

這個人的血被吸了，可以忘記自身，觀看那個吸血的對象，看到牠如何漲大變成粉紅，在燈下隱隱發光。「他」好像沒有人類慣有的反應，成為「虛」，所以完全呈現了蚊子的「實」。然後才開始轉移回到這個「人」，他想起軍中驗血（眼睜睜看著血被抽），更精采的反應接著：「抽去驗是一件『事情』，而蚊子把我的血吸到肚子裡去，卻不能只算一件『事情』，這個你們一定不懂。我所茫然有覺的，竟是一種生命的交易。」

他認真地說，還說「我們一定不懂」，沿語意讀者會再細心品味他的意識，竟慢慢懂了，而震驚於身為人的血肉：可以與非人類的一隻蚊子交易（或交配？），彼此的血輸來輸去，我的血去到蚊子身上，充滿鼓起，微微粉紅。他將我們習以為常，每天都可能發生的事，放大百倍、鏡頭拉慢，令我們將無覺而變成有覺。好像自己的血肉精神與蚊子共生。在整個「打蚊」過程中，人類權力非常巨大、又懂設計陷阱，會後悔、生恨意、還會顧慮下一代蚊子帶恨意報復；但一切思考都不會釋放這小小可憐的，毫無反抗力的蚊子——終於，所有過程無非是多餘的「悲哀之自覺」！

前半部層層寫蚊子，下半部一絲絲剖開這個人，一個輕微動作底層的種種意義，細緻繁複的程度，是中國古典語彙裡很難明白達至的。（古文並非不能表達複雜性，而是字面上看不出來，需讀者耐心尋繹，現代讀者很容易讀漏了）。商禽的文字做了一種努力，將我們用白話文的一代人之內在感性，精緻傳釋。當他被咬而寫蚊子時，好像咬的痛癢與他無關；當他剖

析人類，亦即他自己時，又好像全不介意如此可惡可哀。等於說，作者將一般「我」的反應放下，變成「虛」，好去承接客體的展現，蚊子之必然，眾生人類之必然。商禽所說的「必要」，在某一個更透視的角度言，是有如修練得一種「人天生而靜」，萬物「歸根復命」的文字意境。

五、結語──出神的狀態

葉維廉在〈中國現代詩的語言問題〉一文曾討論過，現代詩語言的分析性格，如何可回到舊詩裡「同時呈現」的優點呢？詩人將如何才避開白話的一些「陷阱」而回到現象本身呢？他認爲：「把白話加以提煉的第一步便是從現象中抓緊自身具足的意象」，這如何產生？葉氏進一步闡明：「那就是詩人用以觀察世界的出神的意識狀態，時間和空間的限制不存在……詩人具有另一種聽覺，另一種視境。……」對於這一理論的例子，他恰好引商禽〈天河的斜度〉：

　　天河垂向水面
　　星子低低呼喚
　　無數單純的肢體
　　被自己的影子所感動
　　……
　　裙裾被凝睇所焚，胴體
　　溶失于一巷陽光
　　餘下天河的斜度
　　在空空的杯盞裡

葉氏解釋，如此的畫面，見到作者已「溶入外物，讓它們的內在生命根據它們自己的自然律動生長、變化、展姿，但同時又保有其某種程度的主觀性。但詩人在和現象界交往時，他並沒有把主觀的『我』硬壓在宇宙

現象之上；他視自己主觀的『我』爲宇宙現象底波動形成的一部分。」[35]

　　葉維廉在一系列東西方詩語言比較的論文中，爲謀求現代詩的語言出路，他提及一個詩人的「出神」狀態，這段文字，用來詮釋商禽的各種「超現實」、或「更現實」畫面，再適合不過了。上文我們嘗試各方面推敲，來了解商禽這些詩意的根源，如果商禽並非讀完法國的某某主義才寫詩，正如詩人說：他無意如此。那麼一切必有其土地與傳統的來歷，這才突顯了商禽做爲中國（或臺灣）的現代詩人在國際上之意義。爬梳各個面相後，看見商禽詩的線索：例如其興發觸動的來源、全面視境的努力、消除概念呈現畫面、現代性與生活性之堅持、誠意與必要的環節連結⋯⋯。這些無疑都是學養、都是生活、都是傳統、也都是誘因。是在這一大堆當年四川珙縣小逃兵一直逃至臺灣的現實認知上，製造出商禽超現實詩給我們的種種美夢。

　　某種新的、遠方的文學主義、現代化啓示，確然是這一切的觸媒，但一直往西方主義探研，便認爲商禽如何，未免忽略了文學有其他地域性與傳統的時代切面，本論文即在「實」的一面（這亦剛好是詩人屢次強調的），試圖研探商禽的種種傳承。

　　剖析出一切的承接與來源，我們才更看清商禽在此時代的創造點。他用詩行實踐了詩論家葉維廉的語言理想。中國人也每每出神——無需所謂超現實的學習。只是，商禽白話用語的精確層次，現代人內心的意識與表象之完整捕捉，令「出神」之刹那描述得太立體，因而令我們自己也驚嚇陌生，以爲只有外國人才有。

　　且再往前推論，回顧商禽自述青少年經歷，15 歲即被軍閥拉伕做兵，而七、八次的大逃亡，四處流竄。隨時，他都需處驚恐中，躲在某陰蔽所在，偷窺，四方八方的訊息。他的神經觸鬚，要比一般人伸張好幾倍，才足應付環境。他的文學閱讀時光，遠不如四方流走，各地龍蛇混雜的時

---

[35]葉維廉，〈中國現代詩的語言問題〉，《秩序的生長》（臺北：時報文化出版公司，1986 年）引文取自頁 227～230。

光，或可略解釋爲何他的學養可以消去書卷氣，他的冷靜收斂，只讓物象「自然律動生動」呈現。

是在這一背景下，我們可想像商禽爲何每每「出神」。寂天寞地的奔逃中，出神是唯一的安慰，泯除時空，遊走過去未來，自由的意識到達天涯海角，多美妙的時光！到臺灣後，壯年至成熟期，他一直維持這逃亡[36]、觀看、與出神的狀態。

或許借 1995 年愛爾蘭詩人謝默斯‧希尼（Seamus Heaney）的兩段話，來作商禽詩的結尾：

> 詩人在根本上是要對世界作出回答，對世界作出反應。在英語中，這就會使他成為一個負責仜的詩人，用他的整個生命對他的週遭作出回答。
> 所有詩歌，即使是最向前看的詩歌、實際詩歌、創新的詩歌，所有詩歌在某種程度上都與所有以前的詩歌相連。我不能想像有哪首詩，是不屬於所有其它詩歌的。[37]

研讀商禽詩，可隱約看出當年顛沛流離的社會側面，一種壓力。更重要地，讀到一代人底層流過的夢，詩人在語言裡賦予的能量，允許著詩歌的再次發生。

參考書目

‧李英豪，《批評的視覺》，臺北：文星書店，1966 年。

‧商禽，《夢或者黎明》，臺北：書林出版公司，1969 年初版、1988 年重印。

---

[36] 在與萬胥亭訪談文中，萬氏自己亦指出：「在現實中他有許多逃亡的經驗，於是他逃到詩中；在詩裡，他又想從讀者之中逃亡。」《現代詩》第 14 期，頁 24。而商禽在對話時，亦多次用「逃脫」此詞，例如他說自己從一個筆名「逃」至另一個筆名；又如在寫作中有概念出現時，他須花很大的力量才能「逃脫」，再重新回到形象上。

[37] 參見貝嶺編，《傾向》文學人文雜誌第 13 期，2000 年出版，有希尼專輯，頁 1～240。此段引文是貝嶺訪談中說，見頁 226～240。

· 商禽,《用腳思想》,臺北:漢光文化公司,1988 年。

· 商禽,《商禽世紀詩選》,臺北:爾雅出版社,2000 年。

· 管管,《管管詩選》,臺北:爾雅出版社,1986 年。

· 葉維廉,《比較詩學》,臺北:東大圖書公司,1983 年。

· 葉維廉,《秩序的生長》,臺北:時報文化出版公司,1986 年

· 貝嶺,〈面對面的注視———與謝默斯·希尼對話〉,《傾向》第 13 期,2000 年,頁 226～240。

· 李英豪,〈變調的鳥〉,《夢或者黎明》,1969 年,頁 165～176。

· 孟樊,〈現代詩創作與理論的鴻溝〉,《創世紀》第 107 期,1996 年,頁 51～60。

· 奚密,〈「變調」與「全視」:商禽的世界〉,《商禽世紀詩選》,2000 年,頁 10～30。

· 張默,〈我吻過你峽中之長髮〉,《聯合文學》第 154 期,1996 年,頁 154～162。

· 翁文嫻,〈兩岸現代詩『變形』美學之比較〉,國科會研究計畫,2004～2005,nsc93-2411-H-006-016-

· 翁文嫻,〈在古典之旁辨解現代詩的變形問題〉,《創世紀》第 128 期,2001 年,頁 114～132。

· 許悔之,〈人的壓力〉,《文訊雜誌》4 月號,1990 年,頁 47～48。

· 萬胥亭訪問;商禽講,〈捕獲與逃脫的過程〉,《現代詩》第 14 期,1989 年,頁 23～38。

· 葉維廉,〈中國現代詩的語言問題〉,《秩序的生長》,1986 年,頁 227～230。

· 蕭蕭,〈超現實主義的穿透性美學〉,《臺灣前行代詩家論》,2003 年,頁 291～332。

· 艾梅里 Martine Vallette-Hérmery,《哀傷的鳥》(*L'oiseau triste*),法國:Le Nyctalope,1995 年。

· 艾梅里 Martine Vallette-Hérmery,《夢或者黎明》(*Le Reve ou l'Aube*),法國:Les editions du Murmure,2005 年。

——選自《當代詩學》,第 2 期,2006 年 9 月

論商禽

迷歌的詩和變調的藝

◎郭楓[*]

「變調的鳥」吟唱「新的迷歌」[1]。這句描繪話語，在臺灣詩壇已經成為商禽專屬的讚辭。其中意蘊，是很值得探究的問題。

「迷歌」些什麼？「變調」得怎樣？

商禽的詩，好端端擺在那兒。憑人鑑賞。長久以來有些詩評家將其言說得幽微至極，河漢無邊；甚者竟說成是「植根現實而謀殺現實的形而上世界，屬於人類宇宙統合的奧祕和力量」。[2]這種玄虛到極點而誇大到空前的言說，把詩的文本推向詭譎無比的幻境；乃阻嚇了熱情的讀者，或因之而趦趄不前，或隨之而雲天漫遊。致令商禽詩的真相，隱約於五里霧中，朦朧神祕，變成了一種傳說一種耳學。

商禽的詩，好端端擺在那兒。詩，就是詩，並沒有「人類宇宙統合的奧祕」，更沒有「人類統合的力量」。詩論家奢談的「奧祕和力量」彷彿是囈語，商禽的詩裡沒有，古今任何偉大詩人的詩裡也沒有。現在，我對商禽的詩按照：一隻幽谷悲鳴的孤鳥：悲鳴回響和迷歌義涵；變調技巧和詩藝限度等三個問題，作實際性的樸素討論。

[*]發表文章時為《新地雙月刊》社長兼總編輯，現為新地文學出版社發行人兼總編輯。
[1]張默、瘂弦主編，〈商禽簡信〉，《六十年代詩選》（高雄：大業書店，1961 年），頁 120。
[2]李英豪，〈變調的鳥——論商禽的詩〉，原載香港《好望角》雜誌（1965 年）。本文引自《夢或者黎明及其他》（臺北：書林出版公司，1988 年），頁 168。

一、一隻幽谷悲鳴的孤鳥

商禽，是，一隻幽谷悲鳴的孤鳥。

商禽，這個筆名，實是詩人困蹇命運的隱喻。商：按五聲言：金音，白色，其聲淒厲，於時爲秋。按六書言：商與傷音義通假。商禽就是傷禽，是一隻悲鳴的鳥。

商禽出身軍旅，爲「臺灣現代詩」群一員。在軍系詩群及整個泛現代詩派[3]，商禽以「超現實主義」[4]手法寫作散文詩之獨特表現，廣受詩派同輩和後進讚揚。不過，半個世紀以來，在泛現代詩派所掌控的臺灣詩壇，在各樣的詩壇的活動中，商禽出現的場面不多。大概商禽在一般生活上的行事作風，如他在詩作上的獨特表現般，與眾不同，是一隻孤鳥。如果再加上他長期生活在社會底層的現實狀況來說，商禽是一隻幽谷悲鳴的孤鳥。

商禽在泛現代詩派群中，是極少數的曾長期在社會底層生活著的詩人。即使就軍系詩群來看，當年國民黨在大潰敗中追隨或被裹脅來臺的少年兵仔們，稍有文化的特別是能夠揮動筆桿的大多利用各種機會攀升，越過士兵鐵限，躍進軍官階級，逐步奔向飛黃騰達的前程。像商禽這樣從 15 歲被「拉伕」進軍隊幹到 39 歲告病退休而做了 24 年士兵的詩人，在臺灣詩壇並不多見；退休之後，窮困到當碼頭搬運工、小販、賣牛肉麵等最低微生活的經歷，他更是唯一的一位。我們不禁要問：退休之後，以戰亂時期混水摸魚的機會之多，以商禽被稱爲「鬼才」[5]的機智之高，應該有辦法當上軍官。若說他沒有「上進機會」，不如說他沒有「上進意願」——論商禽的詩論家們，可惜無人注意到極應該注意的這一點。

---

[3]臺灣「泛現代詩派」指現代詩、藍星、創世紀三家詩刊／社所聯合對外的詩集團而言。在 1950、1960 年代，三家爭奪詩壇領導地位甚劇，至 1970 年代之初，「臺灣現代詩」遭受廣泛批判，三家互爲聲援，逐漸合流。

[4]商禽被臺灣詩界指爲「超現實主義詩人」始於瘂弦。瘂弦在 1958 年 1 月 29 日，送商禽詩，題爲〈給超現實主義者——紀念與商禽在一起的日子〉。收入《瘂弦詩集》（臺北：洪範書店，1981 年），頁 181～185。

[5]同註 1。

　　我們不妨說得明白些：商禽對當時國民黨政權的心態，是疏離的而非親近的，是悲傷的而非愛悅的，是歧異的而非效忠的；懷有如此心態的詩人，他是不會有意願去攀附當局而夤緣求進，是很自然的事。請聽商禽的自述：

> 回想走來，過往的歲月彷彿都是在被拘囚與逃亡中度過。
> 15 歲那年，在成都街頭被當地軍閥部隊拉伕……一個月後隨部隊開拔，在將抵重慶之前，我開始了第一次的逃亡生涯……三年後在南國廣州，進行了這一生最大的逃亡。原本打算回四川老家的，未料一路上遭到各種部隊的不斷拉伕、拘囚，而我當然也不斷在進行著一次又一次的逃亡。總共怕有七、八次之多……
> 到了最後，那些曾經拘捕與囚禁過我的人，也來了一次集體的大逃亡。[6]

　　這段自述寫於 1988 年，是商禽極少的自我敘述文字中，翔實地記錄其當兵歷程的文獻資料。這段自述，讓我們知道了，商禽如何不願當兵、不願離開家鄉、不斷逃亡、不斷被抓回被囚禁被裹脅來臺的實況。最為重要的一句話是，「那些曾經拘捕與囚禁的人，也來了一次集體大逃亡。」這句話，非同小可！試看，當時詩壇：在軍系詩群及整個泛現代詩派，諸多名詩人爭向當局夤緣攀附乞為忠誠臣僕之不暇，有哪個人，像商禽這樣認清統治者本來面目的？在集體咒罵敵人群起高呼轉進反共基地的彌天謊言中，有哪個人，像商禽這樣坦率指出「集體大逃亡」的歷史事實的？這句話，透明掃瞄時代，讓人能審視烙在商禽心靈深處的傷痕，能理解到商禽一生對國民黨當局的既依靠又疏離的悲情心態，也懂得了商禽寧處幽谷、不遷喬木的緣由。商禽的立身作風，抗拒了庸俗名利，自願做一隻幽谷悲鳴的鳥。

---

[6]商禽，〈「夢或者黎明」增訂重印序〉，《夢或者黎明及其他》（臺北：書林出版社，1988 年），頁 1～2。

　　我要指出商禽詩作上的獨特表現，不僅在詩形和詩技而尤在其詩品上。在上世紀中葉，當白色恐怖的疾風在臺灣社會狂飆，「臺灣現代詩」集團與統治當局建立了某種默契控管詩壇的共構關係[7]，絕大部分詩人，依附在統治者的卵翼下寫作符合其文藝政策的詩。許多光怪陸離的荒謬作品氾濫起來，大致可歸併爲以下三類：

（一）自我塑像的詩

　　「臺灣現代詩」派，許多人把寫詩做爲自我塑像的工程，毫不顧忌地用直接的描述語言：「一個詩人。一個天才。／一個天才中之天才。／……我來了。／於是你們鼓掌。你們喝采。」[8]描述自己是一個天才。或者把歷史文學巨人及世間高尚事物，和自己比並起來，隱喻自己很偉大：「在時光以外奇異的光／熟著，一個自足的宇宙／飽滿中不虞腐爛，一隻仙果／不產在仙山，產在人間」。[9]諸如此類，或直述，或隱喻，把自己形像神聖化以抬高身分的詩，在三、四位領頭人熱狂的示範下，幾乎已成爲臺灣泛現代詩派普遍的風氣。在這方面，商禽如他自己所說：「我們不必跟那些張牙舞爪的人一樣只求表現自己」。[10]他沒寫過一首自我膨脹的、即使是自我描繪的詩。

（二）掉弄玄虛的詩

　　「臺灣現代詩派」大多數人的生活，與時代、社會、現實脫節，把自己懸吊在半空，飄浮於風中、雲中、雪中。他們缺乏對廣大人民生活的認知和同情的理解，唯把眼光凝注在自身的名位利益上，視野狹隘，情思枯薔，於是只有向自己內心索求，「成爲一個挖掘生命，表現生命，與詮釋生命的現代詩人。」[11]詩人內心思維雖然細微，想像雖然幽渺，如果不把關懷

---

[7]郭楓，〈論洛夫詩的情思和語言〉，《新世紀中國新詩國際學術研討會論文集》（北京大學暨首都師範大學主辦，2006 年 10 月 15 日），頁 160～161。
[8]紀弦詩，〈七與六〉。
[9]余光中詩，〈白玉苦瓜〉。
[10]商禽，〈致辛鬱書〉，《現代詩人書簡集》（臺北：普天出版社，1969 年），頁 153。
[11]洛夫，〈我的詩觀與詩法〉，《洛夫詩論選集》（臺南：金川出版社，1978 年），頁 154。

的目標擴向仁民愛物的廣大境界，僅僅聚焦於自我本身甚至形而下的慾念區塊；則所謂的內在世界、宇宙、超時空想像等，不過是吹噓的胡言亂語，煞有介事般欺人亦復自欺。例如：「環珮鏘然！這萬方的天樂／忽不見有花雨，或瓔珞飄墜？／是水到月邊，抑月來水際／八萬四千偈竟不曾道得一字」[12]、「不是燈滅或燈燃的驚喜，誰在／巨大的鐘磬天末的風裡／紡織著視線和荊棘的布？／而且什麼是剎那？也許靜止和／奔走是一只水果的兩面／向南的多了些陽光，北側多雨」[13]諸如此類，似乎饒有禪機，玄妙無比，其實是坐在象牙之塔的臺階下，百無聊賴地做捕風捉影的幽夢。在這方面，務實的商禽說：「人作一切對自己負責的事，而後方可以面對他人，詩亦然。」[14]他沒寫過一首禪來禪去的掉弄玄虛的詩。

（三）晦澀無解的詩

　　當 1950 年代，紀弦高舉「橫的移植」旗子，領著一大群年輕追隨者走向西化的寫作道路。這些亟欲藉詩以出人頭地的新手，在形式主義的框格裡，各自爭奇鬥勝，希求發展出自己的樣板藉以占有詩壇的顯要地位。激烈競爭之下，有些人「用閃爍的模稜兩可的語意故示神祕，用詞彙的偶然安排造成為意外而意外的效果，都是中了技巧主義的邪，染了形式主義的毒」[15]。這些中了邪染了毒的作品，情思破碎，主題猶疑，根本不成其為詩。例如：

> 棺材以虎虎的步子踢翻了滿街燈火
>
> 這真是一種奇怪的威風
>
> 猶如被女子們摺疊很好的綢質枕頭
>
> 我去遠方，為自己找尋墓地

---

[12] 周夢蝶詩，〈水與月〉。

[13] 楊牧詩，〈微辭〉。

[14] 商禽，〈致施善繼書〉，《現代詩人書簡集》，頁 156。

[15] 瘂弦，〈現代詩的省思──當代中國新文學大系（詩卷）導言〉，《當代中國新文學大系・詩集》（臺北：天視出版公司，1980 年），頁 10。

　　埋下一體疑案[16]

這時，可以說，解法無窮：你、我、他，各有各的詮說；昨日、今日、明日，詮說得能夠針鋒相對而矛盾重重。也可以說，以語言的晦澀作掩蔽，內容混亂，完全無解。別以爲這詩實在太瞎掰胡謅，還有更荒唐的：

　　乃
　　旋之黑之
　　旋。乃黑之
　　神。乃黑之
　　我。乃黑之
　　戀。乃黑之
　　縱。乃黑之
　　橫。乃黑之
　　我之非花之我之非我之花乃

　　這詩，讓向以語言奇詭自豪的「詩魔」也承認看不懂，「只感到一連串符號從我們腦中一閃而逝」。[17]其實，這詩正是一些符碼的排列在暗示著作者某種慾念使別人根本無法測探。前輩作者蘇雪林，指摘新詩語言怪異，「像巫婆的蠱詞，道士的咒語，匪徒的切口」。[18]用以批判此詩，可謂恰到好處。諸如此類，拼湊語言，編排詞彙的晦澀無解詩，反映出詩人欺詐讀者褻瀆文字的心態。商禽說：「寫詩應注意真實」[19]。他沒寫過一首憑空虛構、任意胡扯的作品。

---

[16]洛夫詩，〈石室之死亡，十一〉。
[17]洛夫，〈泛談碧果〉，《洛夫詩論選集》，頁 251。
[18]蘇雪林，〈新詩壇象徵派創始者李金髮〉，原發表於《自由青年》（1949 年 7 月），現收於《當代中國新文學大系・文學論爭集》，頁 1～7。
[19]同註 14。

　　商禽，置身於臺灣泛現代詩派集體，時勢影響，讓他無法完全擺脫形式主義的風習。儘管他或多或少地要弄技巧，但仍能沉著守住詩品，寫作真感實受的詩；基本避免製造那些自我塑像的、掉弄玄虛的晦澀無解的無聊東西。在那種眾皆狂顛的大環境中，堅守住自己詩品而不隨俗浮沉，的確需要不小的定力。

　　從作風到詩品，商禽的格調與眾人迥異。商禽，是一隻悲鳴的鳥，一隻幽谷悲鳴的鳥，更是獨立於風雨如晦中一隻幽谷悲鳴的孤鳥。

二、悲鳴回響和迷歌義涵

（一）悲鳴回響的歷史機緣

　　商禽的悲鳴，在當代詩壇獲得廣大回響。

　　首先，瘂弦聲稱：「商禽是詩壇最早研究超現實主義者。」[20]隨即在 1958 年《南北笛》第 18 期又寫了一首〈給超現實主義者——紀念與商禽在一起的日子〉的詩，爲商禽掛上了「超現實主義者」的標牌。在那個競以標新立異攀比歐風美雨爲能事的年代，瘂弦給商禽的標牌，是褒義的、帶著讚揚意味的徽章。其後，一些詩人、詩論家跟著起勁，「商禽之爲超現實主義詩人，已成公論」。[21]可是，商禽本人從未同意自己是「超現實主義」詩人，也從未寫過關於超現實主義詩學的論文。商禽僅有一篇涉及詩的隨筆〈詩之演出〉，提到了：

　　　　在詩中，「文字」的職責是「意象」的表現，在詩中的「文字」是事物的「意象」而不是「意義」的傳譯。

　　　　不論詩人或讀者，請把所有的官能：視的、聽的、觸的、想的、（便是思考的）全部動員，在各自的心中建立「舞臺」，讓「詩」在那裡「演

---

[20]張漢良，〈中國現代詩的「超現實主義風潮」〉，《當代臺灣文學評論大系・文學現象》（臺北：正中書局，2000 年），頁 282。
[21]同前註，頁 283。

出」！[22]

　　商禽的這兩句話，只是簡略的、即興式的言談。張漢良卻據以論定「接近布列東的觀念」[23]，未免攀扯得太遠，太熱情地把商禽推在他所宣稱的「超現實主義風潮」的浪頭。其實，〈詩之演出〉是他觀看《等待果陀》舞臺劇後的觀劇漫談，僅有這兩句涉及詩的話，可用在古今一切詩的欣賞／創作上，並不能由此證明他是「超現實主義」詩人。不過，可以證明，商禽的詩以其獨特性，折服現代詩論家們高視的眼睛，使其燦爛的言談對著影子大加讚歎。

　　商禽在詩作所展示的獨特性，不外乎，形式上以散文詩寫作，在當時是獨特的；內容上描述到現實中底層人物的影像，在當時虛無的風潮之中更是獨特。從 1955 到 1966 的十餘年，商禽（包括以羅馬筆名在《現代詩》發表者）已寫出《夢或者黎明》詩集中的所有主要作品。這些作品，涉及的社會黑暗面、下層人民的生活面、時代的問題面，只是浮光掠影，淺鮮迷濛而已，卻能得到不同流派的、不同時段的詩評論家的喝采。甚至在 1970 年代之初對「臺灣現代詩」發動嚴格批判的關傑明、唐文標，大肆撻伐余光中、洛夫、周夢蝶、葉珊、葉維廉、瘂弦、張默、羅門……等人，獨對廣受現代詩派推崇的商禽未有微辭。這是罕有的獲致同派以及異己一致的正面回響。此種現象，其中有歷史機緣的深層因素在。總體來看，商禽遭逢了而且掌握了下述的兩項歷史機緣。

1. 在詩壇迷失年月獨唱清醒的歌

　　臺灣在白色恐怖時代，人民的呼吸打結。詩壇，迷失在泛現代詩派虛無形式的浪濤中，「新詩裡似乎已不再有屬於廣大民眾的傳統文化。所剩下來的只是：極端的逃避現實；或在想像中追求所謂更『自然』更神祕的生

---

[22]商禽，〈詩之演出〉，洛夫、張默、瘂弦主編《中國現代詩論選》（高雄：大業書店，1969 年），頁20。
[23]同註 20，頁 283。

命形式；甘願在世界性的守舊作風中迷失自我。」[24]當虛無的唯形式是尚的詩，廢物一般堆積在詩壇的每個角落，讀者陷落在無可奈何之中渴望有真實的作品出現。在渺茫的期盼下，商禽聯繫著現實生活的作品出現了，縱然只是如絲田雨，在特殊的心理情景中，卻像滂沱甘霖般澆淋著人們冒火的神經。機緣所至，在那樣的時代那樣的詩壇，商禽的詩，既是一種勇敢的，又幾乎是僅有的[25]；是以獲致格外的重視。

2. 在窮困境遇中詩作題材指向現實

商禽回憶自己過往，總在囚禁與逃亡中。當兵階段，大陸六年不斷被囚禁逃亡；來到臺灣無處逃乃「進行另外一種方式的逃亡。」[26]而從軍中退伍後，他幹過各樣的社會低下工作。自 1970 年代中期，其生活因詩的名聲得到助力而逐漸改善，在 1980 年擔任《時報周刊》編輯乃趨安定。此前四十多年均處於窮困中。

我們在理由相信：窮困的生活境遇，讓商禽貼近社會下層，體驗了被壓在黑暗深處人民的艱難日月，這對於孕育一位有思想深度的詩人是一個必要的苦難折磨。我們有理由相信：商禽在當兵經歷中，由於偶然的機緣，讓他在大陸時期讀到他「視若珍寶的魯迅《野草》」，在臺灣時期讀到「中國三十年代許多作家的著作……以及俄國哲學和文學的許多著作。」[27]這些左翼作品的影響，讓商禽產生了一些社會意識，自然在題材的選擇上趨近現實，因此詩的內容指向大受注目。這是商禽另一種機緣。

機緣非商禽獨有。請問，為何同樣出身低微、讀書不少的詩人，有的從一開始走歪、有的在半路中轉向、齊奔庸俗的自私的路子？這個問題的

---

[24]關傑明，〈再談中國現代詩──一個身分與焦距共同喪失的例證〉，原刊 1972 年 7 月 12 日《中國時報》副刊「海外專欄」，現收於《當代中國新文學大系・文學論爭集》，頁 280。

[25]1950、1960 年代的「臺灣現代詩」派，瘂弦也有一部分作品，如〈鹽〉、〈乞丐〉、〈上校〉、〈馬戲的小丑〉等詩，涉及現實生活而具社會性。但，以量言，不如商禽之多而廣；且瘂弦歌謠般甜美調子似亦不如商禽詩的苦澀深刻。

[26]同註 6。

[27]瘂弦，〈他的詩・他的人・他的時代──論商禽《夢或者黎明》〉，《臺灣文學經典研討會論文集》（臺北：聯經出版社，1999 年），頁 240～259。

答案是：生活環境和教育經歷，可以相當地影響一個人、影響到一位作家的思想傾向，卻並不具備決定性的影響力量。對思想傾向以至行為模式有決定性影響力量的，是人的根性厚度和稟賦純度。這就是受同樣環境和教育成長的人，在生命的最後表現不同的理由。由於商禽的根性較厚，在社會下層窮困生活中，他找到了文學、特別是詩做為生命昇華的天梯，在詩裡讓他的精神滿足而補償他在現實裡的挫敗艱辛。由於商禽的稟賦較純，他不願攀附求進，甘於下層的窮困日月，從而擴大了他對事物的觀察視角，提升了他詩藝的研究進境。從這些方面來看，文學（詩）成為商禽自我救贖的恩賜，窮困生活成為他埋首於文學的歷史機緣。

商禽的詩生命，遭逢這兩大歷史機緣，他不失時，不失志，在歷史機緣中挺進而完成自己詩藝的可能造詣。

（二）迷歌義涵的幾個面向

說商禽是一個超現實主義者，說商禽的詩是現代迷歌，這都是從形式出發的看法。我的看法是：從詩的義涵來說，商禽是精神上的近似現實主義者，不是虛無而又張狂的超現實主義者。把迷歌等於商禽的詩，只因其語言形式掩蓋了內容義涵之故。但商禽詩的晦澀是有實質的。

商禽的詩與泛現代詩派諸人的詩，在作品題材的選取上有著根本的不同，商禽不搞虛擬夢想的玩意兒，別人卻樂此不疲而大享名氣。[28]商禽的詩，每一首均憑藉真受經歷而得，所以，詩的義涵乃隨生命歷程轉變而轉變。商禽的一生歷程，在 1970 年代中葉之前的 40 年，是「顛沛窮困」時期，此後為「安定自足」時期。在這兩個時期，商禽各出版一本詩集：《夢或者黎明》（1969 年），《用腳思想》（1988 年）。兩本詩集的基調雖然都是悲鳴之音，而由於生活境遇的改善，悲鳴之音中自有寒蟬淒切與秋蟲清揚之別。事實是，兩本詩集恰好顯示了詩人兩個生活時期的情懷：《夢或者黎

---

[28]1950、1960 年代的「臺灣現代詩」逃避現實，沉溺夢幻，詩人創作題材取向大約有二：向內，挖掘內心或描繪自我；向外，虛擬遠方景物或夢想異國情調。後一類更大受讀者歡迎和論家稱頌。如鄭愁予名詩〈殘堡〉、〈水手刀〉、〈錯誤〉、〈夢土上〉、〈情歸〉均為憑空虛擬之作。如瘂弦名作〈印度〉、〈巴黎〉等《斷柱集》的 13 首詩全是憑空夢想異國情調之作。

明》寒蟬淒切的悲鳴，鳴聲發出的，或怨歎、或悲憫、或激動心曲，都含有年輕的熱情和企盼，期待黎明到來的美好光景。《用腳思想》秋蟲清揚的悲鳴，鳴聲已清麗自如抑揚有致，流露著安逸的意趣。可以說：《夢》已足代表商禽創作鼎盛時期詩的成績，試析論如下：

《夢或者黎明及其他》[29]是商禽生命綻放的一集黃花，他的主要詩作，盡在於此。

此集，收詩 58 首。分爲：卷一「行徑」、卷二「長頸鹿」、卷三「事件」、卷四「遙遠的催眠」、卷生「夢或者黎明」、卷六「涉禽」、卷七「門或者天空」、卷八「手套」等八卷，各卷有詩 5 首至 12 首不等。此集的詩，〈籍貫〉（發表於《現代詩》第 16 期，1957 年 1 月）寫作最早，〈醒〉（《創世紀》第 29 期，1969 年，1 月）較晚。前後 12 年間，在現實社會動盪不安中，正是商禽二十多歲至四十歲的年華正盛之際和生命歷程顛沛最大的窮困之時。詩人處在這個特殊的時空段，際遇既是多艱，感受也就複雜，發而爲聲，成了他此生詩作的盛產期。這本詩集，正是詩人的人生經歷和時代現實碰觸的火花，也可以說，基本是他「囚禁與逃亡的悲鳴」[30]，另有一小部分是，詩人不生經歷中至極稀罕的「純情之歌」。

1. 囚禁與逃亡的悲鳴

在這個廣泛的命題之下，包括《夢或者黎明及其他》中七卷、52 首，占整個集子九成的詩。雖然這七卷詩義涵指涉的時空事物有所不同，但總的基調是寒蟬淒切的商聲。我們不可能也不必要按照卷別予以一一詮解，可以按照詩的內容性質歸納成三個類組來扼要論述。我特別借用商禽的一或兩首詩題，做爲各個詩組的題目；也借用這些詩的義涵，隱喻各詩組作品共同的義涵。

---

[29] 《夢或者黎明及其他》（1988 年），是《夢或者黎明》（1969 年）的再版本。再版時，把初版增訂並改了書名，並非新的詩集。商禽的詩，迄今只出版了本書和《用腳思想》兩種。某些論者，把本書做爲新集，加上商禽詩選集，共列出四種詩集，虛誇數量，毫無意義。
[30] 商禽，「《夢或者黎明》仿如自己逃亡的足跡」。同註 6。

第一類組：前夜的行徑

這組詩寫的是，商禽來臺之前行徑的片斷。包括「卷一」的全部和「卷八」的〈哭泣或者遺忘〉，一共九首。

把〈籍貫〉放在首篇的「卷一」八首詩，如同《夢或者黎明及其他》這本詩集的「序曲」。在心弦低音的啓奏中，一個失去籍貫，將以「宇宙」為籍貫（〈籍貫〉）的人，展開了囚禁與逃亡的流浪命運。一生的行徑，十分艱辛，「因為你是一個夢遊病患者，你在晚上起來砌牆，卻奇怪為何看不見你自己的世界……」（〈行徑〉）。在逃亡的歲月，每回想到故鄉，想到親人，想到「不被編結時的髮辮，以及賴床的人，呵欠，以及右眼的淚流到左眼中」）（〈不被編結時的髮辮〉），「記憶裡，她玫瑰色的纖手已是淡紫的了。」（〈塑〉）黃昏時分，流浪的愁思非福壽酒可以消解的。「當用手揩拭而匯集的淚水自他枯萎的指端落──羽羽的蒲公英逐隨風旋舞直到化為閃閃螢火復又綴入深碧的夜雪……」（〈蒲公英〉）墜入如此憂傷的淚水中，日子，只能無奈地捱受。即使有時像火雞那樣，啼幾聲抗議的鳴叫，而「蓬著翅膀的火雞……往往是在示威向著虛無」（〈火雞〉）。向著虛無示威，是沒有用的。在前夜，渡海大逃亡之初，此生被囚禁的命運已被決定，任何抗議或示威，都是沒有用的：

> 因為那永恆的海曾經是最初的；唉，你不能謀殺一個海浪，因為你不能謀殺一輪月亮，是因為你謀殺不了太陽，是因為你謀殺不了你自己的影子是因為……
>
> ──〈前夜〉

逃亡和被囚禁的流浪者，對大海、月亮、太陽無可奈何，也就罷了！可是竟對自己的影子也無可奈何？這份悲哀，充塞天地之間，讓他再也無法逃避。只能眼睜睜地看著：

他消逝了的年華，30 歲、20 歲、18 歲、17 歲……淺海中的藻草似的，顏彩繽紛，忽明忽暗的，一一再現，直至僅屬於我們一己的最初——那極其溫暖的黑暗。

——〈溫暖的黑暗〉

一個年過 30 的男子，當囚禁的心靈怎樣也難逃脫，竟企望回到「那極其溫暖的黑暗」——母親的子宮。這妄想，似乎可笑，但，這卻是從絕望產生的淒慘無言的可笑。

這「卷一」的八首詩，明確而完整地演出了「前夜的行徑」序曲。不過，要讓序曲有完美的總結，應加入〈哭泣或遺忘〉這首詩。因為哭泣之餘，不能遺忘：「我是那年戰後的跫音，在凌晨四時，回響在一列長廊中驚嚇著自己。」（〈哭泣或者遺忘〉）

第二類組：長頸鹿和滅火機

這組詩寫的是，商禽對社會現實中一些個別事物觀察／思考的感傷吟唱。這些吟唱，分散在各「卷」。包括：〈長頸鹿〉、〈躍場〉、〈滅火機〉、〈螞蟻集〉、〈鴿子〉、〈巴士〉、〈阿米巴弟弟〉、〈冷藏的火把〉、〈手套〉、〈木星〉等名作，共約三十首詩。

這組詩的特色是，每首詩各具獨特的內容，彼此間沒有關聯，且有悲天憫人的情愫在：詩人的關懷從私己擴充到社會，從當前福禍放大到未來得失，心懷和視野比較貼近大眾而含有社會性的因子。這些詩，純粹書寫別人的，只有〈長頸鹿〉和〈躍場〉兩首；其他的，詩人均涉入詩中從而直接宣示或間接暗示其對事象人物時空情景的浩歎。

這組詩出現在那個失語的年代，縱使詩人運用所謂的「超現實手法」興雲起霧地迷人眼神，但每首詩的核心意旨如此集中，形式結構和語言表現如此清晰，詩的內容義涵其實已相當顯豁。於是，震動詩壇，驚爆出不少詩論家各式的評論，有就詩論詩，有藉題發揮。其實這一組詩，指涉的社會事物是實在的，如〈長頸鹿〉中囚犯引頸望窗之企盼自由；〈滅火機〉中孩童無邪告白顯示了現實社會裡缺乏真誠的可悲。諸如此類，詩，落在

平常生活現實上,並沒有多大的奧祕。如果要說:

> 商禽的詩底價值,非但壓縮於個人的平面,而且是在整個人類宇宙的平
> 面上。這「宇宙的我」與「我的宇宙」,顯示於詩,有若黑板上的字母漸
> 漸淡褪。[31]

這麼玄妙的評論,讓商禽本是貼近現實的詩,也騰雲駕霧地虛無起
來。

第三類組:夢或者黎明

這組詩寫的是,商禽對社會現實的整體性理解,以及個人混濁時代中
存在意義的省思。這組詩,包括「卷五」的全部五首,和「卷七」的〈門
或者天空〉、〈醒〉兩首,和「卷三」的〈事件〉、〈臺灣‧一九六〇年〉兩
首。

這組詩,誇張些說,是商禽的重工業產品。幾首篇幅較長的作品,可
提示他對社會現實認識深淺和對時代人生理念高低的作品,全都匯在這
裡。而由於這組詩的義涵涉及的問題層面敏感,本來就醉心意象語言的商
禽[32]在這組詩裡更發揮了極盡迂迴晦暗之能事。當然,這一方面是詩人露才
揚己的方式,另一方面也確實有其不得不爾的必要。儘管如此,我們了解
詩人身世和時代景象,放在時空的框架上閱讀詩,一切雲煙盡散。且以下
面三首詩為例:

〈事件〉的義涵是,藉著被關閉在軍營中「檢束室」的事件,生發出
一串隱喻存在狀況和時代情景的喃喃自語:

> 一整天我在我的小屋中流浪,用髮行走⋯⋯我用眼行走⋯⋯我用腦行

---

[31]同註 2,頁 173。
[32]商禽,「『詩』便是把『意象』繪出」。〈商禽詩觀〉,《商禽世紀詩選》(臺北:爾雅出版社,2000
年),頁 7。

走……檢束室是沒有頭蓋骨的思想。月是自動洗碟器……小小的黃花，
無邪的哀傷。走出去，天的下額那麼低。

呀，這是何等令人驕傲的顏色！天不張眼我自己張：

黃。

我漫步，蜘蛛已在設計它的騙局。

這些沒有煙囪的金屬屋子，雄性獸欄。

我回歸我的流浪；……睡眠預支了死亡。

這首篇幅長達七節的散文詩，使用了大量意象語言描繪現場的和虛擬
的情景。而內含的思想，無非是被囚禁（身體和思想的）中的怨歎，小黃
花般，在低壓的天空下的哀傷。唯一可驕傲的是，自己堅持著祖宗的顏
色：黃。可是，蜘蛛的網，掛在那裡。最後，結束幻想，在雄性獸欄，以
睡眠預支生命，等著死。

這首詩，在企盼自由的想望中，對時代和現實並沒做多少比較深刻的
諷喻，多的是自我命運的哀歎。不過，詩中企求自由，爭取解脫，寄希望
於未來的朦朧性憧憬，卻是這一組中各首詩的共同主題。

〈逢單日的夜歌〉的義涵是。厭棄戰爭，渴求和平，祈求黎明降臨的
哀歌。

1958 年 8 月，「金門砲戰」激烈開打，持續到次年五月，由於美國介
入而產生「雙打單停」的奇怪戰爭遊戲。〈逢單日的夜歌〉即詩人對此戰爭
所做出的善良願景。

這首詩，放棄散文詩形式，改以分行詩寫作，共十節，約九十行。各
節所傾訴的話語，義涵相近，其中夾雜冗贅述說和扭曲語彙，徒然分散了
詩的訴求焦點且造成無意義的晦澀。其實，詩的主要義涵脈絡是，「老
天……你的太陽曾環繞我數萬遍／病過。我已沐過無數死者之日光／……
如今鳥雀的航程僅只是黑暗的歎息／……陰霾，枯萎中的花朵／……澀味
的黎明／請收留盆栽中之水芋……」。

在詩的最後一節，是意象集中的頗為精彩的結尾。

讀聽我對諸事務之褒貶／夜去了總有一個晝要來／我把一切的淚都晉升為星，黎明前／所有的雨降級為露／升草地為眠床／降槍刺為果樹／在風中，在深深的思念裡，／我將園中的樹／升為火把

〈夢或者黎明〉的義涵是，理想，往往被現實破壞。和平，在戰爭的蠢動中消亡。日日所期望的是，黎明的到來。

這首詩仍採分行形式，約六十餘行。詩中為量過多的、意在擾亂視線的句子，擁塞於途。我們必須撥開路障，來找出這些真正的話語：「穿越過疲憊的雲層」、「堅持著不睡」，「夢在稀薄的氣流中被擊傷」，「灰灰的砲管上亦難有星色的霧」，「屋頂上有逃亡的天空」，「機群已然出動」，「我的夢之夢的銳角，鍥入」，「而你就是日日必來的」，「那黎明麼」。

從這些掩藏在夾纏不已藤蔓下找出路徑，〈夢或者黎明〉的風景便嶄露出來。不錯，商禽這道詩也是含有反戰色彩的作品，雖然風景的色彩淡薄，輪廓模糊，總也是一首側面描畫戰爭的詩。

2. 純情之歌

這小小一部分純情的詩，是「卷四」所收的六首。在《夢或者黎明及其他》集中，約占到十分之一。

這六首詩，可分為三組。

〈阿蓮〉是思念高雄縣大岡山西南角的阿蓮小鎮的情事。描繪南臺灣山腳小鎮冬日的溫馨，黎明時分的浪漫風景，夜間村人的古老習俗，這些，在隱約的意象話語中，散放著濃烈的眷戀氣息，夢一般暗示出某些飄忽的愛情。

〈岡山頭〉是和〈阿蓮〉一對的孿生詩。岡山頭，是大岡山最南端凸起的一座小山，為溫泉地區。

〈曉〉描寫黎明時分，似睡似醒中和身旁女子調戲的情態。這首詩，應與〈阿蓮〉、〈岡山頭〉有關，三首合為一組。

〈坐姿的鐵床——悼念詩人覃子豪〉和〈逃亡的天空〉是一組，均為覃子豪而寫。〈坐〉流露出商禽對覃子豪以師禮事之，感念深切，崇敬畢至：「而海在遠方／將無數個浪土起／你的臉就重疊於風後的沙灘上／這是所謂笑容　就是／載著整個人類的痛苦底／地球的封面」。這樣揄揚的字句，雖稍嫌過譽，以覃子豪在當時詩壇品格之高尚，出於曾受業門下的詩人之口，似亦理當如此。

〈遙遠的催眠〉，是一首單獨的詩，是一首深情的戀曲。在商禽的兩本詩集中，僅有的這一首戀曲，已給他過往的愛情故事帶來很大的想像空間。

〈遙〉詩可注意的是：1.商禽一反其意象語言的繪製，而用明朗的甚至口語式的詩句，真摯敘述自己愛戀思念的情意。2.綿綿情話，沒有一句涉及所愛的形容風采，全是自己無盡思念的傾訴。3.使用每節四行，每行七字的固定形式，以 14 節的複沓式歌謠傳統方法，把愛戀思念誦經般吟唱出來。特別是，從第十節起，句節末句的「我在夜中守著你」，連續六次的「我在夜中守著你」已近乎癡迷的告白。

這樣的一首戀曲，似乎放棄了技巧，其實是玩弄技巧，造成一種固化的格律。因而，阻礙了愛戀思念的自然流露。

上面的評析，讓我想到一個相當有趣的問題；《夢或者黎明》被稱為「新的迷歌」，「迷歌」的各類義涵，如此地貼近現實生活，好端端擺在那裡。所謂「迷歌」，是否為詩人的不虞之譽？恐怕是一則可疑的迷思。

三、變調技巧和詩藝限度

楊牧曾感性地讚歎：「商禽是最傑出的『文字布置者』」[33]。林燿德介紹商禽：「《夢或者黎明》是臺灣超現實主義登峰造極之作……商禽詩作首首扣人心弦，力道萬鈞，『創造』與『展示』兼具，思想與意象交織，下啟蘇

---

[33]楊牧，〈詩話商禽〉，《傳統的與現代的》（臺北：洪範書店，1979 年），頁 167。

紹連、渡也散文詩的創作，影響非凡。不讀商禽就無法了解臺灣當代文學的脈動。」[34]

類似以上的，出自泛現代詩派的詩人／詩論家對商禽的讚美言談，甚夥，有眾皆公認之勢。本文必須指出：我們不否認商禽在「文字布置」的講究技巧，也同意商禽是「臺灣超現實主義」詩作的傑出詩人。可是，我們也應質疑：詩的技巧，如果在「文字布置」見工夫，這種「技巧」和「藝術」之間將存在著何等距離！又，如果商禽是「臺灣超現實主義」詩人群落中的傑出者，當被稱為超現實主義者的幾位名流從 1970 年代已紛紛否認原來身分而爭著向現實靠攏的情勢下，商禽的超現實主義詩做標竿，還有多大意義？

回答這兩個質疑，我們特在本節中針對商禽這隻變調的鳥最擅於演出的三種技巧問題，做藝術層面的評論。基於各種寫作技巧在詩中的運作，是互動發展的而非孤立進行的；我們的藝術評論，也在某種技巧的重點討論中涉及他種的技巧問題。而有綜合評論其技巧的性質。

（一）商禽「詩想的巧思」問題

從《夢或者黎明》的閱讀中，我們得到這樣的論斷：商禽是切實執著於理性／知性，擯棄或輕忽熱情／抒情的一位詩人。

按照紀弦的說法，商禽正是一位他所謂的正點「現代派」。

> 「新」詩之所以為「新」，有一大特色，那便是：理性與知性的產品。所謂「情緒的逃避」，蓋即指此。[35]
> 現代派所特別強調的「詩想」……是輻射的而非反射的，是構成的而非說明的，這就有待於理智之高度運用。[36]

---

[34]林燿德，〈商禽介紹〉，《夢或者黎明及其他》，封底。
[35]紀弦，〈把熱情放到冰箱裡去吧〉，《紀弦論現代詩》（臺北：藍燈出版社，1970 年），頁 4。
[36]紀弦，〈詩情與詩想〉，《紀弦論現代詩》，頁 24～25。

商禽的詩，確是對紀弦說法的幾近嚴格的實踐者。一本《夢或者黎明》58首詩，除極少幾首洩露了詩人「放到冰箱裡」的熱情外，皆嚴格依循「詩想」的路線進行創作，在幽微的曲折的詩想裡，孵化出優質詩想的「巧思」，獲得泛現代詩派眾口同聲的激賞。巧思。實是商禽詩、特別是散文詩技巧演出的第一特色。或者可以說：巧思，是他散文詩的靈魂。也可以說，商禽的散文詩，若切除巧思，將剩下一堆毫無重量的語字。

〈躍場〉、〈滅火機〉、〈長頸鹿〉、〈木星〉、〈阿米巴弟弟〉、〈冷藏的火把〉、〈手套〉、〈電鎖〉，在這些優秀的短篇散文詩中，巧思，幾乎便是一切。當然，巧思的演出，須藉意象語言的跳躍騰翻，散文形式的迂迴曲折，以完成起其表演之圓滿；唯在商禽詩中，語言和形式相對於巧思而言，是第二義的。

讀商禽這些散文詩，我們不得不承認，他詩中巧思表演的絕妙或妙絕。我們不得不承認，他已爲短篇的散文詩打造出一支靈活的開啓藝術之門的鑰匙。不過，詩的藝術之宮，領域廣闊，殿堂羅布。我們也不得不承認，一支「巧思」的鑰匙，打不開詩藝殿堂的千門萬戶。事實是，詩藝境界：遠近、大小、高低的層次，猶若大地的自然景物；龐雜繽紛，變化無窮。不同的詩歌，需要不同的詩形和詩技的演出；不同的詩藝演出需要不同的詩情和詩思，這正是自然給我們的偉大啓示。「臺灣現代詩」派排斥各家，唯舉一尊的作法，都肇因於無知的狂妄。做爲詩人而奔走呼號，企圖撐一桿獨占詩壇的旗子，那更是狂妄的無知。

是的，如果我們把視線拉近、眼光縮小，凝注著當下臺灣的「臺灣現代詩」派的作品；以之比量商禽「巧思」技藝，在同類之中，或許如那些廣告性評論說的：「登峰造極」。不過，泛現代詩派的詩評論家如此無限地拔高商禽的創作業績，是否想到，這種作法對他詩藝的發展形成了另類「囚禁」？而，如果是真天才，豈能不拚命尋求突破狹隘的創作格局來一回詩藝大「逃亡」？

（二）商禽「形式的異構」問題

當泛現代詩派的哥兒們，大家都在摸索中學習作詩的 1950、1960 年代，誰搞出一篇像點樣子的詩，總會鬨傳開來。那時，商禽的詩之被鬨傳，在技巧的層面來說，他的「詩想的巧思」之外，作品「形式的異構」也吸引了大家的注目。

商禽詩，在形式上的異構有兩種：一是首先選用散文詩形式創作，二是他在分行詩中添加了戲耍的材料。在競以形式之標新立異爲勝的當時，商禽揭示的兩種詩形，都算是異構的創新性產品。

1. 首先討論商禽的散文詩形

散文詩，一般均以魯迅的《野草》爲嚆矢，商禽於 15 歲開始接觸到新文學，最先就讀到《野草》深爲喜愛，其後的散文詩寫作亦受其影響。[37]我以爲，商禽選擇散文詩爲詩的主要創作形式，或許著眼於此一形式恰好適合他「詩想的巧思」演出。

散文詩的結構，一般約有三個內含的或外現的段落組織：起「由描繪的或敘述的話語起頭，布置場景，渲染氛圍）；轉（平淡中，突做意外的轉折，此爲「巧思」展示魅力所在）；結（全詩結語，以精確簡括爲要，亦可省略之）。這種結構，宜於事理的剖析，哲思的探索，對習於思考的商禽創作，方便而又合體。

散文詩，是形式的一種危險誘惑。散文詩，坦中有險，似易而難。要訣是：從語言、結構到情思須力求精鍊、精鍊、再精鍊。是以，散文詩恆爲簡短之作。縱使如此，一不小心或控制失序，作品的詩質淡化，即爲散文。在《夢或者黎明》中，散文詩有 41 首之多，占全部詩篇百分之七十。其中比較成功的詩，大概只有十首左右。即如〈長頸鹿〉這首名作，第一節充沛的張力和暗示，到第二節完全鬆弛下來，顯出蛇足意味。呂正惠指摘：「在第二節裡作者並沒有特殊的『頓悟』，因此我們也就覺得它『好像沒有什麼東西』，而這也就造成超現實詩的『破產』。」[38]不無道理。商禽大

[37]同註 27，頁 244～245
[38]呂正惠，〈商禽詩賞析〉，《中國新詩賞析（三）》（臺北：長安出版社，1981 年），頁 99。

多數散文詩，詩質淡薄，近乎散文。有些篇幅長的，如〈牧神的下午〉、〈主題〉等篇。語言之蕪蔓、鎔裁之無序、主題之平淡，說是散文，也只能算末流的散文。

走筆至此，我不能無憾地舉出，瘂弦給予商禽散文詩的評價：

> 比起魯迅來，他顯得更有創發的銳氣，更具革命性，不但在美學的取向上變得多元化，題旨內容也從魯迅說的「小感觸」，深化為社會的批判、歷史宿命的反省和救贖。早年由文學前輩開闢小徑，到了商禽的時代，已拓展成一條大路。[39]

一向謙和樸實的瘂弦，想不到，當評價自己的好友詩作時，竟不能免俗地把他抬舉上了天。這著實讓我吃驚！同時，我又搞不明白：為什麼「臺灣現代詩」派的詩人／詩論家，在論及自家人時，都喜歡把左派的文豪魯迅拉過來，做比肩並論狀。這究竟存的是什麼心理？

2. 其次討論商禽的分行詩形

商禽的分行詩形，引人注意的是，他在詩的「造型」上，添加了戲耍式的材料，讓詩在形式上似乎洋溢出異樣的趣味。例如，〈遙遠的催眠〉這支戀曲，商禽以 14 節詩，刻意做迴環不已的纏繞。第一節「開頭」之外，第 2 節到第 7 節，每節末句和下節首句之間，用「頂真格」重複串連，這 6 節的義涵，實如一節。第 8 節到第 14 節，每節末句相同，這 7 節的義涵，也差不多。整首詩的形式，戲耍似的型塑成一種格律。難怪商禽自己也說：

> 像〈遙〉詩，甚至曾帶起過一陣歪風，這種由過分運用技巧以致產生格式而種下惡果的創作令我深感罪疚。[40]

---

[39]同註 27，頁 245。
[40]同註 10，頁 155。

又如，〈夢或者黎明〉這首名作，被讚揚的，是它的義涵。至於詩形，在「節」與「節」的空行地帶，都添加一句「（請勿將頭手伸出窗外）」，除了逗趣的庸俗作用外，實是冗費。

（三）商禽「語言的奇特」問題

論及商禽的詩作語言，大約有兩個讓人印象深刻的感覺：一是在意象語言的鑄造方面時有佳構，一是在基本語言的運用方面冗蕪雜亂。

1. 意象語言的佳構

商禽對於意象語言的經營煞費苦心，有些佳句，產生出人意表的效能：

> 突然，汽車在過平交道時驚滅了車內的燈，黑暗就將人們的聲音壓成一塊薑糖──甜蜜和辛辣在裡面擁擠。
>
> ──〈水葫蘆〉

但，意象語言的過分耍弄，又會出現：

> 一條界，乃由晨起的洗者凝視的目光，所射出的昨夜夢境趨勢之覺與折自一帶水泥牆頭頂的玻璃頭髮的回聲所織成。
>
> ──〈界〉

這樣的句子，七拐八繞，路路不通。「讓讀者有時甚至會興起被刻意玩弄戲耍的負面反應。」[41]

2. 基本語言的蕪雜

商禽詩，在語言方面產生滯礙不通的情況，有時是刻意經營意象而過

---

[41] 簡政珍，〈概念化與超現實經驗〉，《臺灣現代詩美學》（臺北：揚智出版社，2004 年），頁 45。

分雕琢的結果，大部分則顯示他在基本的語言操作上，缺乏錘字鍊句的工夫，說得更白一些，商禽除了讀新文學的詩文以及西洋的某些文學譯本外，在中國古典文學作品的研究上，根柢札得不深，以致在語言的字詞蕪雜之餘，文字條理的定勢和鎔裁多有疏略，作品整體精采的建構更是荒蕪了。這種基本文字鍛鍊工夫不足的情況，從商禽有限的幾篇散文〈序〉、〈後記〉、〈商禽詩觀〉、〈致友人書〉等文章中，顯示得非常清楚。

當我們在商禽的詩句中，遇到蕪雜不通的字句時，應該懷疑的，其實不一定是自己的理解能力。

我們在前面三節，對商禽的「人」、「詩」、「藝」分別析論之後，發現商禽的成功緣由，來自他本有的才智和根性：他發展的制約力量，來自他的「詩觀」亦即「人生觀」。

商禽的詩觀是怎樣的詩觀？已從他附印在《商禽世紀詩選》集子卷首的〈商禽詩觀〉[42]漫談中透露出來。其中「詩和志」的一節，明白宣示他詩的以全人生的基本概念。且摘錄幾個重點句子來檢視一下：

> 詩大序上說：在心為志，發言為詩。
> 照古人的解釋，志是志向、是懷抱。
> 詩便成了「述懷」、「載道」的工具了。
> 我不喜歡做工具的工具。
> 「詩」便是把「意象」繪出。
> 如果照古人的解釋，志曰志向、是懷抱，寫出來的，雖有意義，恐怕就算不得詩了。
> 可喜的是，自古以來的中國詩人所寫的詩，絕大多數都不是言志的。

從商禽的這幾句表達詩觀的話語，讓我們了解到，商禽的詩觀存在著一些

---

[42]商禽，〈商禽詩觀〉，《商禽世紀詩選》（臺北：爾雅出版社，2000 年），頁 6〜7。

問題。問題的基本在於，商禽對於「詩義」理解模糊，產生自己的詩作和詩觀矛盾——商禽說「詩如果是『述懷』、『載道』的工具，」「寫出來的，就算不得詩了。」他不願寫那樣的詩，他要寫的，「『詩』便是把『意象』繪出」。

商禽，詩觀務虛、使他一生的詩，向意象語言傾斜而以釀造迷離氛圍自得。在創作題材上，基於他長期處於社會底層所培養的情感，他原生稟賦中存有的善良根性，他不會對社會上弱勢族群和下層人民的苦痛視而不見去搞夢幻的東西。這使得商禽詩的題材務實。詩觀務虛，題材務實，不免會有糾葛，在相互拉扯下終於辯證地統一，形成商禽作品特殊的樣相：作品風格上是超現實主義的，作品精神上是近似現實主義的。因務虛詩觀影響，讓商禽的迷歌懸浮於虛和實的半陰晦地帶，制約了他成為一位真正的現實主義者之可能。

那麼，說商禽「是一位廣義的左派」[43]，復誇大他為「群眾的代言人」，過分抬舉的偏頗頌揚，絕不會是商禽可以擔當的。

——選自《鹽分地帶文學》第 7 期，2006 年 12 月

---

[43]同註 10，頁 253。

他的詩・他的人・他的時代
論商禽《夢或者黎明》

◎瘂弦[*]

一、商禽與超現實主義：斷裂年代的盜火者

　　長久以來，人們一談到商禽總會聯想到超現實主義，或乾脆把他歸類為超現實主義詩人。其實，這並不是完全恰當的。

　　話不妨從超現實主義運動在中國的影響說起，也兼及商禽早年的一些文學活動。

　　1924 年 11 月，法國作家安德烈・布列東[1]在巴黎發表「超現實主義宣言」，超現實主義文學藝術流派因而得名。一般認為，超現實主義是從達達主義演變而來，這兩派前衛文藝思潮的興起，與當時的時代背景關係密切。蓋自第一次世界大戰後，知識分子感到人類希望的幻滅，虛無的哲學大為流行。達達派的文學藝術家憤世嫉俗，刻意與傳統決裂，對社會的一切既定規範予以顛覆。超現實主義者則致力追索人類文化生活經驗的先驗層界，突破由理性和意志所建構的現實觀，並從潛意識、夢的世界與人類

[*]本名王慶麟，發表文章時為中華民國筆會理事，現為加拿大華人文學學會主任委員兼《世界日報》「華章」文學專版主編。
[1]布列東（André Breton, 1890～1966），法國超現實主義詩人、理論家，超現實主義宣言起草人。他最先參加達達主義運動，曾於 1917 年與友人創辦《文學》雜誌，後因達達派內部不和，另創超現實主義，1924 年宣言提出後成為該派首領。1938 年 1 至 2 月間在巴黎召開國際超現實主義大會，全球 14 個國家作家、藝術家均參加，形成文化氣候。1966 年布氏去世，該派聲勢漸弱，雖然在 1969 年以後停止活動，但國際上影響仍在。布列東的文學貢獻在於提倡新觀念、新技巧，其作品一般認為係過渡期產物，現代法國很多詩選均未選入。

的本能出發，希望創造一種絕對超然而又絕對真實的境界。

超現實主義公認是爭議最多、影響最大的文藝風潮，該派雖然早在 1969 年宣布解散，但至今餘響猶在，半世紀來，它已從原有的十幾位創派成員，發展成包括歐、美、亞、非四大洲和幾十個國家的國際性文藝運動了。

超現實主義思潮大約在 1940 年代中期以後進入中國文壇，因受到左翼文學的壓抑，並未產生什麼影響，連一向對世界文學新潮反應敏感的九葉詩派詩人群[2]，在理論和創作上也見不出對超現實主義有任何的反映。日據時代的臺灣文壇，臺南鹽份地帶的風車詩社曾提倡過超現實主義，雖然規模不大，但意義深遠，可惜因光復後日本報刊廢止，使此一前衛的文學主張沒有延續到國語文壇上來

超現實主義在臺灣得以充分發展，歸功於一個詩社兩個畫會和一名憲兵。一個詩社是前輩詩人主持的「現代詩社」；兩個畫會是李仲生和他的學生們創立的「東方畫會」和劉國松、莊喆、楊英風等組織的「五月畫會」；一個憲兵就是商禽。紀弦一向主張「橫的移植」，移植的主要的對象是「自波特萊爾以降」的各種新興文藝思潮，但從他的言論取向上看，超現實主義必然也在「移植」之列的。兩個畫會的倡導似乎比詩社更為積極，自動性技巧、潛意識聯想以及夢境的再現，紛紛湧出畫面，他們是超現實理論的實踐者。

那是一個戒嚴的時代，任何新觀念都會被人泛政治化，遭到箝制和打壓。現代詩人和現代畫家是一對難兄難弟，由於兩路人馬團結起來一致對外，使他們在困境中仍保持戰鬥的銳氣。記得當時東方畫會的「八大響

---

[2]九葉詩人：活躍於 1940 年代中國詩壇的九位詩人：辛笛、陳敬容、杜運燮、杭約赫、鄭敏、唐湜、袁可嘉和穆旦。1981 年，江蘇人民出版社出版《九葉集：四十年代九人詩選》，收入 154 首他們的詩作。1982 年 4 月號和 3 月號的《中國文學》（英、法文版）刊有專輯介紹，書和專輯都受到重視與歡迎。九葉集中各人有一共同傾向，就是在保持現實主義傾向的同時，吸收西方現代派詩的某些技法，在新詩發展史上構成了獨特色彩的一章。

馬」³（何凡語）沒錢租房子就把一個二次世界大戰躲警報的廢棄防空洞權充畫室，五月畫會的畫家和寫詩的朋友也常常來此落腳，一瓶福壽酒，幾包花生米，就可以度過一個高談闊論夜晚。眾人中以商禽的談鋒最健，他討論起文學來滔滔不絕，觀念新銳，見解獨特，舉座為之傾倒。漸漸地，他成了這批朋友中的理論家，一個新觀念的傳播者。不過也有人開始好奇，這個綽號歪公（說起話來嘴巴歪歪的）川娃兒哪兒來的這麼多學問？

不久朋友們發現一個祕密：原來商禽長期在陽明山特區工作，他值勤的地方在老總統的官邸，官邸附近有一座圖書館，館裡藏書特別豐富，別的地方看不到的禁書，這裡都看得到。像發現寶藏一般，商禽每日站過衛兵，就跑進去看書，看禁書！幾年下來，這個小小憲兵，把館中的名典要籍，特別是 1930 年代左翼作家的書，都翻遍了。飽覽之餘，他還做了不少讀書札記及手抄本，偷偷攜了出去給朋友們傳閱，這種盜火的行徑，在那個斷裂的年代是要冒很大危險的‧

所有接觸過的文學作品中，商禽對法國文學最感興趣，對梁宗岱譯的梵樂希、卞之琳、盛澄華譯的紀德、戴望舒譯的波特萊爾及現代法國詩，印象特別深刻。在文學思潮方面，他特別喜歡布列東等人提倡的超現實主義，並花了很多時間去研究，長期的浸淫之下，他的詩受到該派很大的影響。說商禽是超現實主義的詩人，大概就是從這個時候開始的吧。

在希臘神話中，普洛米修斯因盜火給人間觸犯天條被拴在高加索山上餵鷹。我們的詩人商禽顯然比較幸運，他小心避開文化審檢人員的注意，帶著他的寶貝手抄本，流浪到南部左營來。左營是一個濱海的小城，我戲稱它是《創世紀》「革命的策源地」，當時張默、洛夫和我都住在那裡，大家辦同人詩刊正辦得火熱，商禽來了，加入我們，壯大了不少聲勢。而我

---

³八大響馬：作家何凡在《聯合報》副刊「玻璃墊上」專欄介紹東方畫會會，稱夏陽、吳昊、歐陽文苑、陳道明、李元佳、蕭勤、霍剛、蕭明賢為「八大響馬」。這八位年輕畫家當時生活艱苦，無錢租賃畫室，就在臺北龍江街一處廢棄的防空洞中作畫，從進駐到被軍方連夜趕走，前後有六年之久。東方畫會是著名的倡導現代主義與超現實主義技巧的藝術團體，對臺灣現代繪畫的發展，影響甚大。

同商禽來往最多也是在這個時候，我們常常找一家可以掛帳的小麵攤喝酒聊天，談各人理解的超現實主義，有時，我也拿出我的禁書手抄本向他獻寶，我們逐首討論，從布列東、阿拉貢[4]、聶魯達[5]到許拜維艾爾，每一個發光的名字對我們都產生莫大的引力。

商禽雖然把超現實主義當成他文學的初戀，但經過一段時間的了解之後，他發現了這一派思想的局限。事實上超現實主義的內容相當複雜，如果不經選汰，照單全收，就會陷入形式主義的泥沼。該派創立後其成員常鬧分裂，幾位重要領導人所提出的主張從來就不一致，而超現實主義先賢祠中所供奉的大師如佛洛伊德，他的性心理支配文學藝術的觀點也早有人懷疑，認爲他的理論失之於武斷和片面性。另外，超現實主義宣言起草人布列東，去世前曾立下遺囑，要 50 年後才可以公開他的書簡，也即是說，要等到公元 2016 年，世人才能了解他思想的全貌，爲他下最後定論。凡此種種，都爲超現實主義的歷史評價，埋下變數。

超現實主義的催化劑是戰爭，但該派作家對戰爭的回應卻不夠鮮明，除了消極的憎惡和逃避，很少看到強力的介入與批判，像阿拉貢和艾呂雅[6]那樣投入抗敵運動的作家畢竟很少，大多數的超現實主義作家是形式的耽溺者，他們是高蹈的，遠離苦難人群的，文學對他們而言只是知識階層的

---

[4]路易・阿拉貢（Louis Aragon, 1897～1982），法國詩人、小說家、評論家。曾與布列東東、蘇波合辦刊物《文學》，與艾呂雅同爲超現實主義詩歌奠基人。當時名作有詩集《歡樂之火》、小說《巴黎鄉巴佬》。1927 年加入共產黨，創作上轉向社會主義現實主義，並參加西班牙內戰，第二次世界大戰期間也參加了抵抗運動。此時的名作有《真實的世界》、《四部曲》、《共產黨人》等長篇小說。1957 年獲列寧和平獎章。阿拉貢的詩，徐知免、羅大岡曾有譯介。
[5]聶魯達（Poblo Neruda, 1904～1973），智利當代著名詩人，生於鐵路職工家庭，16 歲進入智利聖地牙哥教育學院學習法文。曾任裡外領事、總領事、大使等官職。1945 年被選爲國會議員，又獲智利國家文學獎，同年加入智利共產黨，1946 年流亡國外，1950 年獲加強國際和平列寧獎金。1952 年返回智利。1957 年擔任智利作家協會主席。1976 年獲諾貝爾文學獎。聶魯達詩歌作品浪漫優美、奔放豪邁兼而有之，具超現實主義政治抒情風格。
[6]艾呂雅（Paul Eluard, 1895～1952），第一次世界大戰時，因病未服兵役，專事文學創作，爲法國超現實主義詩人。大戰結束後，與阿拉貢、布列東和蘇波等年輕詩人展開達達主義文學運動，後來又加入超現實主義派。第二次世界大戰時，德軍占領法國，他積極搜集抗敵活動，並參加法國共產黨，轉入地下。艾呂雅作品多爲政治抒情詩，1917 年出版第一部詩集《義務與不安》，1924年出版《爲了不死而死》，1951 年出版《什麼全能說》等，詩風唯美與現實關懷並陳，傾向鮮明，感情熱烈。

一種自謔，並無深刻的人文義涵，這與人道主義者商禽的人格，情志，絕對是違背的，扞格不入的。

　　夢和潛意識世界的呈現，語字間偶然遇合美感的追尋，自動性技巧的擊發，黑色幽默的編製，從形式的層面看都是好的，可資借鑑的。不過只有這些是不夠的，現代人複雜感情的跌蕩、驚跳，不是客觀地加以反映就算完事，一個負責的文學藝術者，為了更忠於心靈、忠於生活，在意象的枝葉背後總要埋藏一些深厚的東西，或曰哲學，或曰文化，或曰宏大的社會歷史內涵，而這些，在超現實主義作家的作品中是比較稀薄的。至於該派有些作家拿超現實主義當工具來搞無產階級革命，那更是匪夷所思了。

　　對超現實主義，我贊成有條件的引進或通過批判的接受。我曾說我的超現實主義是「制約的超現實主義」，洛夫說他的超現實主義是「中國的超現實主義」，而商禽和張默，他們一向把超現實主義當作技巧之一，而不是唯一的技巧，因此如有人把創世紀諸子稱作「法國超現實主義在中國的傳人」，那絕對是一種誤解。在臺灣，超現實主義這把火，商禽的確是少數幾個點燃者之一，影響不能說不大，但他本人從來沒有說他是一個超現實主義者，因為他不願意把自己局限在單一的文學觀之中。對超現實主義，他能入也能出，有破也有立，所以才能在美學上獲得那樣高的成就。從〈逃亡的天空〉、〈天河的斜度〉、〈事件〉、〈巴士〉諸詩的藝術高度來看，商禽早已進入布列東、阿拉貢、艾呂雅等人的未至之境了。這樣的作品，說它是更好、更優越的超現實主義，誰曰不宜？

　　盜火的意義在此！

二、商禽與散文詩：文學試驗田裡的荷鋤人

　　散文詩是典型移植之花，其品種來自域外，第一個試種的人是魯迅，試驗成果是他的名著《野草》。《野草》出版於 1927 年，對於這本書，作者雖然謙虛說「有了小感觸，就寫了些短文，誇大點說，就是散文詩」，但無論其本質內涵與語言形式，都相當成熟。它的問世，為中國新文學中從未

有過的散文詩立下範式，可惜後來從之者不多，未能使此一新興的詩體得到進一步發展。

直到 1950 年代商禽出現。

商禽從文藝青年時代就是《野草》的愛讀者，他曾在一篇題爲〈無法被查禁的懷念〉中，記述他與這本書的因緣：抗戰勝利前夕，他被軍閥部隊拉夫，關在祠堂內的一間藏書室中，就在那裡他發現了《野草》，視若珍寶，每日研讀。之後這本書便綑在他的被包裡陪他挨飢受寒，直到「轉進」臺灣之前才忍痛丟棄。

《野草》是商禽文學夢土的第一場春雨，那對他是一種精神的鼓舞，由於它的激發，使他在行動和思想受到雙重壓制的環境下，仍能馳騁自己的想像，對人世的不平、不公與不義，敢於向黑暗勢力發出抗議的吶喊。在《夢或者黎明》詩集中那首〈冷藏的火把〉，便是這種心情的寫照，在寫作方法上，很明顯的受了魯迅〈死火〉（收入《野草》集內）的影響。

雖然《野草》爲中國散文詩設色定音，但關於散文詩的理論仍然十分貧乏，即使商禽作品出現後的這多年，對此詩體持有成見者仍大有人在。最常見的說法是：散文詩是雜交的品種，非驢非馬；散文詩是畸形的、乖戾的文體；散文詩生硬地把散文和詩兩個形質迥異的概念羼雜、糾結在一起……。商禽基本上是一位創作家，在理論上他常常是「述而不作」的，偶爾聽到一些批評，他也任他們說去，很少辯解。商禽深信，作品本身的解答，比任何方式的說明都具說服力。人常說理論指導創作，但有時創作又何嘗不可以指導理論？商禽在沒有多少傳統可資借鑑的情況下從事的探索，確曾走到了理論的前面，對批評界產生了引發、提示的功效。

《夢或者黎明》詩集 58 首詩中，有 41 首採用散文詩的形式，可見他對此新興試體的喜愛和執著。比起魯迅來，他顯得更有創發的銳氣，更具革命性，不但在美學的取向上變得多元化，題旨內容也從魯迅說的「小感觸」，深化爲社會的批判、歷史宿命的反省和救贖。早年由文學前輩所開闢的小徑，到了商禽的時代，已拓展成一條大路，散文詩這塊新粘土，已被

新一代塑造成型，可以與詩的大家族其他成員平起平坐、各領風騷了。

　　商禽的作品證明，所謂散文詩，其美學品級絕對不低於格律詩、自由詩，它有充足、優越的成長條件，以及無可取代的歷史發展必然性。目前最欠缺的，應該是有關的系統理論的建立了。

　　雖然商禽不常寫評論，但從歷年他接受報刊訪問時所發表有關散文詩的意見中知道，他在這方面的主張，是有其一貫性的。一開始，他就確定散文詩是一獨立的文類，認為散文詩，乃是借散文的形式所寫的詩，是詩，不是散文，這正如借劇的形式寫的詩是劇詩不是詩劇一樣，僅是一種形式的轉借，不存在質變的問題。歷來對散文詩的誤解，都是因為沒有從詩質上去考察，認為詩一旦離開了格律（韻）就變成散文，其實這種「唯韻詩觀」的不合理，早在紀弦組織現代派的時候就提出了。紀弦認為要考察一首詩，一定要從詩質（他也稱詩素）上去體認，不能從押韻等格律條件上去界定，他明白指出詩是詩、歌是歌，這是兩碼子事。這樣的提示，使我們少走了很多冤枉路，也使臺灣現代詩，得到健康的發展。

　　中國大陸這些年對散文詩極力提倡，不過由於多數作者對此文類缺乏正確認識，把定義下得太寬，模稜兩可，以致連美文和一般的抒情小品也歸入散文詩之內，這樣一來，「寫詩不成、寫散文又不成的產物」（詩人方敬語）便紛紛出現，把文類應有的規範弄亂了。我常想，如果把商禽的散文詩作品介紹到大陸文壇，一定可以產生一些匡正的作用。不過大陸學術界研究散文詩的學者不少，張俊山教授曾有長文析論散文詩的來龍去脈和未來走向，甚見功力。他為散文詩所下的「散文其形、詩意其質」八字定義，是非常簡明切要的概括。

　　西方詩的重要詩體，經過長久的演化，一般認為早已定型，何以到了19 世紀的 1960 年代，又出現了以散文為表現工具的散文詩呢？其形式的假借究竟有何意義？這個問題，要先問散文詩的創始者法國詩人波特萊爾，再問商禽。回答了這個問題，就為散文詩找到了理論基礎。

　　波特萊爾[7]在其散文詩集《巴黎的憂鬱》序文中說:「在我們一生許多企望的瞬間中,誰不曾夢想過一種詩式散文的奇蹟呢?無韻無律的音樂性,既柔軟粗獷,又易於適應種種表達:靈魂的抒放,心神的悸動,意識的針刺。」(葉維廉譯)波氏的這段話,雖然僅是一種抽象、感性的闡述,等於以詩解詩,但從「抒放」、「悸動」、「針刺」這些字眼中,不難領會出波氏的美學取向。且讓我們也做一個抽象的臆想,波特萊爾一定是嫌韻文詩這雙練功的鐵靴太笨重了,為了更快地追上詩神,他換上了輕盈的散文詩跑鞋!

　　其實,商禽《夢或者黎明》中的 41 首散文詩,每一首詩首也都是一個解答。從作品本身我們可以體會,用散文作詩的形式,可以把詩從舊格律意識和僵化、封閉的語言陳套中解放出來,使詩人可以風流雲走、隨心所欲的寫作,創造更自由更開放的空間。早年受紀弦影響與鄭愁予、林泠、辛鬱、林亨泰等從事現代主義運動、稍後借火於超現實主義技巧的商禽,一向主張新內容的呈現,新工具的發明,他在詩藝上的突破,證明散文詩這比有韻詩更柔韌的容器,可以伸縮自如地裝填更多現代人紛繁、複雜、多變的感情生活內容,在世紀交替社會發生結構性改變的今天,散文詩毋寧說是更具有現代精神的,它之所以應運而生,自有其時代因素。英國作家維吉尼亞‧吳爾芙[8]說「散文是謙遜的文體,它到處通行」,以散文為詩服役,也可以使有韻詩這詩體的老前輩改變一下體質,放下尊貴的身段,

---

[7]波特萊爾(Charles Baudelaire,1821～1867),法國象徵主義重要詩人,自幼喪父,繼父曾常任法國駐西班牙大使,他與繼父關係不佳,時常衝突。自他繼承父親遺產後,酷愛文學和交際活動,曾參加巴黎工人街頭武裝抗爭。重要著作有:1857 年開始出版的詩集《惡之華》,以後曾多次再版;1860 年出版的散文詩集《人為的天堂》;1869 年出版的散文詩集《巴黎的憂鬱》等。波特萊爾在法國文壇占有重要地位,不僅是法國象徵詩派的先驅,也是法國現代主義的首創人之一。詩風神祕憂鬱,感覺繁富,意象奇特,大詩人雨果曾稱讚他創造了「新的戰慄」。

[8]維吉尼亞‧吳爾芙(Virginia Woolf, 1882～1941),美國著名的女作家,為「意識流」小說的代表人物之一。其父為傳記作家萊斯利‧斯蒂芬。斯蒂芬對子女教育非常重視,維吉尼亞不僅語文造詣高,且博覽群書,精通拉丁文,治學、交遊,有乃父之風。重要作品有:《遠航》、《夜與日》、《雅名之室》、《到燈塔去》等。她是一位嚴肅的藝術家,全力投身於小說的創作與理論,她本來就患有憂鬱症,後因操勞過甚,精神崩潰,加上德國飛機炸毀她倫敦的住宅和出版社,在精神遭受打擊下投河自盡。她的作品瞿世鏡、張秀亞曾有譯介。

離開廟堂，走向草野。畢竟，時代不同了。

　　讀《夢或者黎明》，會發現商禽拓展詩藝的野心還不只向散文調兵遣將，他還把小說、戲劇也請到詩的大院來，把小說的敘事功能、張力結構，與戲劇的衝突性與臨場感熔一爐而治之。這樣的綜合，使散文詩兼具極短篇和短劇的效果，事後補述變成眼前發生（或曰正在發生），其所帶給詩者的震撼便大不相同。

　　在商禽的觀念裡，任何形式只要能適當的加以運用，都有引進的意義，不妨多多益善，散文的、小說的、戲劇的、藝術的，來者不拒。成功的散文詩作者，應該有一種集大成的能力，使外來形式的個別屬性消失於詩的屬性之中，爲詩所用。這種能力的養成，通常來自詩人對詩以外文學藝術各種不同類型的廣泛涉獵，當前詩壇有不少詩人也同時從事繪畫，像林煥彰、非馬、白靈、杜十三一樣，商禽也喜歡繪事，《用腳思想》詩集中他「自帶插圖」，表現不凡。那風格飄逸、極富現代趣味的線畫，與楚戈有異曲同工之妙。另外，在音樂方面，中國民歌等等，商禽品味也高，他是古典音樂迷，很多交響樂中的經典段落，他都可以琅琅上口，背誦如流，對此連專業學音樂的朋友都感到驚奇。這些修養，都成爲詩人綜合其他藝術形成的條件。

　　已故戲劇家李曼瑰曾說：詩是點，小說是線，散文是面，戲劇是球。商禽的散文詩，可以稱得上是點線面和球體的大綜合，再加上各種藝術新形式的滲入，使他詩的內涵更豐富、表現策略也更多樣了。

　　商禽的好友秀陶，多年來也是一位散文詩的創作者和翻譯者，他偶然在閒談中向我透露一個商禽寫作的小祕密，聽來十分有趣。秀陶說商禽之所以寫散文詩，與站衛兵大有關係，蓋因商禽早年在憲兵隊每天都要站衛兵，通常一班衛兵至少兩小時（有時四小時），值勤時不准坐臥、不准看書看報，只能扛著槍來回踱方步，勤學敏思的商禽就用這段時間來想詩，爲新作打腹稿，但每次想到佳句，往往因爲無法立即記下而任其流失，十分可惜，他想既然謀句不成，就改以謀篇的方式進行，從一個事件、一幕場

景或一個人物出發，迴環往復地去想，把整篇的結構都想個透，這種思維的習性，與散文詩的肌理組織非常接近。下了班的詩人早已成竹在胸，不必刻意重組，只消把想妥的腹稿寫下來，就自然而然成了一首散文詩。

從前海明威寫小說的習慣是睡著構思、站著寫作、坐著修改，據說這樣的工作秩序，決定了他的文章風格。而我們的詩人商禽的寫稿方式比海明威更絕，想像當他扛著上刺刀的步槍在慘白的月光下徘徊，腦子裡緊抓住一個意象不放，碰巧有一隻貓頭鷹在遠處荒林中叫那麼兩聲，那真的成了「驚聞朋輩成新鬼，怒向刀叢覓小詩」（魯迅句）了。

三、商禽與《夢或者黎明》：踩出來的詩想

拙文的第二章曾經談到商禽流浪到左營，和創世紀朋友煮酒論詩的往事。其實商禽和我之間，還有更多好玩的事情值得回憶，特別是討論他的著名詩集《夢或者黎明》的時候；因為這本書中的很多詩，都是那段日子寫成的。

1958 年春我寫了一首詩送給商禽，題為〈給超現實主義者──紀念與商禽在一起的日子〉，不久，商禽以一首〈透支的足印──紀念和瘂弦在左營的那些時光〉回贈，一唱一和，說明兩個文學青年間的珍貴友誼，也紀念了那段「意氣風發」的飆詩歲月。商禽題贈我的這首詩，後來收在《夢或者黎明》集子中。

當時大家剛到臺灣不久，都是在沒有一支步槍高（記得是辛鬱的形容）的時候當了兵，商禽來自四川，我老家河南，一個是南方蠻子，另一個是北方侉子，當這兩個人在詩人穆熹（葉泥）寓所舉行的「二月獵人集」聚會上認識，一見如故彼此欣賞，很快地成了好朋友。

商禽比我大兩歲，他 1930 年，我 1932 年，年少時候，大兩歲感覺好像大很多，而商禽對文學和人生的體會，也的確比我成熟，在詩的寫作上，他的那些奇想和怪點子，委實令我著迷。

今之少年瘋狂於飆車，我輩則醉心飆詩，真的，只有用「飆」這個字

才能形容那種熱火朝天的狂態。二十出頭的年紀，彼此存在著一種微妙的競爭心理，某個出了一首新作，另一個人「不甘示弱」，不出三天兩朝必然也會「還」對方一首，就這麼你來我往地飆將起來，那種廢寢忘食的熱乎勁兒，我到今天回想起來身上還發燙。

　　一開始，由於大家都是剛起步，彼此的詩藝「不相上下」，但隔不了多久，便漸漸看出分別來了，很明顯的，商禽衝到了前面，他的背影漸遠，我自覺趕不上他了，再一刻兒，我連他車後的灰塵也看不見了。

　　在我認識的人中，我還沒有看到一個比商禽更愛散步的人。在左營，我們除了到夜市小攤子上去喝酒吹牛（四川人叫擺龍門陣）以外，更多的時間就是去散步，一邊蹓躂一邊聊天、唱歌。商禽走起路來好像永遠不會疲倦似的，有時夜很深了，我們兩個還在馬路上你送我一程我送你一程送個沒完，總要弄到雞叫了天快亮了，才意猶未盡地各自回服務單位睡覺。

　　記得有一晚在散步的時候，商禽對我說：「人死了之後，他的鬼魂會回到人間來收回他的腳印。」我當時對他的話深信不疑。心想，將來如果真有收腳印的那天，恐怕左營留下的最多。這麼想著，腳步就踏得更重了。這個意念他在〈透支的腳印〉一詩中有很深刻的表達，而很多年後他出版的《用腳思想》詩集，應該也是同一意念的擴大和深化吧。

　　幾年前我又去過一次左營，發現當年我們散步的地方都變成高樓大廈，我不禁想起早年商禽說的收回腳印的話來，回臺北寫過一篇短文，文末有這麼幾句話：「是啊，商公（近年我也喜歡跟著年輕一輩叫他商公），我們都老了，在老透之前，我們還有很多路要走。不過，輕快地散散步就好，也別用腳思想，太累。」

　　但商禽文學的腳步是從不放鬆的，這些年，他一山又一山一嶺又一嶺地大步前行，在詩的寫作上，渴欲成為「極峰之上的造極人」（戴洪軒語）之心和早年一樣執著，並且不斷地創造新境，令他昔日老友的我以他為榮。書林編者林燿德在《夢或者黎明》介紹商禽時有一段話，我認為這段話無一字是虛譽，商禽當之無愧。林燿德說：「《夢或者黎明》是臺灣超現

實主義登峰造極之作。商禽之所以成爲超現實主義者中最具魅力的一員，完全藉助於實力的呈現，創造與展示兼具，思想與意象交織，下啓蘇紹連、渡也早期的散文詩創作，影響非凡。不讀商禽就無法了解臺灣當代文學的脈動。」

　　商禽的這本書，我認爲除了「創造與展示兼具、思想與意象交織」藝術特色外，他作品中的人文精神，也是體會本書一個重要角度。在商禽文學成長的歷史中，我發現他受中國 1930 年代文學影響很大；他對魯迅的敬意多年來始終未減，對卞之琳、馮至、廢名、戴望舒的詩都非常熟悉並有他個人獨特的詮釋。在俄國哲學和文學方面，他涉獵尤廣，據我所知，他讀過不少的普希金[9]、克魯泡特金、巴古寧、蒲力漢諾夫[10]、魯那卡爾斯基[11]、涅克拉索夫[12]、馬雅可夫斯基[13]等人的著作，這些虛無主義與社會主義

---

[9]普希金（Aleksandre Sergeevie Puskin, 1799～1837），著名的俄國詩人，生於莫斯科，童年時由法國教師指教，八歲時開始用法文寫詩，1811 年，在彼德堡進入貴族子弟的皇村學校學習，畢業後到外交部工作。1819 年參加與十二月黨人祕密組織之文學團體「綠燈社」，寫詩諷刺沙皇，被流放南俄，1826 年獲赦免，回到莫斯科，1830 參加《文學報》編輯工作，1831 年結婚回到彼德堡，在外交部工作。1836 年創辦雜誌《現代人》。普希金在俄國文學史上地位崇高，創建俄羅斯的文學語言，被稱讚爲俄羅斯藝術之父。在蘇俄文學的研究，已蔚爲「普希金學」，一生著述甚豐，詩、小說、童話皆有。大部分已有中譯。

[10]蒲力漢諾夫（G. V. Plekhanov, 1856～1918），俄國政治家、哲學家、歷史學家、文學藝術家。1874 年就讀彼德堡礦業學院，1875 年參加革命活動，曾兩次被捕，1880 年流亡國外，僑居日內瓦達 37 年之久。他鑽研馬克思和恩格斯的著作，曾與列寧共同領導《火星報雜誌》。普氏不僅是一位革命活動家，同時又撰寫巨量的政治評論和文藝理論。1905 年出版《無產階級運動和資產階級藝術》，1912 年出版《藝術與社會生活》。他的著作，魯迅曾予譯介。

[11]魯那卡爾斯基（Lunacharsky, 1875～1933），蘇俄政治家、文學評論家、劇作家，生於烏克蘭，卒於法國。出身於高級官吏家庭，少年時代即接受馬克思主義影響，1895 年加入共產黨，同年進入瑞士蘇黎世大學讀書，同流亡到瑞士的蒲力漢諾夫來往密切。1898 年回莫斯科從事地下活動，翌年被捕，入獄六年之久，出獄去日內瓦從事布爾雪維克主辦的報紙編輯工作，受到列寧信任，十月革命勝利後至 1929 年擔任教育人民委員，1930 年被推爲科學院院士。重要著作有《論戲劇和戲劇創作》（1958 年）、《論造型藝術》（1967 年）等。

[12]涅克拉索夫（Nikolaj Aleksejevic Nekrasov, 1821～1877），俄國詩人，生於烏克蘭的一個地主家庭，1838 年開始文學寫作，1840 年第一部詩集《幻想與聲音》，內容貧乏，受到批評家別林斯基的批評。後受別氏影響，參加革命民主陣營，編輯《彼德堡風貌素描》和《彼德堡文集》。1847 年主持《現代人》雜誌。著有詩集《祖國》、《嚴寒通紅的鼻子》、《在俄羅斯誰生活得快樂而自由》（長詩）等。他的詩作多來自農民生活，始終保持民歌的韻味，是十九世紀俄國詩歌傳統的繼承者和革新者。他的作品，翻譯家孟十還曾有譯介。

[13]馬雅可夫斯基（Vladimir Vladimirovic Majakovskij, 1893～1930），蘇俄著名的革命詩人，他早期創作有批判資本主義的傾向，也受到未來主義文學藝術思潮的影響，他的政治抒情詩有革命激情，曾受到列寧讚賞，1924 年完成長詩〈列寧〉，是文學史上以詩的形式歌頌列寧領袖的長製，

思想家，對他都有過影響，不過影響歸影響，他並不像瞿秋白那一代的某些文人，無端陷入政治狂熱，商禽只是擷取這些論著中的某些理念，來豐富自己的思想。他認為，人道主義精神是俄國學術思想和文學作品的重要品質。他曾試圖把這種品質轉化成詩作，《夢或者黎明》中有不少作品就流露很強的人道主義色彩（〈鴿子〉、〈長頸鹿〉、〈門或者天空〉可以做為代表）。至於對俄國 19 世紀知識分子狂飆、浪漫的革命激情，他始終保持冷靜的態度，沒有傳染上那年代最難抗拒的政治熱病，這種社會性與藝術性的平衡與權衡，顯示出他的智慧和遠見。他沒有像何其芳那樣變成一個社會主義者，到延安吃大鍋飯，臨死前還說了一句「我對得起共產黨」，這哪像是詩人說的話？

　　這些在以蘇聯為首的國際共產主義運動趨於解體的今天，說某某人沒有受到左翼文學感染，年輕　代已無法理解此一行徑所代表的特殊意義和價值。事實上在那個舉世滔滔的年代裡，要保持藝術清醒是極困難的事，試看 1930、1940 年代作家中，有幾個人真正做到不使自己的文學變節？商禽在左翼文學和俄國社會革命思想的大染缸中沒有滅頂，蒙其利而未受其害，這是非常難得的。

　　商禽的作品，如何處理社會觀與藝術觀之間兩極化的矛盾？商禽的做法是，在題材、主題上以強烈介入的態度，深入社會的脈搏，為被污染、被損害的發出不平之鳴，而在形式上、技術上，卻嚴格保持藝術的細緻和美學的精準。在文學上，失去形式的思想與失去思想的形式都是空泛的、沒有意義的。商禽卻能將二者特別顯著。因此如果只看到商禽形式上唯美的傾向就說他是李賀、是現代詩鬼，那我想只看到了藝術家的商禽，還有一個人道主義的商禽，人文主義的商禽躲在象徵的枝葉背後，那才是最重要的。

1927 年完成長詩〈好！〉，公認是一首形象的十月革命史。馬雅可夫斯基詩風陽剛，節奏鮮明，氣勢磅礴，喜歡採用短句，作階梯式的詩型呈現，受到世界文壇矚目。我國詩人田間深受他影響。

　　1930 年代作家因爲過於重視「寫什麼」，忽略（有時是故意輕視）了「怎麼寫」，因此造成他們作品的缺失。艾青、臧克家、田間不能說沒有詩才，但當他們的政治抒情一旦離開了當時的社會條件，單單從藝術方面去衡量，往往無法滿足今天讀者的審美要求。這方面艾青的情況比較好，最慘的是臧克家（他〈烙印〉以後有些詩簡直不能看）。在國際文壇，因思想性和藝術性的無法平衡，而造成「進步作家」的傷害的情形也很普遍，像聶魯達的那樣成功的例子畢竟是少之又少。商禽的作品和聶魯達有很多異曲同工的地方，但我覺得在政治取向上商禽比聶魯達似乎更超然一些。我們可以稱商禽是一位廣義的左派（我覺得每一位作家都應該是一個廣義的左派），廣義的左派是社會的良心、群衆的代言人，不是官僚體系的扈從，他寧願作惹人厭惡的烏鴉，也不作詩人歡喜的艷鳥，他永遠站在受苦受難者立場，爲揭發黑暗、打擊魔鬼，爲社會正義而挺身而出，善盡知識分子（古代的「士」）的責任。廣義的左派其所以「廣義」，是因爲他是超階級的、超黨團的、超現實利益的。狹義的左派固然也是出於社會改革的熱情，但往往囿於固定的意識形態，而失去客觀世界的判斷，或者投身黨團活動，無法擺脫現實政治的羈絆，爲了自身的利益，而與最初的理想懷抱漸行漸遠，最後是立場喪失，面目模糊。即使睿智如聶魯達也逃不出他的歷史局限，他的政治熱情如浪漫夢想本身真摯動人，但一定要依附於蘇聯主導的國際社會主義運動，實在說並無必要，當紀德等人因看清蘇聯的真相紛紛回頭，聶魯達始終衣帶漸寬終不愧，使人感覺大詩人的「左派」，未免太狹義了。證諸共產主義在世界各地的政治現實，對聶魯達來說，簡直是一種諷刺。固然一個作家不一定要負美學以外的責任，但一朵鮮花插在牛糞上，總是一種遺憾。而從廣義的左派理念出發的我們的詩人商禽，便沒有這個問題。

　　由於沒有詩以外預設的意識形態的干擾，沒有現實政治的牽涉，商禽可以自由地去表現。讀〈門或者天空〉、〈逢單日的夜歌〉等寫戰爭的作品，你可以把它們當作雄渾的反戰檄文，也可以看成精心刻鏤的人性圖

誌，博大與純粹，原來是可以並存的。《夢或者黎明》這本詩集答覆了一個
問題，一個多少年來一直糾纏不清，並數度引起文學論戰的問題，那就是
文學的量（共相）與質（殊相）孰重孰輕的問題，我們可以說，這個問題
到了商禽手裡完全得到解決。商禽的詩觀、詩法啓示我們，說文學藝術的
偉大是因爲思想的偉大，或者說是因爲形式的偉大，都是從單方面看問題
時一種強調性的說法。如果把兩者對等的處理，就不會有那麼多的爭辯
了，但對等處理談何容易？沒有高超的藝術手腕與綜合能力，是無法奏功
的。從商禽這本詩集作引伸來思考，1930、1940 年代中國文壇的大迷惘、
大徬徨，以及 1950、1960 年代的大悲劇，都找到根本的原因了。臺灣鄉土
文學論戰時期，也有一些人批評 1950、1960 年代現代主義作品缺乏社會關
懷，我當時就建議說不妨讀一讀商禽的作品，收在《夢或者黎明》集中的
詩，多半是隱含著社會性、批判性，他的〈手套〉（寫勞）、〈醒〉（寫士
兵）、〈門或者天空〉（寫囚犯）、〈躍場〉（寫司機），把一般人常講的所謂民
生疾苦，表現得那麼深刻，在我們的這個年代，又有誰的作品比他更具有
批判的力量呢？

　　有句話說一個重要的藝術家要涵蓋各種的生命表情，演劇的人戲路要
寬，寫詩的人詩路要廣，用這樣的觀點檢視商禽，他也夠得上「寬」和
「廣」。《夢或者黎明》中有好幾首情詩，堪稱絕唱。原來，我們的詩人戀
起愛來比誰都溫柔，這一點，他又很像聶魯達，他們的情詩都是第一流
的。〈遙遠的催眠〉是一首名作，曾爲各種選集所選錄，得到各種佳評，詩
中的那句「守著孤獨守著夜、我在夜中守著你」，傳誦至今。那音樂般的反
覆變奏、私語一般的呢喃與吟哦，寫活了戀愛中男女的繾綣之態。另外
〈阿蓮〉〈樹中之樹〉，讀後讓人感覺好像進入無限充溢、無限綿長、無限
和諧的永恆之土。這真是刻繪愛情的能工巧匠，不讓愁予專美於前！

　　近年，商禽的詩中又增加了新的質素，中國神話、傳說、民間故事、
古典文學（特別是誌異、誌怪一類的文學作品）中的一些情境、人物，都
在他作品裡得到新的演化。早期的西化（西化也並非不好），已被濃烈的鄉

土情調所取代，這是中年以後商禽藝術思想的一個重要改變。《用腳思想》是他作風改變後的具體成果。他近年的作品語言簡單，這顯然是近十年他喜歡閱讀中國詩詞古籍所帶來的影響。而其中玄學色彩或類似禪宗的語法，跟他中年以後情感上的尋根應該也有關係。以前我說他像李賀、愛倫坡，現在我要說他像蒲松齡了。來自四川省長江上游。有少數民族血統的商禽原是來自神話的原鄉，他們的文化（如懸棺風俗等），是漢族外的另一個南方文化系脈，十分美麗、豐饒值得發揚，而這應該是商禽作品風格形成的另一個源頭了，世上永遠沒有無源之水，無木之本的，這方面，商禽的研究者不妨以此做為一個新的切入點。

「詩歌已不能像它為我們的祖祖輩服務那樣為我們這一代服務。詩歌現在不像過去為他們服務那樣自由地為我們效勞。這條曾經運載過如許精力和天才的表達思想、感情的偉大渠道，它本身現在似乎變窄了，或者已經偏離了原來的方向。」（瞿世鏡譯）讀了商禽的《夢或者黎明》、《用腳思想》等作，我覺得情形並沒有那麼悲觀。儘管我們的詩壇也有吳爾芙所說的偏離現象，但我想說，只要有更多像商禽這樣的詩人，我們便能拯救並鑄造出臺灣現代詩歌更優美的靈魂！

——選自陳義芝編《臺灣文學經典研討會論文集》
臺北：文建會、聯經出版公司，1999 年 6 月

快樂貧乏症患者

《商禽詩全集》序

◎陳芳明*

　　商禽的詩降臨在封閉的海島，爲的是精確定義他的時代，他的家國，他的命運。如果語言緊鎖在唇腔，如果思想禁錮在頭腦，如果欲望壓抑在體內；靈魂找不到出口時，那種感覺是什麼？精神被綁架時，滋味又是什麼？商禽的詩行，顯然是要爲這些問題給出答案。他的語言委婉、含蓄、謙遜，竟能夠使虛僞的歷史無法隱藏，也使扭曲的記憶無法遮蔽。

　　他的文學生涯橫跨半世紀，卻僅完成不到兩百首的詩作。對照多產的臺灣詩壇，商禽可能是屬於歉收。但是他在美學上創造出來的縱深，往往引起無盡止的思索與探索。他困難的詩行裡，確實延伸著歧義的迷路；不過來回逡巡之後，畢竟還是有跡可尋。在心靈不快樂的密林裡，絕對不可能存在著愉悅之旅的奢望。完成閱讀的跋涉之後，就不能不承認詩人擁有百分之百不快樂的權利。

　　商禽作品是屬於困難的詩，讀者不得其門而入時，遂訴諸種種方式來貼近。然而，各種理論、主義、口號、意識形態都難以抓住他的詩風，反而是他的詩藝回過頭來抓住所有的詮釋者。至少有兩種標籤習慣加在他作品之上：「散文詩」與「超現實主義」；前者是指形式，後者是指內容。許多讀者寧可傾向於相信標籤，卻懶於閱讀他的詩。由於散文詩一詞的濫用，使得他的詩人身分變得非常可疑。也由於超現實主義一詞的惡用，使他的詩藝與詩觀常常引來誤解。百口莫辯之餘，商禽只能選擇沉默以對。

---

*發表文章爲政治大學臺灣文學研究所教授兼所長，現爲政治大學講座教授。

不過，他也有不得已而言的時候，必須為自己的詩表示態度。他認為自己的創作是以散文寫詩，而不是寫散文詩；重點在詩，與散文無關。同樣的，他也拒絕超現實主義的封號。對自己的詩觀他頗具信心，堅稱超現實的「超」，應該解讀為「更」。與其說他的詩是超現實，倒不如說是更現實。以現在年輕世代的流行用語「超帥」、「超遜」來解讀的話，商禽詩的「超現實」，正是極其現實。英文的 surrealism 並不能確切界定商禽，也許以 more realistic 或者 extremely realistic 來定義他，庶幾近之。

在他的時代，商禽當然不是寫實主義者，但是他的詩是內在心靈的真實寫照，寫出他在政治現實中的悲傷，孤獨，漂流。沒有那樣的客觀環境，就沒有那樣的情緒流動；正是有他這種沉重情緒在詩中渲染，才真切對照出他的時代之幽暗與閉鎖。坊間論者酷嗜彰顯他詩中的突兀意象與險奇語言，遂率爾宣稱他是超現實主義者，卻未嘗注意他的詩與當時歷史情境、現實條件之間的密切牽扯。就像那個年代大多數現代主義運動中的創作者，都必須訴諸語言的變革，才能真正到達被扭曲、被綁架的靈魂深處。詩人在緊鎖的空間裡釀造詩，是為了尋求精神逃逸的途徑。他留下的詩，毋寧是奔逃的蹤跡，循著他迤邐的腳印，似乎可以溯回那久遠的、遺佚的歷史現場。

重新回到不快樂的年代，等於是回到身體與心靈同樣受到羈押的絕望時期。在絕望的深淵，詩人釋出他內心痛苦的願望：

> 在失血的天空中，一隻雀鳥也沒有。相互倚靠而顫抖著的，工作過仍要工作，殺戮過終於也要被殺戮的，無辜的手啊，現在，我將你們高舉，我是多麼想——如同放掉一對傷癒的雀鳥一樣——將你們從我雙臂釋放啊！
>
> ——〈鴿子〉

飛躍的想像在這首詩中非常鮮明，一雙手竟轉化為一對鴿子。整首詩集中

在鴿子意象的營造，畢竟這樣的禽鳥既接近人間，又富有自由翱翔的暗示。從鴿子跳接到雙手，又從雙手連繫到生活中的工作與殺戮，隱隱指向政治環境制約下人的宿命。詩中的天空與曠野，幾乎就是自由空間的隱喻。擊掌的雙手，帶有一種抗議，也有一種欲望，在於試探天空與曠野之遼夐。當天空失血，曠野寂寥，沒有任何禽鳥飛翔時，現實世界的鬱悶與仄狹便強烈反襯出來。

1960 年代前後完成的〈鴿子〉，是商禽心理狀態的最佳投射，也是現代詩運動中頗受矚目的經典作品。詩中雙手與鴿子反覆進行的辯證，無非是要反映身體牢籠與心靈解放之間交互糾葛的困境，頗具戲劇效果。舞臺上肢體語言的演出特別緩慢，詩的節奏也隨著舒緩展開，在廣邈的天空下，渺小人物受困於工作與殺戮的命運。不能掙脫的雙手，被殘酷的現實綑綁，猶鴿子之無法飛出囚籠，全然陷於焦慮與絕望。歷史條件是如此嚴苛，更能彰顯詩中嚮往自由的欲望。這首詩以高舉雙臂時，舞臺上簡單是矗立著一個抗議的姿態；天空有多大，抗議的身影就拉得有多長。

囚禁意象貫穿在商禽早期的詩行裡。加諸於肉體的囚禁，可能來自政治，來自道德，來自傳統，但他的詩從未有清楚交代。當開放的年代還未降臨，各種無形的權力干涉到處皆是。羈留異域而被鄉愁纏繞時，流亡的身軀與逃亡的欲望都凝結成詩行文字。嘗盡流刑滋味的凌遲，商禽寫下饒有反諷意味的〈長頸鹿〉。眺望著回不去的故鄉，以及忍受著挽不回的歲月，流亡者都無可避免淪為時間的囚犯。這首詩的自我觀照，流露出無可言喻的淒涼與悲愴：

那個年輕的獄卒發覺囚犯們每次體格檢查時身長的逐月增加都是在脖子之後，他報告典獄長說：「長官，窗子太高了！」而他得到的回答卻是：「不，他們瞻望歲月！」

——〈長頸鹿〉

　　散文形式的書寫，竟然可以使每一個文字飽滿著詩的密度。複雜的情緒，潛在的不滿，都壓縮在篇幅有限的文字裡，彷彿只是冷漠描述著一群被時間遺棄的流亡生命。以伸長的頸子暗喻翹首眺望——如長頸鹿對外在世界的尋求。受到監禁的囚犯，豈止瞻望歲月而已，他們的鄉愁，以及對自由、對解放的渴望，相當傳神地反映詩人在錯誤時間、錯誤空間的處境。商禽從未訴諸憤怒的、煽情的文字，他寧可使用疏離的、近乎絕情的方式看待自己的生命。

　　即使觸及憤怒的情感，他的詩也還是持續釀造悲涼的心境：

　　憤怒升起來的日午，我凝視著牆上的滅火機。一個小孩走來對我說：「看哪！你的眼睛裡有兩個滅火機。」為了這無邪告白；捧著他的雙頰，我不禁哭了。

　　　　　　　　　　　　　　　　　　　　　　　——〈滅火機〉

這種高度象徵的手法，足供窺探那個年代的自我壓抑有多強烈。內心情緒的憤怒與外在的滅火機相互銜接，使抽象感覺與具象物體彼此對應，造成一種自我消解的效果。體內燒起的憤怒烈焰，全然得不到紓解的出口。無法釋放之餘，只能祕密地暗自消化。詩人的消化方式，便是依賴壓抑與再壓抑。詩中的滅火機絕不可能達到撲滅的作用。然則，詩人的眼中浮映出滅火機時，他的內心正處在不斷克制的過程。透過小孩誠實的告白，更加凸顯出詩人內心自我壓抑的考驗。小孩在詩中的出現，是為了說出詩人真實的感覺。在一個甚至是憤怒都無法稀釋的年代，生命的悲哀是多麼深沉。

　　很少有詩人像商禽那樣，不斷回到監禁與釋放的主題反覆經營。這樣的主題往往在不同的詩作獲得印證，例如〈夢或者黎明〉與〈門或者天空〉。夢是自由，黎明是干涉；門是監禁，天空是釋放。商禽傾向於鍛造特殊的意象，以最簡潔的文字繁殖出豐饒的意義。

〈夢或者黎明〉呈現各種不同形式的航行與飛行，無論夢境有多荒謬，凡屬自由的旅行都可得到容許，直到黎明的來臨。只有在現實世界裡，凡與自由相關的行為都遭到禁止。整首詩的發展過程中，詩人總是刻意插入一句內心的語言：

（請勿將頭手伸出窗外）

這是當時小市民乘坐公共汽車時耳熟能詳的車內標語，詩人拿來挪用在詩行之間，造成某種警告的效果。為了防止事故或意外的一則標語，在詩裡竟產生禁止的意味：頭是思考，手是行動，任何踰越的思考與行動都要受到監視。這首詩頗具歧義的暗示，在現實中的行動都會引來干涉；唯一能夠享有自由的地方，便是停留在夢中。從黎明到夢之間的距離究竟有多寬？似乎只能依賴自由的尺度來測量。

〈門或者天空〉也是以兩種忤反的意象來對比，門是狹窄的出口，天空則是無限空間的象徵。這首詩也同樣是以劇場演出的方式，暗示生命的有限與無限。人酷嗜創造各種門的意象，包括城堡、圍牆、護城河、鐵絲網、屋頂，使生命壓縮在最小的空間。越沒有安全感的人，越需要城牆來保護。由於創造了窄門，人從此便失去了天空。商禽在詩中如此描繪人的本色：

這個無監守的被囚禁者推開一扇由他手造的只有門框的僅僅是的門

——〈門或者天空〉

即使沒有受到監守，人也本能地創造門框自我囚禁。門的概念，似乎是人與生俱來的原罪，終身被罰在門框內外走進走出。直到看見天空之前，進進出出的卑微生命注定要承受門的懲罰。這場戲劇的演出，近乎詩意，更近乎哲學。詩人刻意把確切的時間、地點、人物從敘事中抽離出來，是為了使詩的意義能夠全面照顧到他親身經驗的生命困境。凡是與他同時走過那樣歷史的朋輩，當可理解門與天空的象徵意義。

　　商禽體會得比任何人還來得深刻，是因為他在軍伍生涯中嚐盡過多、過剩的痛苦滋味。生活的不堪，使他不能不去追尋人格尊嚴的意義。他寫下的每首詩，不僅為自己受辱的肉體釋出無比的抗議，也是對他的時代表達強悍的批判。其中最值得注意的一首詩是〈醒〉，毫無遮攔地說出他千瘡百孔的遭遇，留下一幅令人怵目驚心的畫面：

　　　　他們把齒輪塞入我的口中

　　　　他們用集光燈照射著我

　　　　他們躲在暗處

　　　　他們用老鼠眼睛監視著我

　　　　他們記錄我輾轉的身軀

　　　　　　　　　　　　　　　　　　　　──〈醒〉

他們是誰？詩中並沒有明白交代。然而，穿越過戒嚴時期的流亡者，都能夠感知他們的存在。他們是一種體制，是一種權力，是一種壓迫，相當公平地降臨在無助的身軀。這首詩的結構，前段是以分行的形式表現，後段則是回到散文的形式寫詩。前者是傲慢權力的氾濫，後者是脆弱身體的抵禦。面對著看不見的暴力，詩人選擇以魂魄出竅的策略來護衛自己的肉體。他的魂魄看到自己被折磨得不成人形的身軀時，確實感到錯愕，但並沒有被嚇阻。這首散文詩以相當冗長、曲折的句法來形容自己臭皮囊的肉體，並且以花香般的魂魄給予擁抱。這是商禽寫出最傷心也最勇敢的一首詩。詩中受盡屈辱的肉體，竟是如此難以想像：

　　……自己的魂魄，飄過去，打窗外沁入的花香那樣，飄過去把這：廝守了將近四十年的，童工的，流浪漢的，逃學時一同把快樂掛在樹梢上「風來吧，風來吧！」的；開小差時同把驚恐提在勒破了腳跟的新草鞋，同滑倒，同起來，忍住淚，不呼痛的！也戀愛過的；恨的時候，沉

默，用拳頭擊風，打自己手掌的；這差一點便兵此一生的；這正散發著
多麼熟習的夢魘之汗的，臭皮囊，深深地擁抱。

——〈醒〉

看似非常複雜難懂的散文，其實是一個簡單的句型：「自己的魂魄飄過去，
把這⋯⋯臭皮囊深深地擁抱。」在臭皮囊之前加掛了許多形容詞，正是為
了襯托自己的頭腦有多清醒。縱然受盡了無窮的暴力，縱然軀體已不成人
形，他仍然維持著潔淨的靈魂。清醒的魂魄擁抱受辱的肉體，是一種自我
救贖的姿態。他的記憶鮮明保留著生命中各種試煉的經驗，從童工到流浪
漢，從逃學到「兵此一生」的生命階段，無非都在造就他孤傲的人格。

　　完成這首詩的商禽，等於是正式宣告他絕非是超現實主義者。粗礪
的、殘忍的現實，並不可能溫情地容許他享有超現實的空間。他訴諸繁瑣
的、迂迴的句式，絕對沒有任何餘裕要建構超現實的美學。恰恰相反，他
為的是要更精確把醜陋的、不堪入目的現實揭露出來，也要把受到折磨
的、無法負荷痛苦的人生具體呈露出來。

　　然而，商禽也並不如此耽溺於複雜的句法。在抒情時刻，他也有溫婉
的詩句，令人心痛：

昨晚簷角風鈴的鳴響
分明是你叮噹的環珮
別以為我不知道有人夜訪
院落裡的殘雪仍留有餘香

——〈近鄉〉

飄泊到臺灣的詩人，負載著不為人知的濃郁鄉愁。當他旅行到韓國遇見雪
景時，情不自禁勾起他的懷鄉之情。商禽從來不會直接以濫情的手法尋找
感覺，而是以逃避個人情緒的策略予以過濾，終於到達昇華。雪落下時其

實是毫無聲息，如果發出任何音響，那一定是屬於鄉愁。記憶中故鄉的雪，與異鄉的雪，蒙太奇那般重疊在一起，自然而然牽動他脆弱的情感。近鄉情怯的雪，是女性化的雪。他的詩彷彿若無其事，但實際上已刺痛他記憶的傷口。叮噹的環珮，殘雪的餘香，召喚他生命中早已沉埋的情愛。

鄉愁是另一種變相的囚禁，故鄉的親情、友情、愛情都完全被切斷成隔絕狀態。咀嚼自己的鄉愁時，商禽又再次使用逃避情緒的方式，使沉重的悲哀沉澱下來。在「五官素描」的組詩中，他分別描寫了嘴巴，眉毛，鼻子，眼睛，耳朵。淡淡的素筆，精煉地點出五官在生命中的義涵。〈眼〉這首詩正是指向無以排遣的鄉愁：

> 一對相戀的魚
> 尾巴要在四十歲以後才出現
> 中間隔著一道鼻梁
> （有如我和我的家人
> 中間隔著一條海峽）
> 這一輩子是無法相見的了
> 偶爾
> 也會混在一起
> 只是在夢中他們的淚
>
> ——〈眼〉

兩隻眼睛，轉喻為一對相戀的魚，再轉喻為無法相見的家人。環環相扣的想像，看似突兀，卻有內在的邏輯彼此貫穿。三個意象的共同思維，都是圍繞在相戀而無法相見的主題，從而以夢中之淚予以串起。整首詩的結構與推理，都臻於無懈可擊。商禽的巧思，於此得到印證。他的詩並沒有那麼難懂，他的鄉愁則令人無法承受。

商禽對語言文字的掌控，近乎苛求。幾乎每一詩行，都具體反映現實

中的困境，〈用腳思想〉便是其中極致的一首：

> 找不到腳　在地上
>
> 　在天上　找不到頭
>
> 我們用頭行走　我們用腳思想
>
> 　　虹　　垃圾
>
> 　是虛無的橋　是紛亂的命題
>
> 　雲　陷阱
>
> 是飄渺的路　是預設的結論
>
> 在天上　找不到頭
>
> 　找不到腳　在地上
>
> 我們用頭行走　我們用腳思想。
>
> ——〈用腳思想〉

　　這首詩是由兩首合成，但是上下各自發展的詩，也可以貫穿成為一首。分別閱讀時，兩組不同的意象存在著，亦即頭與腳，天上與地上。如果頭是隱喻思考，腳是代表實踐，則思考應該可以天馬行空，而實踐則必須腳踏實地。商禽見證的社會現實，卻是天地顛倒。實踐者不用思考，而思考者無需實踐。在必須實踐的地上，竟然找不到頭；而在需要思想的天上，竟然找不到腳。頭腦所面對的，是虹那樣虛無的橋，以及雲那樣飄緲的路。雙腳所踐踏的土地，則是紛亂命題般的垃圾，以及預設結論般的陷阱。這首詩可以視為知行合一哲學的歧義演出，顯然是在諷刺他這輩子在臺灣所目睹的怪現狀。在價值混亂的歷史，在怯於實踐的時代，他看到的用頭行走、用腳思想的荒謬人物。如果說，這首詩在於總結他一生的真實體驗，則長年來他忍受的殘酷體制與屈辱人生，無疑是最大的悲劇。

　　在現代詩運動中，商禽可能是受到最多誤解的詩人。當他被押著去接受無情現實所製造的暴力之際，他只能選擇使用迂迴的文字攜著自己的靈

魂逃亡。逃亡的天空常常在詩中出現，並不意味他脫離現實，更不意味他屬於超現實。他的生命已經無路可退，僅有詩提供了他逃亡的途徑。他的詩是探照燈，一如他注視現實的眼睛，往往揭露黑暗的世界。他的文字極其誠實，使人生中的醜陋與卑賤完全無法遁逃。他的散文詩，根本不存在散文的成分。任何閃神或輕忽的閱讀，常常會錯失他詩中關鍵的風景。要貼近商禽的世界，絕對不能依賴理論。時髦的理論，總是毫不爽約地把讀者帶離商禽的時代，當然也就不可能進入他的詩。

商禽是 20 世紀悲傷至極的詩人，在詩行中他想像了無數的逃亡，卻未嘗須臾逃離凌遲他肉體的土地。當他這樣自問：「是不是我自己缺乏了對於『快樂』的想像力呢？」這個時代，這個家國，已徹底剝奪他享有一絲快樂的權利了。《商禽詩全集》以較為完整的形式問世時，一塊莊嚴的歷史碑石已巍然豎立，將陰影投射在絕情、無情、寡情的牢獄。

2009 年 3 月 3 日加州旅途中

——選自《印刻生活文學誌》第 68 期，2009 年 4 月

商禽的悼亡詩
〈逃亡的天空〉

◎陳啟佑*

死者的臉是無人一見的沼澤

荒原的沼澤是部分天空的逃亡

逃亡的天空是滿溢的玫瑰

溢出的玫瑰是降落的雪片

未結晶的雪花是脈管中的眼淚

升起來的眼淚是撥弄中的琴弦

被撫奏的琴弦是燃燒著的心

焚化了的心是沼澤他們的荒原

——商禽〈逃亡的天空〉

　　這是一首充滿象徵與比喻的悼亡詩。詩人面對死者，哀傷之餘，想起死者生前由燦爛而漸趨於毀滅的過程，整首詩泰半處在類似於夢的那種幻覺之中。

　　此詩共分八行，每一行的語法結構都是雷同的，繫詞：「是」的上下兩個片語，乍看之下，好像毫不相干，事實上，它們是頗有關係的，更明白地說，它們之間有一些共同的性質存在，所以詩人才用具有等號性質的「是」將它們聯接起來，成為一個具有隱喻結構的句子。以下先解釋每一個「是」字前後的片語的關係。

*發表文章時為中國文化大學中國文學系博士生，現為育達商業科技大學華文傳播與創意系教授。

　　修辭學裡有一種修辭格叫「隱喻」（"metaphor"），亦稱「暗喻」，它是透過繫詞如「是」、「爲」等字眼，將「喻體」和「喻依」銜接起來而形成的句子。舉例來說，徐志摩的〈偶然〉詩中有一名句：「我是天空裡的一片雲」，「我」即爲「喻體」，而「天空裡的一片雲」便是「喻依」，兩者透過繫詞「是」得以銜接起來。這首詩一開始便出現「隱喻」技巧，以後的七行都是使用這種技巧的。

　　而「喻體」和「喻依」之所以能夠以「是」銜接，因爲兩者具有某些共同性質，詩人由這些共同性將二者「聯想」在一起。例如第一行說死亡者的臉孔是沒有人看見的沼澤，死亡者的臉孔是白裡帶慘綠色的，其肌肉鬆弛、凸凹不平，而沼澤由泥濘和污水組成，呈現坎坷不平的狀態，兩者形狀有些相似，所以詩人才由「死者的臉」聯想到「沼澤」。而在「沼澤」之上加上「無人一見的」，正寫出了死者身後之淒涼、寂寞。

　　第二行則由「沼澤」想到天空這個意象。沼澤裡面正浮現一片天空的投影，看起來就宛如這一小片天空獨自脫離整個天空，逃到沼澤裡來似的，所以說「部分天空的逃亡」，這片逃亡的天空業已取代了「荒原的沼澤」，所以它們中間使用等號關係的「是」來連合。「逃亡」兩字是有離開群體而獨自到外地的意思，這也暗示死者生前的行徑和死後所處的環境。

　　第三行至第七行所描繪的雖是外界景象和內在心情，但同時也暗示了死者生前由興盛漸趨衰敗的過程。第三行說逃亡的天空就是滿溢著的玫瑰，因爲天空到處飄動著美麗的雲彩，看起來相當於無數無數的玫瑰花。這裡暗示死者生前的燦爛階段，花通常皆用來象徵人生美好的一面，這裡當然也不例外。作者站在死者身邊幻想著死者的一生。首先作者想到的是死者輝煌的日子。

　　第四行以後便由輝煌逐漸轉入衰敗。第四行說溢出來的那些玫瑰便是降落下來的雪花片片，原來天空呈現多姿多彩的雲彩，亦即玫瑰，如今天氣轉壞了，變冷了，天空中的水分遇冷而凝結成雪，紛紛飄落下來。天氣惡化，那些玫瑰自然消失進而化爲雪花片片，眼前所見的雪片其實就是原

先的玫瑰。

　　第五行的情況更趨惡劣，心情也呈現哀傷。「未結晶的雪」與「眼淚」，它們所共有的基本質性是「水」，兩者皆屬流動性的。「雪」固然不是流動體，但是尚未結晶的雪，也就是未固體化的雪，勢必是流動的。因為二者擁有共同性，所以詩人以「是」將它們銜接起來。同時這行也是描寫心情的，人生際遇由輝煌燦爛轉為冷淡、冰涼，當然會令人感歎淚落。

　　第六行是說濺起來的淚水相當於被彈弄的琴弦。二者有什麼關係？因為二者的動作相近，都處於彈動的情況之下，「升起來的眼淚」就是彈起來的淚水，而「撥弄中的琴弦」也處在彈動狀況。我們由「眼淚」兩字，可以推斷琴弦是在哀傷中撥弄的。

　　第七行的心情更是忿懣不平。說被撫弄的琴弦是正在燃燒的那顆心。二者之所以被銜接起來，理由是它們有著抽象的共通性，換言之，就是悲憤的心情。從另方面而言，平常我們提到「心」，都用「心弦」代替「心」，這便和「琴弦」相近。為什麼忿懣呢？那是因為生命業已呈現衰亡的景象了。

　　第八行說已經焚化了的心便是荒原裡的沼澤。第七行的心情是在燃燒中，亦即怒火中燒，這一行便轉入極點。「焚化了的心」是呈露萬念俱灰、心灰意懶、萬念盡空這一類的意思。這是死者如今躺在地上的景況。這心情也像荒原裡的沼澤那樣荒蕪、淒涼。這是二者用「是」銜接的主因。這一行末尾又回到前面所提的「沼澤」，可以說這首詩的情節從起點「沼澤」出發，繞了一圈，終於又回到起點來了。

　　作者站在死者身邊，哀悼之餘，幻想死者生前由盛而衰的情況，最後又回到現實裡來，也就是回到死者身邊來。同時我們也可以發現詩人為死者打抱不平。這首比較難懂的詩的旨意，說開來，就是這樣。

——選自陳啟佑《渡也論新詩》

臺北：黎明文化公司，1983 年 9 月

哀傷之禽鳥

商禽詩〈木棉花〉的初始版本

◎林淇瀁*

1987 年 8 月末，商禽致向陽信函。
（向陽提供，以下同）

商禽鈔於 1987 年的詩稿〈木棉花／悼陳
文成〉，與其後收入詩集的版本多有不
同。此稿為漢光文化版《用腳思想》、印
刻版《商禽詩全集》所未收。

　　2010 年 6 月 27 日，詩人商禽因肺炎合併急性呼吸衰竭病逝於臺北，

*臺北教育大學臺灣文化研究所副教授。

享年 80，我在他的愛女珊珊爲他建置的臉書「商禽」中，剪裁他的詩句表達我的追思：

> 一片葉子，垂向水面
> 去接那些星
> 餘下天河的斜度
> 在空空的杯盞裡

　　7 月 9 日是公祭日，當天凌晨，想及我與商禽先生曾有過的一段短暫共事時光，幾不能寐，於是寫了一篇追念他的小文，直到清晨四點方才寫完。在這篇小文中，我除了追思 1980～1982 兩年之間與商禽先生在《時報周刊》共事的點滴，也提及他當時應我之邀提供給《陽光小集》的詩稿〈某日某巷弔舊寓〉，這首詩我們特別以手跡重現的方式刊出，見於 1981 年 3 月出版的《陽光小集》第五期。商禽先生的字跡清晰，筆法圓潤，有著被歲月琢磨過的滄桑感。這首詩寫舊寓已被怪手「踞坐」，等待改建的景況，末段結以「牆角處／有個破了的藥罐子／裝的仍是／老房東的咳嗽」，更覺蒼涼。商禽先生弔的是舊寓，當晚我讀來，如弔故人。「淡墨的夜色」、「比老天還要白」的酷寒、「老房東的咳嗽」，豈不也是商禽先生一生的寫照嗎？

　　本名羅顯烆的商禽先生，1930 年生於四川珙縣，15 歲那年秋天從軍，開始他流離、逃亡的顛沛生涯；1948 年脫離原部隊，在被拉伕與脫逃之中流浪於中國西南諸省，在雲南、桂州山區曾蒐集過一些民謠，並開始嘗試新詩創作；1950 年他隨陸軍部隊來臺，三年後開始以「羅馬」筆名在《現代詩》發表詩作，其後參加紀弦發起的「現代派」，成爲備受現代詩壇矚目的詩人，並以〈長頸鹿〉等散文詩作建立他的獨特風格，他的第一本詩集《夢或者黎明》（1969 年）就是這個階段的結晶。1968 年，他以陸軍上士的軍職退伍，開始工作極不穩定、生活極爲困苦的人生旅程，做過出版社

編輯、高雄碼頭船艙工，也曾跑單幫，任某國中書記、在永和賣牛肉麵……直到 1980 年到《時報周刊》擔任編輯之後，生活才告穩定。從現實人生的角度看，他的生涯流離失所、遍嘗冷暖，長期位在邊陲、牆角，這使他的生命，連同他的詩，都潛存著哀傷的調子，淡漠、枯澀，而又逃離、叛反，一如扭曲、橫逸斜出的草書。他的筆名「商禽」，似乎喻有「哀傷之禽鳥」的隱義，做為一莫可如何的調侃，對流離人生、對主流社會、對詩。

　　我與商禽先生共事約兩年半，在《時報周刊》意氣風發、獨占臺灣雜誌界鰲頭的年代。當時他 50 歲，我 25 歲；他是我年少即景慕的大詩人，我是剛出道不久的青年寫詩者；我們的認識源於詩，相處則因為編輯工作。在他的引薦下，我得以進入《時報周刊》；也在他的指導下，我得以琢磨編輯經驗。我們一壯一少，相對而坐，每天下午上班，晚上下班，逢週二晚，更是必須熬夜為次日出刊的雜誌拚搏，往往到黎明時刻方能離開大理街《中國時報》的印刷廠，拖著疲憊各自返家。這對商禽先生其實耗費心神和精力，穩定的收入改善了他的生活，緊張的工作卻壓抑了他的詩神。我常在審稿下標之餘，抬頭見他打盹、忘神。他委屈矯健、叛逆的詩筆，為社會事件、影劇八卦、各色各樣的報導改稿、校稿、下活潑動人、吸引讀者的標題；他以詩壇重鎮，為年輕而筆嫩的記者潤飾稿件，也常必須枯等筆慢的記者遲遲交稿，緊急調度版面、協調工廠檢字工人、聯絡打字房，低聲下氣、協調磕頭，為順利、及時出刊而緊張、皺眉、搖頭、咳嗽。當時年輕的我，只能協助他分擔部分工作，而無以分攤他的勞碌，更覺不忍。我以向他邀約詩稿，試圖激起他重返詩的殿堂，〈某日某巷弔舊寓〉這首名作，就是他在我多次邀約下交給我的。

　　其後我轉到《自立晚報》擔任副刊主編，依然經常電話或面求商禽先生詩作，但《時報周刊》的工作負擔的確太重了，他雖應允，總無作品。1987 年 8 月 20 日，我忽接他寄來詩稿〈溫水烏龍〉，稿後附筆說：

向陽：一直沒有給你作品很不好意思，最近寫詩稍多，以後便不致怕和你見面了。

這首詩已在敦煌（畫廊）展出，覺得很合「自立」，但，仍由你決定，不用便退！ 商禽草上

我接到詩稿，欣喜十分，立即發排，正準備下版之際，又接他來信，說〈溫水烏龍〉已被「聯副」從展覽會中抄去發表了，所以另寄〈木棉花／悼陳文成〉一首；也詢問我們到過愛荷華的詩人的《愛荷華詩選》編選進度。關於後者，原是籌組「愛荷華大學國際寫作計畫在臺作家聯誼會」（1988 年成立）之前的構想，其後不了了之。倒是我接到他替換的這首詩，以 1981 年「陳文成事件」為題材，寫出他的哀傷，倍覺震撼。

陳文成事件於美麗島事件之後發生，時在美教書的陳文成博士回臺省親，因為曾捐款給《美麗島雜誌》遭警備總部約談，約談次日（1981 年 7 月 3 日）陳屍臺大研究生圖書館旁空地，引起各界譁然以及國際社會的重視，警總認為陳「畏罪自殺」，但不為社會接受。此一事件和美麗島事件之後發生的「林（義雄）宅血案」一樣，迄今均仍為懸案。商禽先生以此一事件為題材寫詩，投寄到被視為「黨外報紙」的自立，應該有他的用意吧？

這首〈木棉花／悼陳文成〉的詩如下：

杜鵑花已然謝盡。滿身楞刺和傅鐘一樣
高的木棉，正在暗夜裡開。說有風吹嗎
又未嘗看見草動，橫斜戳天的枝頭跌下
一朵，它不慢慢飄落，它帶著重量，吧
嗒一聲猛然著地！說不定是個墜樓人。

詩以羅斯福路上的行道樹「木棉花」為符徵，表面義涵扣緊臺大周邊春後

盛開的木棉花，而著重於木棉開花之後，墜落於地，如人墜樓的境況——
這首詩若不加副題「悼陳文成」，恐怕會被當成傷春之詩。副題一加，這首
詩就凝定在對陳文成事件的言說之上。「滿身楞刺」既寫木棉之實，也喻陳
文成之楞梗如刺；「傅鐘」既是臺大象徵，也隱涵言論自由之喻。情境語
境，兩相交疊，從而付託了詩人對於陳文成事件的扼腕，符旨因此浮出；
枝頭跌下的木棉「它不慢慢飄落，它帶著重量，吧／嗒一聲猛然著地！」
既寫陳文成事件對社會的衝擊，又喻其對臺灣民主與言論自由的「帶著重
量」。做為一個向來被視為「超現實主義詩人」，商禽先生對於現實社會的
高度關注，對於「滿身楞刺和傅鐘一樣／高的木棉」的陳文成博士的傷
悼，躍然紙上。

　　商禽先生寄此詩與我時，是 1987 年 8 月末，臺灣剛解除戒嚴（1987
年 7 月 15 日）不久，我讀此詩，震撼之餘，也看到其中隱藏著商禽先生的
哀傷。那大約是走過戒嚴年代的人無分省籍的集體哀傷，出於曾在行伍和
社會邊緣掙扎的商禽先生筆下，更感沉重。

　　1988 年商禽先生由漢光文化出版的詩集《用腳思想》收了此詩，排在
〈電鎖〉、〈月光／悼某人〉、〈音速／悼干迎先〉之後，「黑暗」、「淹死」、
「淒楚」、「為之呼痛」等語詞貫串了四首詩作，似可見出他編選作品時的
心情。不過，詩集中的〈木棉花／悼陳文成〉（印刻版《商禽詩全集》沿
用）與初稿之間，多有改動，並且加註了寫作時地「一九八五年　臺北」：

> 杜鵑花都已經悄無聲息的謝盡了，滿身
> 楞刺、和傅鐘等高的木棉，正在暗夜裡
> 盛開。說是有風吹嗎又未曾見草動，橫
> 斜戳天的枝頭竟然跌下一朵，它不飄零
> ，它帶著重量猛然著地，吧嗒一聲幾乎
> 要令聞者為之呼痛！說不定是個墜樓人

　　除了行數由初稿五行增爲六行之外，較大的更動是第一行「杜鵑花已然謝盡」易爲「杜鵑花都已經悄無聲息的謝盡了」；第四、五兩行「它不慢慢飄落，它帶著重量，吧／嗒一聲猛然著地！」易爲書版第三至五行「它不飄零／，它帶著重量猛然著地，吧嗒一聲幾乎／要令聞者爲之呼痛！」這兩種版本之出，間隔一年，以詩學論，初稿優於改定；以言說論，改定稿情境強於初稿。如此更動易變，詩人有何想法、用意？爲何有此更易？商禽先生已去年餘，當年哀傷已盡還天地了，我從書房中翻出的初稿，就留予後來者校勘比對吧。

——選自《文訊雜誌》第 313 期，2011 年 11 月

約束與湧現

商禽詩的形式與精神意涵

◎白靈[*]

一、引言

　　如果魯迅是中文散文詩界的先知，那麼商禽可以說是海峽兩岸散文詩的教主，即使他的門徒稀少、教眾不多，而且也不爲海峽彼岸的詩家和閱眾所熟知。他不只爲臺灣散文詩吹響了第一把號管，甫出手即以奇型怪招的散文詩體、似真如幻的敘述手法，占領詩壇高地一隅，他一生在散文詩形式中完成的質地、建樹和影響，迄今仍未見有誰能出其右者。

　　他是幻覺型的詩人，但又非絕然遠離現實的，現實在他的詩中是經過反思、想像而變形而重新拼貼而扭曲演出的，其核心仍是指向現實的，甚至是它內部最不堪、破敗、腐朽的部分。他詩的場景和色澤常是遠離白天的，他喜愛隱身黑夜說話，因此讀他的詩必須有伸手不見五指的準備。他更常在界線模糊帶出出入入，舉凡黃昏、黎明、窗、門、梯、手套、影子、沼澤等可真假莫辨虛實猶疑的物象，都成了他常變妝、化身、自我取代之境、之物、或地帶。

　　他是用語言畫畫的詩人，他的詩隱涵了六分的夏卡爾（Marc Chagall, 1887～1985）、三分的米羅（Joan Miro, 1893～1983）、和一分的魯迅（1881～1936）。他的詩兼有夏卡爾的冷、米羅的趣、魯迅的刺，但卻是更內斂的、是苦澀而憂鬱的。他的每首詩都是一面窗，開向一齣齣悲劇的人生舞

[*]臺北科技大學化學工程與生物科技系副教授。

臺，他一生所經歷的人生體驗絕對比他們三位都精彩，卻還沒有他們一樣的耀眼光芒，他是站在時代的缺口上，被時間與戰爭、夾帶東西方文明的大沿街，沖刷削磨得差一點不見的眾多小石礫中的一塊頑石，但未來終究是會突顯在新詩史上的一粒晶鑽。余光中說「1960 年代，不少『難懂』的詩，或虛無，或晦澀，往往以此自許，但是真能傳後的傑作寥寥無幾」[1]，那「寥寥無幾」中絕對少不了商禽。

要了解米羅和夏卡爾是不必也不能出以言語的，只宜站在畫面前，看他們如何重塑、擷取他們的童年、鄉土、和人生歷練的元素或片段，加以夢境似的並置、重構、聯想和變形，畫面就是他們的夢土、出口、和內心宇宙，連時代傷口也隱含其中。因此他的詩透過其精確或難析的意象和語言張力常能給人一股逼人的「冷濕的歷史感和世情的滄桑味」[2]，是那年代的「新的迷歌」。[3]

但「商禽的詩有時像夢不易解，有時又像寓言般使人在一個新世界中與幾乎要遺忘的舊經驗重逢」（陳義芝語）[4]，即使與他同時代、同詩社、又同為超現實技巧之高手如洛夫卻也說：「解商禽的詩很難，解商禽有超現實意味的詩尤為易」[5]，這可能由於他「善於運用語言的歧義性和意象的迴旋性」[6]，卻也使得他的某些詩「意象有多次轉折」、「關係在轉化中好似確定而實曖昧，所以其意蘊也就難以言詮，但又不像純詩那樣有意摒除意義」[7]，但不可否認的，不易言詮和難釐清是讀商禽諸多詩作極易遭遇的處境，正是「歧義」和「迴旋」，使其詩意不易確定，因此閱讀商禽的詩有時

---

[1] 余光中，〈後記〉，《五行無阻》（臺北：九歌出版社，1998 年），頁 177～178。

[2] 洛夫，〈商禽「屋簷」一詩小評〉，見梅新、鴻鴻主編，《八十二年詩選》（臺北：現代詩季刊社，1994 年），頁 115。

[3] 瘂弦、張默編，《六十年代詩選》（臺北：大業書店，1961 年），頁 120。

[4] 陳義芝，《不盡長江滾滾來——中國新詩選注》（臺北：幼獅文化公司，1993 年），頁 193。

[5] 洛夫，〈商禽「屋簷」一詩小評〉，見洛夫、杜十三主編，《八十三年詩選》（臺北：現代詩季刊社，1995 年），頁 159。

[6] 張默等編，《中國當代十大詩人選集》編者案語（臺北：源成文化圖書供應社，1977 年），頁 377。

[7] 洛夫，〈商禽〈雪〉一詩小評〉，《八十三年詩選》（臺北：現代詩季刊社，1995 年 5 月），頁 159。

最好也能「不求甚解」，否則難免「狹化了，甚至僵化了詩的想像空間」。[8]

　　但畢竟商禽使用的是語言，是承繼自魯迅《野草》一樣的散文詩體，而不是顏色、線條、和形狀，它逼使讀者在試圖進入商禽的世界時，必須更專注、更深切、更反思、更曲折、也更直覺又更知性，是必須知感更能交錯行進的。因此除了有心探索者、秉賦迥異者、或前衛猛衝之人外，常會在他某些詩行中迷途，或碰到不同程度的困難和阻礙，或不得不選擇性地閱讀某幾首、或某個片段，若要「全面」閱讀商禽，就不能不有「享受痛苦」的準備。但畢竟他是 1949 年後臺灣現代詩真正堅定舉起超現實主義旗幟、「引發火種的第一人，其後由洛夫、瘂弦的宣揚而使風起雲湧」[9]的先知先覺者，是前行代詩人中「最最具有超現實主義精神的一人」[10]，因此本文即擬先就商禽在超現實主義貫注詩壇的突現時期所據有的關鍵地位加以闡明凸顯，次就其諸多散文詩中表現難易不同的形式加以區別、分類，並探討其詩中可以的精神義涵。

二、混沌邊緣、突現、與超現實主義

　　瘂弦說超現實主義得以在臺灣充分發展，歸功於一個詩社（紀弦的現代詩社）、兩個畫會（東方畫會及五月畫會）、和一名憲兵（商禽）。尤其是詩人與畫家的互動中，「商禽的談鋒最健，他討論起文學來滔滔不絕，觀念新銳，見解獨特，舉座為之傾倒」，原來由於長期在陽明山老總統官邸值勤，工作之餘在官邸附近圖書館有大量禁書可讀，對布魯東的超現實的思潮最為傾心，後來此火種在至左營，與瘂弦彼此交換「禁書手抄本」，互相研討。[11]這恐怕也成為 1957、1958 兩年會是瘂弦「前現代」的「野孳期」

---

[8]同前註。
[9]張默編，《小詩選讀》（臺北：爾雅出版社，1987 年），頁 66。
[10]瘂弦、張默編，《六十年代詩選》，頁 120。
[11]瘂弦，〈他的詩他的人他的時代——論商禽《夢或者黎明》〉，《創世紀》第 119 期（1999 年 6月），頁 22。

（1953～1958）與現代感十足之「深淵期」（1957～1959）交匯的關鍵。[12]
恐怕也是《創世紀》第 11 期（1959 年 4 月）會轉型擴版之重要轉折人物
（商禽 1956 年加入紀弦倡議的現代派，1959 年加入成為創世紀同仁），該
刊一躍而為前衛性的詩刊，不再鼓吹「新民族詩型」，而改提出詩的「世界
性」、「超現實性」、「獨創性」與「純粹性」等主張。洛夫的〈石室之死
亡〉即刊於第 11 期，瘂弦的〈深淵〉則刊於第 12 期。這也使得改版後的
《創世紀》，「比『現代派』更『現代派』」[13]，也令「1960 年代」成了
「《創世紀》的黃金時代」[14]，於是乃有「這一次現代派運動最大的受惠者
應該是《創世紀》的詩人們」（林亨泰）[15]的說法。

（一）混沌邊緣、兩次突現、與兩項原則

　　在那由兵荒馬亂突然進入整頓重新排序的時代，當他們開始尋求相互
適應及自我調和時，乃能進入到百年也難一遇、複雜科學所謂的「混沌邊
緣」。[16]在「混沌邊緣」才易有「突現」（"emergence"）或「湧現特性」，亦
即當一系統由混亂無序「開始」進入有序的當頭，大自然或生命「彼此相
互作用後，會讓整體『突現』出一個新的、獨特的性質」、「豐富的互動關
係使整個體系經歷了自發的自我組織過程」、因此各組成部分乃能「獲得群
體特性，例如生命、思想、及意向，這是他們個別可能無法擁有的」、「主
動的把發生的情況轉變為自己的優勢」。[17]亦即個人很難單獨躍升，必得
「複合」後的群體才有此湧現的效應。

　　因此純就現代詩運動而言，紀弦的「現代派大集結」（1956 年）是此

---

[12]見白靈，〈宇宙大腦的一點燐火——瘂弦詩中的神性與魔性〉一文的討論，為 2005 年 7 月 4 日應
邀於武漢舉行之「瘂弦與二十世紀華文文學研討會」發表的主題演講論文，此會由香港大學中文
系、武漢大學文學院、徐州師範大學主辦。

[13]林亨泰，〈臺灣現代派運動的實質及其影響〉，見中時晚報《時代文學》週刊，1992 年 5 月 31
日。

[14]張默，〈序——追風戲浪五十年〉，見《他們怎麼玩詩》（臺北：二魚文化公司，2004 年）。

[15]林亨泰，〈臺灣現代派運動的實質及其影響〉，見中時晚報《時代文學》週刊，1992 年 5 月 31
日。

[16]陳天機等，《系統視野與宇宙人生》（香港：商務印書館，1999 年），頁 42。

[17]沃德羅普（M. M. Waldrop）；齊若蘭譯，《複雜》（臺北：天下文化出版公司，1995 年），頁 6。

「混沌邊緣」時期[18]的第一次突現，《創世紀》第 11 期的改版（1959 年）則是第二次突現，由現代主義轉折爲超現實技巧的集中試驗。而就突現現象而言，其實在其中任何時程皆隱涵有兩個特質，它們像是一體的兩面：

其一，約束原則：突現性質必然伴隨的是一個「受約束的生成過程」，能適應的行動者會依照一些非常簡單的規則進行行動和相互作用，此一過程被稱做「受限（或受約束）生成過程」（"constrained generating procedures"）。其意是說，即使系統具有無限的可能性狀態空間，但會有一些簡單規則在行動者的相互作用中不斷約束這個狀態空間，聯繫與作用越多，穩定性便越大，自由度就越小。當組成部分相互聯結或形成一個網路時，就獲得了一個「受約束的生成過程」，突現與複雜性便由此而產生。

其二，湧現原則：突現遵守「自發的多樣性原理」（"the principle of spontaneous variation"），只有在沒有中央控制下，「自組織」[19]適應系統的突現機制才會產生，突現性質是自主地進化的。而這裡的多樣性指的是，存在著「構型種類的多樣性」（如文學、繪畫、攝影）、和同一種類的構型在「功能、行爲上的多樣性」。亦即系統的突現類型越多，或行爲的多樣性和變異性越大，它就越能對抗環境的干擾，從而存活的機率就越大。[20]

因此，如果沒有一大群軍人、流亡學生、公務員、和他們的眷屬彼此在混沌不明的時空狀態下搓摩傾軋、相互探索、彼此對立或聯結，不可能產生 1950、1960 年代一整票的詩人，也就不可能有今日商禽的存在。

而由於這些人都是同時間由同一個時代的缺口被「傾倒」在同一座島嶼上，在空間範疇急劇縮小、思想受到可以理解的控制和檢查、但行動者仍能保有相互聯繫（比如通信和辦刊物）的窄小自由，但又非已處在完全平衡穩定的政經環境下，因此可以說正處在「受約束的生成過程」中，符合了上述突現的第一項特質。

---

[18]在臺灣指 1949 年之後的 20 年，在大陸則遲至 1976 年文革結束後才發生。
[19]指初始的獨立組成間因相互作用，而導致一個全局的相干模式。
[20]顏澤賢，〈突現問題研究的一種新進路〉，見中國社科院哲研所網頁
　http://philosophy.cass.cn/chuban/zxyj/yjgqml/05/07/yj0507018.htm

　　而當年參加過現代派、使用超現實技巧的詩人、畫家何其繁多,但「真能傳後的傑作寥寥無幾」(余光中語),那「寥寥無幾」中又少不了商禽的原因,即因他的超現實符應了突現的第二項特質(多樣性和變異性),他採用了少人採行、讀者表面較易踏入的散文詩形式(比如第一本詩集《夢或者黎明》58 首中有 41 首),以及戲劇化建構(詩中宛如短劇演出或即興荒誕的表演)。1950、1960 年代中在此散文詩形式的建構上因納入超現實技藝而能卓然成家的,唯有他一人而已,因而免除了時間和其他詩人大量作品的干擾,從而存活的機率就大為提升。

(二)商禽的懷疑與擁抱

　　上述「突現」的二性質,第一項「受約束的生成過程」可說是時空「外鑠」的,第二項「自發的多樣性原因」可視為是自主「內發」的。若對應於商禽的詩作,則:

　　1. 時空「外鑠」的「受約束的生成過程」可對應於作品中表現出之「外顯」的手法:主要因外來西方的影響,故土的落空,「兩個遠方互濟」,使得「受限的、受約束的現實」(如戒嚴體制思想鉗制、和鄉愁無解),經轉化、變形而予以反制和顛覆,以超現實手法迴避此約束成了「上上選擇」。而因「生成作品的過程」,如上所述,在「混沌邊緣」誕生的條件中,對必然伴隨的「受限」「受約束」之時空,商禽對此反思和回擊時始終如一均以超現實技法對應,又上承魯迅《野草》散文詩形式及其刺的膽識和精神,乃融合形成一己獨特的風格。

　　當然,此「受約束」過大時(即自由度幾乎零),則「突現」將窒息而無以產生(如 1949 年後的大陸文壇),若「受約束」取消,無約束則無突現的可能。此點顯現了適度「受約束」的特殊時空條件之極不可預期,非人力所可掌握。於是 1950 年代的臺灣由混亂無序到局部「受約束」而逐漸冷卻為有序化的時空環境,竟成了現代主義、超現實主義試驗的溫床,商禽即是此詩人群中極度關鍵的人物。

　　2. 主觀「內發」的「自發的多樣性原理」可對應於作品中「內涵」的

人生觀：此點可由早年商禽寫給辛鬱、施善繼的信函中略加揣度：

> 我發現，不管我要以何種角度來寫，很明顯的我只有那麼一個角度，就是我慽慽終日，引以為自苦的，對「人」的地位這個問題的思考。[21]

> 這個社會的精神內貌是如何值得我們深入探索，但如果不窺見它的內裡形狀，而僅在事物的外在繞圈子，以為自己是這個那個都明白了，那是不夠的，這樣的人太多了……。我以為一切的創作藝術其目的都在企圖找出生命的原質……。[22]

> 雖然在回憶中我們也常能觸及事物的神髓，但畢竟不是有把握的，朋友，而那多半是類乎傷感的又往往流於浮誇，不若面對事物之當時，便趨前與之寒喧握手乃至深深的擁抱，那樣便不僅是我們攫住了事物的神髓，並且我們亦也賦予事物以我們自己的精神，借用一句近似的老話「天人合一」大概略可一遊此種親緣。[23]

　　第一封信說自苦於「人」的地位這個問題的思考和質疑，第二封信說創作是為探索精神內貌、生命的原質，第三封信說鄉愁易流於浮誇、擁抱當下事物才能攫住其神髓、且能「賦予事物以我們自己的精神」，嘗試達至「天人合一」。

　　「懷疑之必要、擁抱之當然」是這三封信傳達的人生觀，也可看成他所有詩作所要傳達的主要內涵。懷疑，因而需將現實轉化、使超現實；擁抱，因而能擁抱更真實的夢與黑夜，對小孩、女人、和各種小動物（狗、火雞、老鼠、蚊子、鴿子、雞、杜鵑鳥）齊物同觀，和各種無生命的人為事物互動（滅火機、站牌、躍場、電鎖、平交道、結石），超越「人為界

---

[21] 商禽寫給古渡（即辛鬱）的一封信，未標明年月，見張默編，《現代詩人書簡集》（臺北：普天出版社，1969 年），頁 154。
[22] 商禽寫給古渡（即辛鬱）的另一封信，未標明年月，見張默編，《現代詩人書簡集》，頁 150。
[23] 商禽寫給施善繼的一封信，寫於 1968 年 3 月 25 日，見張默編，《現代詩人書簡集》，頁 155。

線」，甩開「世俗名目」[24]，「賦予事物以我們自己的精神」，多樣性和變異性因而擴增，也更能向真靠攏、向「超級現實」、「更現實」貼近。

所有生命最大的困境即在於未知性與偶發性，此真實難以言語傳達，它常和混沌相互聯結，一般人常想避開的錯誤或失敗卻有時才能創造新的分歧點，反而「使真實開始產生擴大效應」，「敞然面對所有所有的不確定性」、甚至沉浸其中，「把疑慮和不確定，視為一種途徑，才得以擴展生命原本受限的『自由度』」、「獲得某種『自由度』，激發出新的自我組織」，是混沌理論面對世界的態度[25]，說的正是商禽對生命原我、真我、黑暗之我、夢中之我、超現實之我的認同，即使他是「快樂想像缺乏症的患者」（由於不斷冷靜的質疑），但「詩中沒有恨」（願意接受擁抱生命的悲哀）。[26]而透過不斷地質疑與思考來看待這個世界，透過「小小感受」以接觸真實的脈動，眾所皆知是「塞尚的懷疑」，如今，我們在超現實詩的世界中，或可稱為「商禽的懷疑與擁抱」。

三、米羅和夏卡爾式的商禽

上述商禽所說的「賦予事物以我們自己的精神」，當然是指不論面對的是什麼事物或人，都可「趨前與之寒喧握手乃至深深的擁抱」，但仍必須探索「它的內裡形狀」，此「內裡形狀」即「我們自己的精神」投注所在。而這正是如 A・佛洛姆（A. Fromm）所說的，時空、環境、人事物等外鑠的影響終究會變質，一切還得「取決於我們自身對它的感覺。以致個人對自己的影響遠比身外事物和他人為大」、「最能挑起我們感情的仍是我們自

---

[24]奚密在討論商禽的詩作的世界時，曾用「變調」與「全視」二詞予以涵蓋。「變調」是指文字行進中將意義的逆反或扭轉，是針對戕傷人性的體制和思想鉗制之反制和顛覆，語言上則採用二法，包括語境語義的重疊、錯位、轉位，及意象的並置、流動。「全視」即與超越「人為界線」，甩開「世俗名目」有關。參見奚密，〈「變調」與「全視」：商禽的世界〉一文，見《商禽世紀詩選》序文（臺北：爾雅出版社，2000 年），頁 11。

[25]J. Briggs & F. D. Pest，《亂中求序──混沌理論的永恆智慧》（臺北：先覺出版社，2000 年），頁 34。

[26]參見商禽，〈商禽的詩觀〉一文，見《商禽世紀詩選》。

己，這是心理學中最重要的定理」。[27]此也與赫曼・赫塞（Hermann Hesse, 1877～1962）所述相近：「我們不必爲生的殘酷、死的頑強痛哭流沙，可是我們應該完完全全地體會自己的絕望之情。唯有在我們體驗了一切自然的殘酷與無意義之後，我們才能面對其真相而賦予意義。這是人類所能成就的最高境界，也是他所唯一能做的。其他方面他都比不過動物。」[28]「殘酷與無意義極可能或即商禽說的「內裡形狀」，赫塞「面對真相而賦予意義」即商禽說的「賦予事物以我們自己的精神」，勇於面對則不避不逃，但在呈現此真相或形狀時卻不能不透過「我們自身對它的感覺」而予以變形、拼貼、或演出。而當將這一切透過超現實技巧表現於外時即是他的詩作的形式與內涵。

（一）「囚感」與「逃感」

不論是商禽、或碧果、洛夫、及那一代人皆可以「囚感」與「逃感」的反覆交錯來形容當年他們的處境，被「囚」的是「形」、是肉身、是看似有限的部分，想「逃逸」的是「神」、是能量的紓解、是無限可能的部位。[29]而弔詭的是，「內」囚的反而是身體難以移動的「外」形，「外」逃的反而的精神易於出遊的「內」心。此處使用的「囚」與「逃」二字或可補充說明商禽此散文詩作的兩個主要形式，「囚」字對應了夏卡爾式，也對應了上節突現現象所述的「約束原則」，而「逃」字對應了米羅式，也對應了該現象所述的「湧現原則」。二者像一個循環、矛盾的心理現象，比如他的〈行徑〉一詩：「夜鶯初唱的三月，一個巡更人告訴我那宇宙論者的行徑，想起他日間折籬笆的艱辛，我不禁哭了：「因爲你是一個夢遊病患者，你在晚上起來砌牆，卻奇怪爲何看不見你自己的世界……。」[30]

---

[27] A・佛洛姆（A. Fromm）著；陳華夫譯，《自我影像》（*Our Troubled Selves: A New and Positive Approach*）（臺北：問學出版社，1978 年），頁 141。

[28] 赫曼・赫塞（Hermann Hesse）著；顧燕翎譯，《赫塞語粹》（臺北：金楓出版公司，1987 年），頁 35。

[29] 參見白靈，〈序言——水的上下，火的左右——碧果與他的二大爺〉一文，收入碧果，《肉身意識》（臺北：爾雅出版社，2007 年）。

[30] 商禽，《商禽詩全集》（臺北：印刻出版公司，2009 年），頁 51。

「宇宙論者」是不受拘束、宏大的視野、「逃」的主張者,而「折籬笆」則是自限、區隔自我與他人的行徑、「囚」的行動者,但「籬笆」猶有自內向外窺視的可能,但沒想到詩中的「他」還是夢遊病患者,還「在晚上起來砌牆」,大大違抗了宇宙論的行徑,正是這兩者的無法將內與外、身與形、主張與行動、日與夜所爲合一,說一套做一套,乃有「我」的哭訴,而詩中的你、我、他可能皆是同一人的自我對話,而言行不一正是那時代普遍矛盾的社會現象。因此商禽看似由自己的「囚」與「逃」出發,實質上卻是整個時空環境具體的、非常「超現實」(心與口、日與夜形成對抗)的反映。

(二)定向(組織)與非定向(離散)

前面說他的詩是六分的夏卡爾、三分的米羅、一分的魯迅合組而成的,此處再簡單說明。「六分的夏卡爾、三分的米羅」這樣的說法主要還在指其於散文詩中展現的兩種形式,一種是以相對易解的、較具戲劇性、不失散文邏輯定向的表現手法,也是較可理解的商禽,即使是夢幻或超現實,也較易捕捉到、相對上較完整的敘事形式,可說是「夏卡爾式的商禽」。另一種以不易解的、較具「自動寫作」形式、較不具散文邏輯定向的表現手法時,也是較不可理解的商禽,常是流動或變形快速的夢幻或超現實,也是較不易捕捉到、相對上較碎亂、跳躍快速的,可說是「米羅式的商禽」。當然也非絕然可以區分,但在閱讀過程中可以感受二形式交互進行或相疊前進的過程。

榮格(Carl Gustav Jung, 1875〜1961)以爲人類的思想作用可分兩種:一爲定向思維(Directed Thinking);另一爲非定向思維(Indirected Thinking)。他說前者以言語爲工具而思索;後者以影像爲憑著而思索。前者對於實際事物是想有以切近之,即可以左右之。後者對於實際事物反而遠離,而只求主觀的自在。[31]二者的差異和區隔可以下表表示之。

---

[31]參見丁夫,《佛洛依德心理分析》(臺中:普天出版社,1969 年),頁58。此處的「定向思維」書中譯爲「直接思維」,「非定向思維」譯爲「間接思維」。

定向思維	以言語為主／知性的、研究的（想有以切近之）	趨向有序的、組織的	有意的／自覺的	向外的／客觀事物的尊重	以超現實呈現時較接近於「夏卡爾式的商禽」（敘事性較顯著）
非定向思維	以影像為主／感性的、直覺的（出於幻想或白日夢）	趨向無序的、離散的	自發的／半自覺的	向內的／主觀的自適自在	以超現實呈現時較接近於「米羅式的商禽」（敘事性不明顯）

（三）夏卡爾式的商禽

　　此兩種思維模式若與商禽散文詩表現形式比對，則定向思維形式較近於有意的、自覺的，當與事物有關時，較「似」現實事物，是向外的、較尊重客觀事物的；即使使用超現實技巧，方向性也較為明確，近乎戲劇性的演出，與夏卡爾的繪畫人飛在城市上空，或是牛在拉小提琴等之戲劇性演出和拼貼模式貼近，如其散文詩〈電鎖〉、〈手套〉、〈長頸鹿〉、〈塑〉、〈鴿子〉、〈梯〉、〈站牌〉等，而且超現實手法經常出現於尾端，其餘前面的敘事常是定向的、朝末尾集中前進的。即使寫於 1996 年的〈泉〉一詩的尾段：

　　我再次俯身下去。人的顏面不斷一個人泉眼中向上閉目，而且一臉比一臉年輕，我急忙把他們捧起一張一張不斷澆自己的臉上：六十，五十五，五十，四十五，四十，三十五，三十，二十五，二十三，二十二，二十一……。

──頁 366

此詩最後衍伸出的超現實意象是寫作者在大陸拜訪覃子豪紀念館，看到覃之饒像被雕塑得宛如僅 20 歲，因而由泉湧與石像倒影相疊而突出重返青春的，衝動行為，卻象徵了作者與前行者、生者與逝者、老年與年輕可能的精神合一感。

　　而當商禽說我們當探索事物的「內裡形狀」，面對事物時當與之擁抱，他是與夏卡爾的說法接近的：「我們對一切都感興趣，不單是外部世界，還要有不現實的、充滿夢幻和想像的內部世界。[32]而商禽說自己的詩是「超級現實」，也與夏卡爾所說「我不喜歡『幻想』和『象徵主義』這類話，在我內心的世界，一切都是現實的、恐怕比我們目睹的世界更加現實」[33]極為相似，上述〈泉〉一詩即是精神的超現實與身體的現實在短瞬間可以重疊的例證。還好，他們一個是詩作，一個是繪畫。

（四）米羅式的商禽

　　非定向思維形式則屬自發的、半自覺的。後者較「不似」現實事物，精神力不直趨於所赴的目的物，而是返身向內的。比如米羅畫作裡各種符號化的形象看似隨意組合所為，拋卻外在現實、幾乎取消了繪畫語言的敘事性，反而出營造非常規的、童趣的、嬉戲的效果，如此企圖打破閱眾出自理性、意識的辨識方式，超現實式地透過拼貼、自動書寫等手法，以掙脫、破壞理性與成見，游移於秩序與失序、結構與即興之間，以此而予人無法思議的驚奇感。[34]而「米羅式的商禽」比如〈阿米巴弟弟〉、〈不被編結時的髮辮〉、〈流質〉、〈木星〉、〈雪〉等。比如〈不被編結時的髮辮〉一詩：

---

[32]馬克‧夏卡爾的畫及語錄，轉引自 http://blog.roodo.com/non2005/archives/2454149.html，2010 年 3 月 20 日。

[33]見維基百科網站「馬克‧夏卡爾」項下，引自：
http://zh.wikipedia.org/wiki/%E9%A6%AC%E5%85%8B%C2%B7%E5%A4%8F%E5%8D%A1%E7%88%BE（2010 年 3 月 20 日）。

[34]參見方婉禎，〈另一種交會的現實——〈吠月之犬〉的詩畫演繹〉一文，發表於「疆界／將屆：2004 年文化研究學生研討會」（交通大學人社二館 2004 年，12 月 18～19 日）。

被捲起的塵埃有被製造時的帆纜之痙攣緊絀的繩索有被編結時的髮辮之張惶。／（那是假的。）／不被編結時的髮辮　早春之黃昏　在早上十點猶賴床的人　陽臺上一隻斷了絆的木屐　不被編結時的髮辮　髮辮下細長的白頸　一個在下水道出口處乘涼的乞丐　下班了的夜巡警　溫泉浴室裡搖響的耳環廢彈及棄船以及棄船上的纜索；以及不被編結時的髮辮；以及賴床的人，呵欠；以及右眼的淚流到左眼中：「我還以為你們這裡的湖水是甜的哩。」以及在眼的淚巴流經耳門──告訴她晚風在市郊時那股子懶勁──之後流到不被編結時的髮叢中去了。

──頁 52

此詩的詩意建立在文字的文白夾雜、意象的快速跳動、幾近意識流似的筆調，加上「（不）被編結時的髮辮（叢）」在詩中穿插了五次，隱約可以看出「被編結」的張惶、與「不被編結」時的情感自然流露，其他的景象交叉其間，全詩幾近散離的碎片，需讀者自行組合，純然自動寫作似的手法，由於編結時的髮辮、淚、眼不停出現，造成音樂狀的流動感，只可觀賞、自行拼貼、而不宜硬行分析，其美感宛如只能門縫中窺見。這是散文詩中極為殊異的風景，而為商禽所獨創。

（五）兩形式比較

如果「米羅式的商禽」與「夏卡爾式的商禽」兩類詩稍予區隔粗分，則其在詩的形體、詩的空間、詩的表現形式、詩畫的關係、整體風格、自然觀等等的不同約略可整理如下表：[35]

---

[35] 下表製作參酌同傑，〈從超現實主義及米羅、夏卡爾的繪畫創作談「幻想畫」的線個問題〉一文中的討論，參見網頁 tttp://www.aerc.nhcue.edu.tw/paper/%A6P%B3%C7--%B1q%B6W%B2%7B%B9%EA%A5D%B8q%A4%CE%A6%CC%C3%B9%AEL%A5d%BA%B8%AA%BA%C3%B8%B5e%B3%D0%A7@%BD%CD%A4%DB%B7Q%B5e.htm，2010 年 3 月 19 日。

	米羅式的商禽	夏卡爾式的商禽
詩的形體	較「不似」現實事物	較「似」現實事物
詩的空間	流動、不確定的	戲劇性演出，或多視點、多個空間的並置
詩的表現形式	變形＞拼貼＞演出	演出＞拼貼＞變形
詩畫的關係	音樂性、混沌式的影像畫面	時間行進式以言語定向的畫面
整體風格	趨向抽象風格、抒情的、感情的	敘事風格、冷肅的、知性的
自然觀	自然是可變的，亦可自我生長的／或「有機式的超現實」	接近中國「天人合一」的自然觀／或「自然式的超現實」
與兒童畫比對	類似學齡前階段兒童畫的塗鴉	近似於「擬寫實階段」的兒童畫
欣賞的起點	由了解其意象中的流動開始	由探索他詩中主題的意義出發
商禽詩舉例	如〈阿米巴弟弟〉、〈不被編結時的髮辮〉、〈逃亡的天空〉、〈樹中之樹〉、〈遙遠的催眠〉、〈醒〉、〈無言的衣裳〉、〈用腳思想〉、〈胸窗〉、〈溫暖的黑暗〉、〈蒲公英〉、〈流質〉、〈木星〉、〈雪〉等均是。（部分為分行詩）	如〈電鎖〉、〈躍場〉、〈手套〉、〈長頸鹿〉、〈塑〉、〈火雞〉、〈蚊子〉、〈滅火機〉、〈鴿子〉、〈梯〉、〈站牌〉、〈泉〉、〈屋簷〉、〈叛逃〉、〈平交道〉、〈飛行垃圾〉等均是。（上舉皆為散文詩）

四、宇宙四元關係與商禽詩的精神義涵

如果詩是詩人建立的身心靈系統所呈現出來的外顯物，那麼詩人內在的精神貫注的所在，或也可略窺詩人精神面貌的一鱗半爪。因此當商禽說「賦予事物以我們自己的精神」時，似乎也只有藉他表現的事物反推其內在精神情狀了，這就如同由影子反推人的身形、由人與社會的結構、自然事物的組成反推宇宙的變化和奧秘，雖不可必得，卻也是唯一的途徑。

（一）兩原則與商禽的詩

本文第二節提及的「約束原則」與「湧現原則」或可進一步說明商禽詩展現的精神面貌。此二原則是任何系統中均同時具備的可能性，當系統

由「約束原則」控制過度時，易趨於「過度重複單一」（囚），對系統的多樣可能性造成窒息。而若另一極端，當「湧現原則」過度展現時，即易趨於的「過度變幻多樣」（逃），有可能導致系統內組織的崩潰、四分五裂。但二原則之間並無「最佳狀態」或「不偏不倚的中間狀態」。[36]因此在相同類型的系統中，有的系統裡宏觀（整體）和微觀（個人）的湧現占統治地位（如 1950、1960 年代臺灣新詩），有的系統裡壓抑和束縛占統治地位（如 1950、1960 年代大陸新詩），「它們之間有天壤之別」。[37]而商禽的夏卡爾式散文詩的形式略偏於「約束原則」，是商禽與事物「寒暄」、「擁抱」的精神，是他「像寓言般使人在一個新世界中與幾乎要遺忘的舊經驗重逢」[38]的部分；其米羅式的散文詩或分行詩則略偏於「湧現原則」，是商禽「懷疑」的精神，是他「像夢不易解」[39]、是「解商禽的詩很難，解商禽有超現實意味的詩尤為易」[40]的部分、也是商禽以「非理性」對抗「非理性時空」的展現。其精神面貌即此二者的輪迴互動，既互補又相互對抗，既展現了個人，也突顯了時代的形（囚／傳統／中國）與神（逃／現代／西方）極為矛盾分離拉扯的特殊時空環境和文化形態。

（二）四元關係與兩形式

　　而由於宇宙的發生可精煉成「無序」、「互動」、「有序」、「組織」四部曲相互迴環的關係，人既是宇宙之子乃至其縮影或投影，人之一生當然也會反覆此熱力學三大定律衍伸的四元關係，地球上的自然、事物、及社會也是如此。而此四元關係主要的律動方向有三：1.無序（在互動相遇中）產生有序和組織；2.有序和組織化（在改變中）產生無序；3.所有產生有序和組織的東西都在產生無序。[41]因此「現實」、「具象」、「物質」趨於「有

---

[36]埃德加‧莫蘭著；吳泓緲、馮學俊譯，《方法：天然之天性》（北京：北京大學出版社，2002年），頁 110。
[37]同前註，頁 108。
[38]陳義芝語，見第一節前言註 5。
[39]同前註。
[40]洛夫語，見第一節前言註 6。
[41]同註 36，頁 57。

序」,「超現實」、「夢」、「抽象」、「精神」趨於「無序」,前者「重組」,後者「離散」,從來不能固定不變。赫曼赫塞說「手在把混亂(按:即無序)變為秩序以前,我們應該當先認清混亂、經歷混亂。」商禽的人生即在大混亂(極端的離散)與大秩序(極端的束縛)之間大幅度地擺盪,翻轉而翻轉,他比他同時代的其他詩人經歷了更多的磨折和苦痛,回憶對他而言比他人要痛苦得十倍以上,這是他「囚」與「逃」的重要部位,他只能於「慊慊終日,引以為自苦的,對『人』的地位這個問題的思考」[42]之中輾轉反覆其一生。

　　以是如果我們將上述二原則、四元關係、與商禽詩展現的兩形式一起思考,或可得出下列的圖形:[43]

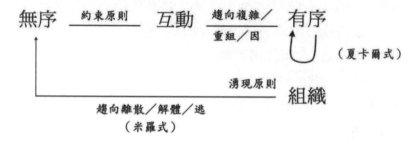

圖一:宇宙的四元關係與商禽的兩種表現形式

(三)五種精神義涵

　　而由商禽的詩作中大致可看出下列五種精神義涵:

1. 釋放當下體驗的火焰性格

　　商禽的人生像被火鍛鍊過的,火焰性格極端強烈,紅焰(湧現/逃)與灰黑(約束/囚)並存,有時「囚感」出現時則「揭開你的心胸,發現一支冷藏的火把」(〈冷藏的火把〉,頁 166),有時「逃感」出現時則「悲哀是高溫也除不盡的雜質/火焰在爐窟中有唸不完的咒語」(〈捏造自己〉,

---

[42]參見商禽的信,張默編,《現代詩人書簡集》,頁154。
[43]參見埃德加・莫蘭,《方法:天然之天性》頁39的四元關係圖並予增添和修正。

頁 342）、「我將園中的樹／升爲火把」（〈捏塑自己〉，頁 134）。而這與他年少可怖的經驗有關，而且影響其一生，令其「身影總是忽明忽滅」（頁 211），雖然「回憶」二字是他避免提起的，比如他 1987 年寫的〈火餘〉一詩的後半：「遙想起那年，他們在打斷了整綑扁擔之後，竟捨棄刀槍不用而改以／一壺冷水灌進我的鼻孔我的嘴巴，直到我停息了謾罵。／難道，他們那時就已經得知，我的生命本是一個火餘，是盞從古／佛殿前逃亡的明燈？」（頁 211）「我的生命本是一團火餘」、「一盞從古佛殿前逃亡的明燈」說的是他精神本質，可以被「冷藏」，不可以被熄滅。

2. 溶入暗黑空間的隱身意識

商禽的「黑夜意識」是其自我「火焰性格」可以發揮的空間，當其「囚感」與「逃感」嚴重時，那成了他可以隱身消失之處，也成了他詩作的重要商標，如分行寫的〈遙遠的催眠〉、〈天河的斜度〉、〈夢或者黎明〉、或〈逢單日的夜歌〉均是其「黑夜意識」的名詩，佳句俯拾即是，音律感十足。而最著名寫暗黑的散文詩是他寫於 1987 年的〈雷鎖〉，其後半段寫鑰匙插在門上身影投射的心臟位置：「我也才終於將插在我心臟中的鑰匙輕輕的轉動了一下「咔」，隨即把／這段靈巧的金屬從心中拔出來順勢一推斷然的走了進去。／沒多久我便習慣了其中的黑暗。」（頁 192）「沒多久我便習慣了其中的黑暗」，那「黑暗」成了他可「囚」的護身符，卻也是他「逃」的空間開展處，比如：「等晚上吧，我將逃亡，沿拾薪者的小徑，上到山頂；這裡的夜好自私，連半片西瓜皮都沒有；卻用我不曾流出的淚，將香檳酒色的星子們擊得粉碎。（〈海拔以上的情感〉，頁 73）」

3. 縮放時空界線的漂流心境

商禽在詩中處理時空幾乎已到毫無界限的地步，最有名的是分行詩〈逃亡的天空〉，詩中由「臉」至「沼澤」至「天空」至「玫瑰」至「雪」至「淚」至「琴弦」至「心」至「荒原」，由人與天與地不斷地輪轉運動，由較「有序」（臉）湧現、離散到較「無序」（沼澤／天空）之處，而約束重組至暫時「有序」（玫瑰／雪／淚／弦）、又再離散至較「無序」（心／荒

原）處，人因此進入與宇宙四元關係不分之糾纏循環中，形成不斷變幻界線的漂流狀態。散文詩〈木星〉是另一名例：「窗子那面的爐灶旁，在滾動著的地球的後面，天空是落寞的媽媽的眼睛。雲在發炎。荼鑱子舞動著，聲響是受驚的鳥從熱鍋中飛起。而且一個小孩在一瞬間長高；一隻剛剛從午夢中醒來，因為咬不著自己的尾巴而不斷旋轉的是黃狗亦是木星。」（頁95）窗、灶、地球、天空、眼、雲、鑱、鳥、鍋、小孩、尾、狗、木星是彼此相距甚遠的事物，甚至毫無關係（比如鳥與鍋／狗與木星），並非不可解，但卻用語言意象的快速轉換達至其人與天地相互競逐的快意，一種不安而需在時空中不斷漂流的心境。

4. 認同弱勢微物的齊物思維

第二節提過商禽對弱勢的小孩、女人、和狗、火雞、老鼠、蚊子、鴿子、雞、杜鵑鳥等各種小動物常付與大量的關注，而對滅火機、站牌、躍場、電鎖、平交道、結石、垃圾等各種無生命的微物大量與之互動，可說將「無序之心」因約束於「有序之物」而獲得暫時的移轉和安定。他的〈鴿子〉、〈火雞〉、〈滅火機〉、〈飛行垃圾〉、〈狗〉等詩均是名例。以〈玩具旅行車——給夭亡在皺皺的粉紅色的天空中的諸子侄〉為例，其前半寫道：「孩子們玩具旅行車在剛剛揚花的高粱林中碰笑發光的葉片。一大群沒有主人的夢在冒黑泡的水溝中飄流；有的甚至將它們歪扭的輪子露在外面。（中略）／棒棒糖在逐漸融化的加濃炮管上閃閃發光。（頁 94）」詩中以「碰笑發光的葉片」來對比「一大群沒有主人的夢」，產生極大反諷和人道注目。「棒棒糖在逐漸融化的加濃炮管上閃閃發光」更是令人不忍，商禽以弱勢（孩子）微物（玩具旅行車）當下演出的方式呈現了荒亂歲月的不堪和慘境。

5. 調轉真假實練習的逆反精神

非理性的語言策略、真幻難分的時空演出常被用來表達非理性的現代社會或獨裁壓抑的政經環境。商禽對極度約束原則下的「囚感」，即常以暴制暴的行徑試圖予以反擊，似乎由其中可以反轉成為湧現原則下的「逃

感」、離散感。比如〈醒〉一詩中：「他們在我的兩眼裝上發血光的紅燈／他們把齒輪塞入我的口中」（頁 161）這樣非理性的刑求方式，令人難以卒讀。如〈捏塑自己〉的前半：「我用兩個手指／對準眼窩的部分按下／這就出現了眼睛　盲眼／沒有眸子就能看見時間／／我用拇指和食指／把頭頸弄歪一點／端正的脖子測不準距離／祇有斜傾的頭了解空間」（頁 341）挖出眼睛才能「看見時間」，扭歪頭顱才能「了解空間」，此種以幻為真的演出方式展現的是逆反心理，是對現實物理時間空間的懷疑和不信任，弄擰了現實的「形之囚」，才能看清和了解「神之逃」的可能，企圖由此而獲得主觀的自在感。

（四）生命原質的無盡迴環

由於得先有約束原則才有湧現原則，因此天地自然現實事物本身是先生的、無序的，而意識、自由、真理、愛情則是因人事物互動而後生的、有序的和組織的，前者是元件和基石，後者是鮮花和果實，之後再進入無序—互動—有序—組織—無序等無止盡的循環之中，由天體運行到細胞到人到社會到個人創作無不如此往復行進。由於商禽在生命史中經歷了大混亂大無序，再因與　詩　們的互動而　整個詩壇達至混沌邊緣，進而得以突現其個人在詩藝上的特質，可說是宏觀的湧現中之微觀的湧現，但在其中又隱涵了要自這湧現中逃脫的離散感，如此費盡一生反覆表現於他在事物內在精神的追尋上，在他詩中正符應了宇宙生成四元關係的這項迴環現象：「藝術和相貌之美，芬芳，甜美的魅力，我們所追求的崇高目的，這一切均是系統之系統之系統所開出的花朵，湧現之湧現之湧現所奉獻的蜜果……。它們最脆弱，最易受傷：死神最先打擊的對象，稍不經意它們就會凋謝、風化，可我們卻想比它們或以為它們會永垂不朽。」[44]商禽說：「我以為一切的創作藝術其目的都在企圖找出生命的原質……」[45]，我們在他的詩形式的展現上看到了生命的原質即宇宙生成原質無盡迴環的變化。

---

[44]埃德加・莫蘭，《方法：天然之天性》，頁 105。
[45]註　22。

五、結語

　　紀弦的現代詩社、東方畫會及五月畫會、以及商禽這名老兵加起來，就是超現實主義於 1950、1960 年代得以在臺灣充分發展的主因，但紀弦太過浪漫，最後還是得靠商禽擎起這面大旗，他在散文詩中釋放的特質能量和表現形式，將　他於海峽兩岸的散文詩壇成為教主而永無法被撼動。此文即先就商禽在超現實主義貫注臺灣詩壇的突現時期所據有的關鍵地位加以闡明凸顯，次就突現現象中約束原則與湧現原則與宇宙生成的四元關係加以探討，以此理解其諸多詩中呈現的「囚感」與「逃感」的不展現形式，最後並對其詩中的火焰性格、隱身意識、漂流心境、齊物思維、和逆反精神等幾項精神義涵加以舉例闡明。

——選自《臺灣詩學學刊》第 16 號，2010 年 12 月

輯五◎
研究評論資料目錄

作家、作品評論專書與學位論文

專書

1. 封德屏主編　　夢或者黎明——商禽文學展暨追思紀念會特刊　臺北　文訊雜誌社　2010 年 7 月　103 頁

本書為商禽追思會紀念特刊，正文前有商禽之女羅珊珊的追思文〈黎明，才正要開始〉。全書分 3 部分：1.「文輯」共收馬悅然〈紀念商禽先生〉、向明〈商禽像誰〉、楚戈〈沒有天空的鴿子——商禽的世界〉、辛鬱〈以生命本真書寫生命——略述商禽其人其詩〉、尉天驄〈那個時代，那樣的生活，那些人——懷念商禽〉、李錫奇〈用腳思想的人——憶商禽〉、劉大任〈夜訪商禽〉、陳芳明〈商禽之秋——紀念他，不如讀他一首詩〉、季季〈商禽的牆〉、周行之〈羅燕——我們三個人的「唐納」〉、胡志堅〈我們這一群——悼念詩人商禽〉、阿翁〈「怪味雞」懷商禽〉、陳父芳〈紀念商禽先生〉、劉正忠（唐捐）〈鼠嬰、鳥屍與飲者——論商禽和他的詩〉、葉覓覓〈他的貓將會繼續穿牆，他的催眠將會繼續遙遠，他的腳還會繼續思想〉15 篇；2.「詩輯」共收管管〈送商禽展翅〉、丁文智〈藉此一二舊事弔商禽〉、張默〈偶成掇拾悼商禽〉、碧果〈現實在現實的內外——弔老友商禽〉、朵思〈光影留在你的臉上——弔商禽〉、蕭蕭〈送商禽遠行〉、王渝〈給商禽〉、青芬〈千風之歌——懷念好友商禽〉8 篇；3.「資料輯」共收張默〈商禽寫作年表〉、文訊編輯部〈商禽著作目錄〉、文訊編輯部〈商禽評論資料目錄〉3 篇。

學位論文

2. 劉正忠　　軍旅詩人的疏離心態——以五、六十年代的洛夫、商禽、瘂弦為主　臺灣大學中國文學系　博士論文　柯慶明教授指導　2000 年　276 頁

本論文探究洛夫、商禽、瘂弦突出於現代詩運動的特質，在論題上明確標出「異端性格」，以彰顯他們在心態上抵抗公共價值，在藝術上違逆傳統典型的傾向。全文共 6 章：1.緒論；2.軍旅詩人的受難意識；3.軍旅詩人的疏離心態；4.軍旅詩人與前衛運動；5.軍旅詩人的語言策略；6.結論。

3. 余欣娟　　一九六〇年代臺灣超現實詩——以洛夫、瘂弦、商禽為主　東海大學中國文學系　碩士論文　彭錦堂教授指導　2003 年 6 月　171 頁

本論文以洛夫、商禽與瘂弦在 1960 年代集結出版的詩集為主，透過 3 人的詩論與詩

藝論述臺灣超現實詩的脈絡發展。全文共 6 章：1.緒論；2.臺灣超現實詩崛起於文壇的背景；3.臺灣超現實詩移植與修正的過程；4.臺灣超現實詩的母題、形式與經驗；5.臺灣超現實詩的現實性；6.結論。

4. **商瑜容**　**商禽詩藝的實踐之道**　**中山大學中國文學系**　**碩士論文**　**楊雅惠教授指導**　**2003 年 6 月**　**127 頁**

本論文旨在呈現商禽詩作的風格特徵與審美價值，以探索商禽詩藝的實踐之道，全文共 6 章：1.前言；2.從流亡、移民到書寫：詩人歷處的時空；3.創作的變貌；4.詩意的湧現：文本策略分析；5.商禽詩的整體意涵；6.結語。

5. **林佑蘋**　**吟詠商音之禽鳥──商禽詩研究**　**高雄師範大學國文學系回流中文碩士班**　**碩士論文**　**曾進豐教授指導**　**2006 年**　**279 頁**

本論文從文壇評論、詩人詩觀、題材論與創作論、針筆素描等面向，掘發商禽創作的特色。全文共 6 章：1.弁言；2.商禽面面觀；3.商禽詩觀；4.題材論；5.創作論；6.結論。

6. **林餘佐**　**散文詩的抒情性研究──以秀陶、商禽為例**　**東華大學中國語文學系**　**碩士論文**　**須文蔚教授指導**　**2010 年 6 月**　**139 頁**

本論文以秀陶、商禽為研究對象，揭示現代詩中的抒情性，並以散文詩為主要的討論範疇，讓現代詩研究回歸到中國詩學的脈絡之下，並藉此挖掘出散文詩更多樣的美學面向。全文共 5 章：1.緒論；2.散文詩與抒情式批評；3.抒情式批評下的秀陶詩作討論；4.抒情式批評下的商禽詩作討論；5.結論。

7. **劉志宏**　**一九五〇、六〇臺灣軍旅詩歌的空間書寫──以洛夫、瘂弦、商禽為考察對象**　**佛光大學文學系**　**博士論文**　**陳鵬翔教授指導**　**2010 年**　**232 頁**

本論文選取洛夫、商禽、瘂弦為研究對象，扣緊著「空間」來尋索他們在這方面的特色與成就，以彰顯其有別於詩史的觀照而忽略了文本空間獨特的美學與研究面向之形成，以擺脫以往為歷史框架所建構的各種論述。全文共 6 章：1.緒論；2.白／灰地帶：五、六〇年代三位詩人的空間與想像鳥瞰；3.洛夫的錯位創作與空間的關係；4.瘂弦詩歌技巧與地方韻律的形式；5.商禽的散文式變形寓言與殼巢意象；6.結論。

8. **王安琪**　**從商禽詩歌的死亡意象看其反抗意識**　**吉林大學中國現當代文學研究所**　**碩士論文**　**白楊教授指導**　**2011 年 4 月**　**38 頁**

本論文從探討商禽詩歌死亡意象的多元表徵、文化內涵作為切入點，進而從個人體

驗以及文學思潮根源兩方面對其死亡意象產生的原因進行分析，以揭示出商禽詩歌反抗意識的超越性及文學意義。全文共 3 章：1.「死亡意象」的多元表徵；2.「死亡意象」書寫所蘊含的文化內涵；3.「反抗絕望」：商禽詩歌的文學史意義。

作家生平資料篇目

自述

9. 商　禽　　商禽書簡　現代詩人書簡集　臺中　普天出版社　1969 年 12 月　頁 150—157

10. 商　禽　　商禽詩觀　八十年代詩選　臺北　濂美出版社　1976 年 6 月　頁 254

11. 商　禽　　商禽詩觀　創世紀　第 51 期　1980 年 3 月　頁 62

12. 商　禽　　跋　用腳思想　臺北　漢光文化公司　1988 年 9 月　頁 142—144

13. 商　禽　　〈泉——紀念覃子豪先生〉後記　臺灣詩學季刊　第 8 期　1994 年 9 月　頁 55

14. 商　禽　　〈泉——紀念覃子豪先生〉後記　商禽詩全集　臺北　印刻文學生活雜誌出版公司　2009 年 4 月　頁 366

15. 商　禽　　《夢或者黎明》增訂重印序　夢或者黎明及其他　臺北　書林出版公司　2000 年 6 月　頁 1—3

16. 商　禽　　商禽詩觀　商禽·世紀詩選　臺北　爾雅出版社　2000 年 9 月　頁 6—9

17. 商　禽　　商禽詩觀　商禽詩全集　臺北　印刻文學生活雜誌出版公司　2009 年 4 月　頁 24—27

18. 商　禽　　〈無言的衣裳——一九六〇年·三峽·夜見浣衣女〉後記　商禽·世紀詩選　臺北　爾雅出版社　2000 年 9 月　頁 67

19. 商　禽　　〈無言的衣裳〉（一九六〇年、三峽、夜見浣衣女）後記　商禽集　臺南　國立臺灣文學館　2008 年 12 月　頁 68—69

20. 商　禽　　〈無言的衣裳——一九六〇年秋、三峽、夜見浣衣女〉後記　商禽

詩全集　臺北　印刻文學生活雜誌出版公司　2009 年 4 月　頁 249

21. 商　　禽　詩人近況　2003 臺灣詩選　臺北　二魚文化公司　2004 年 6 月
頁 288

22. 商　　禽　商禽詩觀　他們怎麼玩詩？：創世紀五十周年精選　臺北　二魚文
化公司　2004 年 10 月　頁 83

23. 商　　禽　詩人近況　2004 臺灣詩選　臺北　二魚文化公司　2005 年 3 月
頁 258

24. 商　　禽　〈我聽到你底心跳──悼非洲詩人歐可後序並懷溫健騮〉後記　商
禽詩全集　臺北　印刻文學生活雜誌出版公司　2009 年 4 月　頁
286─287

25. 商　　禽　〈姑姑窟〉後記　商禽詩全集　臺北　印刻文學生活雜誌出版公司
2009 年 4 月　頁 345

26. 商　　禽　〈飛行魚──贈畫家馮鍾〉後記　商禽詩全集　臺北　印刻文學生
活雜誌出版公司　2009 年 4 月　頁 361

27. 商　　禽　〈大句點──笑悼黃華成〉後記　商禽詩全集　臺北　印刻文學生
活雜誌出版公司　2009 年 4 月　頁 369

28. 商　　禽　〈高個子的美學──悼念亡友梅新〉註　商禽詩全集　臺北　印刻
文學生活雜誌出版公司　2009 年 4 月　頁 370

29. 商　　禽　〈羅馬之松〉後記　商禽詩全集　臺北　印刻文學生活雜誌出版公
司　2009 年 4 月　頁 396

30. 商　　禽　〈峨嵋山的函數──賀馬悅然中文文集《另一種鄉愁》出版〉後記
商禽詩全集　臺北　印刻文學生活雜誌出版公司　2009 年 4 月　頁
402

31. 商　　禽　〈手套與繩子的對話──讚楚戈與鄭璟娟聯展〉後記　商禽詩全集
臺北　印刻文學生活雜誌出版公司　2009 年 4 月　頁 405

32. 商　　禽　〈寒食〉後記　商禽詩全集　臺北　印刻文學生活雜誌出版公司
2009 年 4 月　頁 417

33. 商　禽　〈散讚十竹齋〉後記　商禽詩全集　臺北　印刻文學生活雜誌出版
公司　2009 年 4 月　頁 430—431

他述

34. 瘂　弦　商禽　六十年代詩選　高雄　大業書店　1961 年 1 月　頁 120

35. 瘂　弦　《六十年代詩選》作者小評──商禽　創世紀　第 148 期　2006 年
9 月　頁 22

36. 辛　鬱　康丁法拉斯像他　幼獅文藝　第 201 期　1970 年 9 月　頁 61

37. 辛　鬱　話說商禽　中華文藝　第 40 期　1974 年 6 月　頁 51—57

38. 辛　鬱　話說商禽　找鑰匙　臺北　文史哲出版社　2003 年 7 月　頁 97—
103

39. 瘂　弦　詩話商禽──給超現實主義者 ──紀念與商禽在一起的日子　中國
現代作家論　臺北　聯經出版公司　1976 年 10 月　頁 131- 134

40. 瘂　弦　給超現實主義者：紀念與商禽在一起的日子　瘂弦詩集　臺北　洪
範書店　1981 年 4 月　頁 181

41. 張　默　商禽小傳　中國當代十大詩人選集　臺北　源成文化圖書供應社
1977 年 7 月　頁 378

42. 呂正惠　商禽　中國新詩賞析 3　臺北　長安出版社　1981 年 4 月　頁 87

43. 蕭　蕭　商禽　現代詩入門　臺北　故鄉出版社　1982 年 2 月　頁 95—96

44. 王晉民，鄺白曼　商禽　臺灣與海外華人作家小傳　福州　福建人民出版社
1983 年 9 月　頁 173—174

45. 張　健　自由中國時期──中期──商禽　中國現代詩　臺北　五南圖書公
司　1984 年 1 月　頁 97

46. 也　斯　風、馬、牛肉麵──商禽印象記　城市筆記　臺北　東大圖書公司
1987 年 3 月　頁 76—79

47. 也　斯　風、馬、牛肉麵──商禽印象記　新果自然來　香港　牛津大學出
版社　2002 年　頁 78—80

48. 莊金國　商禽的籍貫說　臺灣時報　1987 年 9 月 16 日　8 版

49. 張　默　閒話歪公　中央日報　1991 年 6 月 16 日　9 版

50. 高洪波　楚戈與商禽　臺港文學選刊　第 2 期　1992 年 2 月 6 日　頁 92—
93

51. 瘂　弦　現代詩人與酒——飲者點將錄〔商禽部分〕　國文天地　第 81 期
1992 年 2 月　頁 43—44

52. 〔編輯部〕　　商禽的詩已有瑞典文、法文、英文譯本　文訊雜誌　第 83 期
1992 年 9 月　〔1〕頁

53. 鄭友貴　功成名就流浪中——記臺灣詩人商禽的坎坷人生　江海僑聲　1994
年第 5 期　1994 年 5 月　頁 52—53

54. 李金蓮　商禽五○年代友誼牽成詩集　中國時報　1996 年 2 月 28 日　39 版

55. 莫　渝　超時空的斷簡——商禽小論　閱讀臺灣散文詩　苗栗　苗栗縣立文
化中心　1997 年 12 月　頁 106—111

56. 李瑞騰　編結你的髮辮　中國時報　1998 年 10 月 10 日　37 版

57. 舒　蘭　六○年代詩人詩作——商禽　中國新詩史話（四）　臺北　渤海堂
文化公司　1998 年 10 月　頁 244—246

58. 林麗如　商禽：收藏硯滴，擬出小詩集　聯合報　1999 年 2 月 24 日　37 版

59. 林麗如　商禽特寫——收藏硯滴，擬出小詩集　臺灣文學經典研討會論文集
臺北　行政院文建會，聯經出版公司　1999 年 6 月　頁 263

60. 〔姜耕玉選編〕　　商禽　20 世紀漢語詩選第 3 卷　上海　上海教育出版社
1999 年 12 月　頁 292

61. 〔編輯部〕　　商禽小傳　商禽・世紀詩選　臺北　爾雅出版社　2000 年 9 月
頁 1—2

62. 邱上林　商禽在松林間朗讀散文詩　文訊雜誌　第 198 期　2002 年 4 月　頁
53

63. 〔蕭蕭，白靈編〕　　商禽簡介　臺灣現代文學教程：新詩讀本　臺北　二魚
文化公司　2002 年 8 月　頁 188—189

64. 孫維民　致商禽　聯合報　2003 年 7 月 13 日　E7 版

65. 王景山　商禽　臺港澳暨海外華文作家辭典　北京　人民文學出版社　2003
　　　年7月　頁500

66. 莫　渝　與商禽的一席話　漫漫隨筆集　苗栗　苗栗縣文化局　2005年4月
　　　頁348

67. 〔吳東晟，陳昱成，王浩翔〕　商禽　織錦入春闈：現代詩精選讀本　臺中
　　　京城文化公司　2005年8月　頁71

68. 向　明　我寧爲我　詩中天地寬　臺北　臺灣商務印書館　2006年3月　頁
　　　77—80

69. 〔蕭　蕭主編〕　詩人簡介　優游意象世界　臺北　聯合文學出版社　2006
　　　年6月　頁63

70. 〔乾坤詩刊〕　〈大師簡介〉　乾坤詩刊　第40期　2006年10月　頁1

71. 許俊雅　新店溪流域的文化與文學　新店市——現代文學作家簡介——商
　　　禽（一九三〇年—）　續修臺北縣志‧藝文志第三篇‧文學（上）
　　　臺北　臺北縣政府　2008年3月　頁127—128

72. 張　默　詩人的一天‧商禽小輯——從咆哮轉爲輕歌　創世紀　第154期
　　　2008年3月　頁102—107

73. 〔封德屏主編〕　商禽　2007臺灣作家作品目錄　臺南　國立臺灣文學館
　　　2008年7月　頁692

74. 顏艾琳　商禽：還想繼續寫詩　文訊雜誌　第276期　2008年10月　頁66

75. 〔曾進豐編〕　商禽小傳　商禽集　臺南　國立臺灣文學館　2008年12月
　　　頁7

76. 〔編輯部〕　編輯弁言　商禽詩全集　臺北　印刻文學生活雜誌出版公司
　　　2009年4月　頁20—23

77. 郭士榛　商禽80大壽‧百位詩人詠詩　人間福報　2009年5月28日　7版

78. 洪玉盈　逃亡者之歌　印刻文學生活誌　第71期　2009年7月　頁146—
　　　147

79. 顏艾琳　逃亡者最後的逃亡——記商禽八十慶生　北縣文化　第102期

2009 年 8 月　頁 18—19

80. 辛　鬱　　以生命本真書寫生命——略述商禽其人其詩　文訊雜誌　第 291 期
　　　　　　　2010 年 1 月　頁 27—30

81. 辛　鬱　　以生命本真書寫生命——略述商禽其人其詩　夢或者黎明——商禽
　　　　　　　文學展暨追思紀念會特刊　臺北　文訊雜誌社　2010 年 7 月　頁
　　　　　　　16—19

82. 辛　鬱　　以生命本真書寫生命——略述商禽其人其詩　我們這一伙人　臺北
　　　　　　　文訊雜誌社　2012 年 7 月　頁 117—124

83. 林欣誼　　一輩子受苦・商禽瞻望歲月　中國時報　2010 年 6 月 29 日　A11
　　　　　　　版

84. 林欣誼　　悲傷至極的詩人，商禽 27 日病逝　中國時報　2010 年 6 月 29 日
　　　　　　　A11 版

85. 管　管　　「長頸鹿」「透支的足印」——送商禽展翅　聯合報　2010 年 6 月
　　　　　　　30 日　D3 版

86. 辛　鬱　　弔商禽　聯合報　2010 年 6 月 30 日　D3 版

87. 編　者　　回到詩的天空與曠野——《創世紀》詩社元老悼商禽　聯合報
　　　　　　　2010 年 6 月 30 日　D3 版

88. 張　默　　偶成掇拾悼商禽　聯合報　2010 年 6 月 30 日　D3 版

89. 碧　果　　現實在現實的內外——弔老友商禽　中國時報　2010 年 6 月 30 日
　　　　　　　D3 版

90. 趙靜瑜　　詩人商禽辭世　自由時報　2010 年 6 月 30 日　D12 版

91. 黃奕瀠　　臺灣散文詩的開山者，商禽去世，兩岸三地文人致哀　中國時報
　　　　　　　2010 年 7 月 4 日　A11 版

92. 〔旺　報〕　　臺灣散文詩的開山者商禽去世・兩岸三地文人致哀　旺報
　　　　　　　2010 年 7 月 4 日　B10 版

93. 向　明　　商禽像誰　中國時報　2010 年 7 月 6 日　E4 版

94. 向　明　　商禽像誰　夢或者黎明——商禽文學展暨追思紀念會特刊　臺北

文訊雜誌社　2010 年 7 月　頁 8—11

95. 季　季　　送別商禽三章　中國時報　2010 年 7 月 16 日　E4 版

96. 季　季　　送別商禽（三章）　香港文學　第 309 期　2010 年 9 月　頁 87—89

97. 潘郁琦　　叩響·悼詩人商禽之逝　自由時報　2010 年 7 月 28 日　D11 版

98. 鄭愁予　　二十八宿白在歸天——不以悲愴送商禽、世旭　聯合報　2010 年 7 月 29 日　D3 版

99. 馬悅然　　紀念商禽[1]　中國時報　2010 年 7 月 29 日　E4 版

100. 馬悅然　　紀念商禽先生　夢或者黎明——商禽文學展暨追思紀念會特刊　臺北　文訊雜誌社　2010 年 7 月　頁 7

101. 陳宛茜　　用詩歌和音樂，跟商禽說再見　聯合報　2010 年 7 月 30 日　A18 版

102. 劉大任　　夜訪商禽　夢或者黎明——商禽文學展暨追思紀念會特刊　臺北　文訊雜誌社　2010 年 7 月　頁 35—38

103. 李錫奇　　用腳思想的人——憶商禽　夢或者黎明——商禽文學展暨追思紀念會特刊　臺北　文訊雜誌社　2010 年 7 月　頁 31—34

104. 李錫奇　　用腳思想的人——憶商禽　文訊雜誌　第 298 期　2010 年 8 月　頁 51—54

105. 季　季　　商禽的牆　夢或者黎明——商禽文學展暨追思紀念會特刊　臺北　文訊雜誌社　2010 年 7 月　頁 44—46

106. 周行之　　羅燕——我們三個人的「唐納」　夢或者黎明——商禽文學展暨追思紀念會特刊　臺北　文訊雜誌社　2010 年 7 月　頁 47—50

107. 胡志堅　　我們這一群——悼念詩人商禽　夢或者黎明——商禽文學展暨追思紀念會特刊　臺北　文訊雜誌社　2010 年 7 月　頁 51—52

108. 阿　翁　　「怪味雞」懷商禽　夢或者黎明——商禽文學展暨追思紀念會特刊　臺北　文訊雜誌社　2010 年 7 月　頁 53—55

---

[1]本文後改篇名為〈紀念商禽先生〉。

109. 阿　翁　「怪味雞」懷商禽　文訊雜誌　第 298 期　2010 年 8 月　頁 59—
　　　61

110. 陳文芬　紀念商禽先生　夢或者黎明——商禽文學展暨追思紀念會特刊
　　　臺北　文訊雜誌社　2010 年 7 月　頁 56—57

111. 葉覓覓　他的貓將會繼續穿牆，他的催眠將會繼續遙遠，他的腳還會繼續
　　　思想　夢或者黎明——商禽文學展暨追思紀念會特刊　臺北　文
　　　訊雜誌社　2010 年 7 月　頁 66—69

112. 羅珊珊　黎明，才正要降臨　夢或者黎明——商禽文學展暨追思紀念會特
　　　刊　臺北　文訊雜誌社　2010 年 7 月　頁 81—83

113. 羅珊珊　黎明，才正要降臨　聯合文學　第 310 期　2010 年 8 月　頁 80—
　　　81

114. 羅珊珊　黎明・才正要降臨　九彎十八拐　第 33 期　2010 年 9 月　頁 18
　　　—19

115. 羅珊珊　黎明，才正要降臨　臺港文學選刊　2010 年第 6 期　2010 年 12
　　　月　頁 10—11

116. 羅珊珊　黎明，才正要降臨　九十九年散文選　臺北　九歌出版社　2011
　　　年 3 月　頁 42—45

117. 張　默　回應〈二十八宿，自在歸天〉一文〔商禽部分〕　聯合報　2010
　　　年 8 月 3 日　D3 版

118.〔人間福報〕　詩人商禽辭世・詩壇追思　人間福報　2010 年 8 月 8 日
　　　B5 版

119. 落　蒂　悼詩人商禽　臺灣時報　2010 年 8 月 22 日　19 版

120. 李敏勇　紀念商禽以及一些隨想　自由時報　2010 年 8 月 30 日　D11 版

121. 蘇惠昭　我們這一代人〔商禽部分〕　書香兩岸　第 22 期　2010 年 8 月
　　　頁 93

122. 黃暐勝　散文詩人商禽病逝　明報月刊　第 536 期　2010 年 8 月　頁 107

123. 阮馨儀　詩人商禽辭世　文訊雜誌　第 298 期　2010 年 8 月　頁 167

124. 陳義芝　　憑弔一輪落日──紀念現代詩長老商禽　聯合文學　第 310 期　
　　　　　　　2010 年 8 月　頁 82

125. 陳義芝　　商禽紀念特集──憑弔一輪落日──紀念現代詩長老商禽　創世
　　　　　　　紀　第 165 期　2010 年 12 月　頁 37—38

126. 向　陽　　在空空的杯盞裡──悼商公　聯合文學　第 310 期　2010 年 8 月
　　　　　　　頁 83

127. 向　陽　　商禽紀念特集──在空空的杯盞裡──悼商公　創世紀　第 165
　　　　　　　期　2010 年 12 月　頁 36—37

128. 王宗仁　　商禽印象：曾經在躍場為自己哭泣的年輕出租轎車司機　臺灣詩
　　　　　　　學吹鼓吹詩論壇　第 11 期　2010 年 9 月　頁 9

129. 古蒼梧　　呼喚太陽的鳥失去了聲帶　印刻文學生活誌　第 85 期　2010 年 9
　　　　　　　月　頁 91—95

130. 邱上容　　商禽辭世，花蓮文友傷感　文訊雜誌　第 299 期　2010 年 9 月
　　　　　　　頁 148

131. 李長青　　〈遙遠的催眠〉附記　臺灣詩學吹鼓吹詩論壇　第 11 期　2010 年
　　　　　　　9 月　頁 13

132. 張　堃　　我與詩人商禽二三事──悼商公　中華日報　2010 年 10 月 19 日
　　　　　　　B7 版

133. 張　堃　　商禽紀念特集──詩人商禽二三事──追悼詩人商禽　創世紀
　　　　　　　第 165 期　2010 年 12 月　頁 50—52

134. 杜家祁　　吃「杜鵑花炒蛋」的詩人──記商禽　字花　第 27 期　2010 年
　　　　　　　10 月　頁 110—113

135. 〔創世紀〕　　商禽紀念特集──商禽小傳　創世紀　第 165 期　2010 年 12
　　　　　　　月　頁 8

136. 辛　鬱　　商禽紀念特集──懷商禽　創世紀　第 165 期　2010 年 12 月　頁
　　　　　　　22—23

137. 洛　夫　　商禽紀念特集──寫給商禽的詩　創世紀　第 165 期　2010 年 12

月　頁 41—45

138. 瘂　弦　商禽紀念特集——踩出來的詩想——懷念商禽　創世紀　第 165
期　2010 年 12 月　頁 48—49

139. 李進文　商禽紀念特集——簡單涉禽——回憶商禽老師　創世紀　第 165
期　2010 年 12 月　頁 52—54

140. 林欣誼　茉莉義賣舊書‧釋出商禽珍藏　中國時報　2011 年 1 月 8 日
A12 版

141. 莊子軒　人間詩選——禽問——悼商禽　中國時報　2011 年 1 月 24 日
E4 版

142. 曹介直　大覺廳漫想——送商禽　文訊雜誌　第 303 期　2011 年 1 月　頁
162—163

143. 羅　青　大詩人是如何誕生的？——懷詩人商禽　人間福報　2011 年 3 月
08 日　15 版

144. 〔國文新天地〕　編輯室報告〔商禽部分〕　國文新天地　第 23 期　2011
年 4 月　頁 1

145. 羅珊珊　不再空空的酒杯　國文新天地　第 23 期　2011 年 4 月　頁 6—7

146. 顏艾玲　世俗的逃亡者——商禽　國文新天地　第 23 期　2011 年 4 月　頁
8—15

147. 王偉明　往日有誰堪共惜——悼商禽、許世旭　乾坤詩壇　第 58 期　2011
年 4 月　頁 124—128

148. 石育民　辭世作家：商禽　2010 年臺灣文學年鑑　臺南　國立臺灣文學館
2011 年 11 月　頁 161—162

149. 向　陽　哀傷之禽鳥——商禽詩〈木棉花〉的初始版本[2]　文訊雜誌　第
313 期　2011 年 11 月　頁 14—17

150. 向　陽　哀傷之禽鳥——商禽詩〈木棉花〉的原始版本　寫字年代——臺
灣作家手稿故事　臺北　九歌出版社　2013 年 7 月　頁 56—64

---

[2] 本文後改篇名為〈哀傷之禽鳥——商禽詩〈木棉花〉的原始版本〉。

151. 鯨向海　　被握手的感覺　中國時報　2011 年 12 月 19 日　E4 版

訪談、對談

152. 商　禽等[3]　　中國現代詩的檢討　中華文藝　第 52 期　1975 年 6 月　頁 38
　　　—52

153. 商　禽等[4]　　中國詩人的道路　現代名詩品賞集　臺北　聯亞出版社　1979
　　　年 5 月　頁 3—26

154. 袁則難　　碧梧棲老鳳凰：夜會商禽　新書月刊　第 9 期　1984 年 6 月　頁
　　　44—45

155. 侯吉諒　　海拔以上的情感——訪商禽　中國時報　1986 年 6 月 11 日　8 版

156. 張國立　　超現實主義詩人——商禽　中華日報　1987 年 4 月 8 日　11 版

157. 葉振富記錄整理　　詩的三種聲音——保羅・安格爾（Paul Engle）、商禽、
　　　張錯對談　中國時報　1988 年 6 月 18 日　18 版

158. 萬胥亭，壯美華　　捕獲與逃脫的過程——訪商禽　現代詩　復刊第 14 期
　　　1989 年 9 月　頁 23—38

159. 須文蔚　　商禽與孟樊——現代詩創作與理論的鴻溝　創世紀　第 107 期
　　　1996 年 7 月　頁 51—60

160. 林麗如　　以平靜的心情面對波折的一生——專訪詩人商禽[5]　文訊雜誌　第
　　　155 期　1998 年 9 月　頁 65—68

161. 林麗如　　變調的鳥——冷眼看世界的商禽　走訪文學僧：資深作家訪問錄
　　　臺北　文訊雜誌社　2004 年 10 月　頁 25—32

162. 林峻楓　　悲憫的足印——訪詩人商禽　青年日報　2001 年 4 月 18 日　13
　　　版

163. 王偉明　　讓火把成不褪的回憶——商禽答客問　詩人密語　香港　瑋業出
　　　版社　2004 年 12 月　頁 161—170

---

[3]主持人：司馬中原；與會者：葉維廉、洛夫、商禽、張漢良、陳慧樺、江義雄、程文姍、李莉
莉；紀錄：陳蕪。
[4]主持人：羊令野；與會者：商禽、向明、張默、蓉子、高大鵬、蘇紹連、桓夫、管管、吳望堯、
羅行、羅門、辛鬱、岩上、碧果、陳家帶、梅新、向陽、彭邦楨；紀錄：蕭蕭。
[5]本文後改篇名為〈變調的鳥——冷眼看世界的商禽〉。

164. 紫　鵑　　玫瑰路上的詩人——詩人商禽訪談錄　乾坤詩刊　第 40 期　2006
　　　　　　　年 10 月　頁 6—14

165. 張　堃　　探訪三位詩壇前輩——商禽、周夢蝶、鍾鼎文　創世紀　第 157
　　　　　　　期　2008 年 12 月　頁 78—84

166. 林欣誼　　甘受孤獨痛苦 商禽詩出全集　中國時報　2009 年 4 月 21 日
　　　　　　　A16 版

167. 龍青著；謝筱琳，魏希明譯　　SHANG QIN AT THE END：The Poet's Final
　　　　　　　Interview　當代臺灣文學英譯　第 153 期　2010 年秋季號　頁 60
　　　　　　　—74

168. 龍　青　　〈告別商禽紀念專輯〉——最後的商禽（上、下）　聯合報
　　　　　　　2010 年 7 月 27—28 日　D3 版

年表

169. 〔曾進豐編〕　　商禽寫作生平簡表　商禽集　臺南　國立臺灣文學館
　　　　　　　2008 年 12 月　頁 121—123

170. 〔編輯部〕　　商禽寫作年表　商禽詩全集　臺北　印刻文學生活雜誌出版
　　　　　　　公司　2009 年 4 月　頁 452—461

171. 張默編輯整理　　商禽寫作年表　夢或者黎明——商禽文學展暨追思紀念會
　　　　　　　特刊　臺北　文訊雜誌社　2010 年 7 月　頁 84—87

172. 文訊編輯部　　商禽著作目錄　夢或者黎明——商禽文學展暨追思紀念會特
　　　　　　　刊　臺北　文訊雜誌社　2010 年 7 月　頁 88

173. 〔文訊雜誌〕　　商禽著作目錄　文訊雜誌　第 298 期　2010 年 8 月　頁 69

174. 〔創世紀〕　　《創世紀》歷年發表商禽詩作一覽表　創世紀　第 165 期
　　　　　　　2010 年 12 月　頁 76—77

其他

175. 〔中國時報〕　　詩人商禽，「穿牆甲」電影客串　中國時報　2006 年 12 月
　　　　　　　23 日　E1 版

176. 〔創世紀〕　　歡慶 80《商禽詩全集》首發式　創世紀　第 160 期　2009 年

9 月　〔1〕頁

177. 朱雙一　　商禽與二十世紀華文文學研討會[6]　文訊雜誌　第 295 期　2010 年
5 月　頁 174—175

178. 阮馨儀　　商禽文學展暨追思紀念會　文訊雜誌　第 299 期　2010 年 9 月
頁 178

179.〔創世紀〕　　商禽文學暨追思紀念會簡報　創世紀　第 164 期　2010 年 9
月　頁 288—293

作品評論篇目

綜論

180. 瘂　弦　　閃爍的星群——變調之鳥：商禽　新文藝　第 99 期　1964 年 6 月
頁 28—29

181. 張　默　　試釋商禽的詩　青年戰士報　1966 年 1 月 3 日　3 版

182. 李英豪　　變調的鳥——論商禽的詩　批評的視覺　臺北　文星書店　1966
年 1 月　頁 189—197

183. 李英豪　　詩話商禽[7]　中國現代作家論　臺北　聯經出版公司　1979 年 7 月
頁 125—126

184. 李英豪　　變調的鳥——論商禽　夢或者黎明及其他　臺北　書林出版社
1988 年 1 月　頁 165—176

---

[6] 本文記述由廈門大學，香港大學，復旦大學，輔仁大學，明道大學，修平技術學院聯合主辦，於
2010 年 4 月 3—6 日舉行的「兩岸三地華文教學研討會」主題之一的「商禽與二十世紀華文文學
研討會」，由黎活仁、方環海擔任主持人。與會者共發表 17 篇論文：李翠瑛〈水中之月與境外之
象——論商禽詩中的虛實變幻意象〉、白靈〈約束與湧現——商禽詩的形式與精神意涵〉、丁旭輝
〈囚禁與脫逃：商禽詩作中的廢墟寓言〉、金尚浩〈鮮活的意象：論商禽 50、60 年代超現實主義
的詩〉、蕭蕭〈生命撞擊下的空間詩學——論《商禽詩全集》的空間對比與隱蔽〉、史言〈用腳思
想迷途的斜度：迷宮論與商禽詩空間意象的拓樸研究〉、黎活仁〈虛無、權力意志等尼采命題：商
禽詩研究〉、黃自鴻〈世界與他人：論商禽散文詩的張力〉、嚴子慧〈虛擬的創傷：商禽詩歌研
究〉、徐偉志〈眼睛和船的意象：商禽詩歌的研究〉、何超英〈商禽的夢想三部曲：以巴什拉的安
尼瑪詩學作研究〉、霍家美〈敘事行動與身體：商禽詩歌的研究〉、余境熹〈商禽詩與先秦儒學的
互文聯想——「誤讀」詩學系列之三〉、沈玲〈為「禽」而「傷」：動物描寫與生態倫理的人文觀
察——商禽詩歌文本的生態學批評〉。
[7] 本文節選自〈變調的鳥——論商禽的詩〉。

185. 辛　鬱　　商禽的詩及其為人　自由青年　第 37 卷第 9 期　1967 年 5 月 1 日
　　　　　　頁 21

186.〔張默，洛夫，瘂弦主編〕　　商禽小評——透明的變奏　七十年代詩選
　　　　　　高雄　大業書店　1967 年 9 月　頁 89

187.〔笠〕　　笠下影——商禽　笠　第 35 期　1970 年 2 月　頁 21—22

188. 周伯乃　淺談商禽的詩　自由青年　第 44 卷第 6 期　1970 年 12 月 1 日
　　　　　　頁 79—85

189. 辛　鬱　初論商禽的詩　月之芒　臺北　環宇出版社　1971 年 2 月　頁
　　　　　　115—120

190. 寒　食　詩——商禽　幼獅文藝　第 40 卷第 3 期　1974 年 9 月　頁 43—
　　　　　　45

191. 牧　子　商禽的詩拾零（一）　詩脈季刊　第 6 期　1977 年 10 月　頁 50
　　　　　　—53

192. 辛　鬱　淺論商禽的詩　文藝月刊　第 111 期　1978 年 9 月　頁 201—205

193. 辛　鬱　淺論商禽的詩　辛鬱自選集　臺北　黎明文化公司　1980 年 6 月
　　　　　　頁 228—233

194. 楊昌年　商禽　新詩品賞　臺北　牧童出版社　1978 年 9 月　頁 311—318

195. 楊昌年　商禽　現代詩的創作與欣賞　臺北　文史哲出版社　1991 年 9 月
　　　　　　頁 316—319

196.〔蕭蕭，楊子澗主編〕　　鬼才商禽　中學白話詩選　臺北　故鄉出版社
　　　　　　1980 年 4 月　頁 202－207

197. 羅　青　詩壇風雲三十年——三十年來新詩的回顧〔商禽部分〕　臺灣日
　　　　　　報　1980 年 6 月 29 日　12 版

198. 蕭　蕭　詩人與詩風（上、下）〔商禽部分〕　臺灣日報　1982 年 6 月 24
　　　　　　—25 日　8 版

199. 蕭　蕭　詩人與詩風〔商禽部分〕　現代詩縱橫觀　臺北　文史哲出版社
　　　　　　1991 年 6 月　頁 72

200. 苦　苓　　誰是大詩人——青年詩人心目中的十大詩人[8]　陽光小集　第 10 期
　　　　　　　 1982 年 10 月　頁 79—91

201. 苦　苓　　誰是大詩人？——青年詩人心目中的十大詩人　書中書　臺北
　　　　　　　 希代書版公司　1986 年 9 月　頁 195—215

202. 陳敏思　　商禽詩中死亡意象的分析　現代詩　第 10 期　1987 年 5 月　頁 2
　　　　　　　 —7

203. 鄭明娳　　中國新詩概說〔商禽部分〕　當代文學氣象　臺北　光復書局
　　　　　　　 1988 年 4 月　頁 174—175

204. 古繼堂　　商禽　臺灣新詩發展史　臺北　文史哲出版社　1989 年 7 月　頁
　　　　　　　 309—315

205. 公仲，汪義生　　五十年代後期及六十年代臺灣文學〔商禽部分〕　臺灣新
　　　　　　　 文學史初編　南昌　江西人民出版社　1989 年 8 月　頁 131—133

206. 朱雙一　　現代主義詩歌運動的第二次高潮〔商禽部分〕　臺灣新文學概觀
　　　　　　　 （下）　廈門　鷺江出版社　1991 年 6 月　頁 136

207. 劉登翰　　臺灣詩人論札（二）——商禽論[9]　創世紀　第 84 期　1991 年 7
　　　　　　　 月　頁 73—75

208. 劉登翰　　臺灣詩人十八家論札——商禽論　臺灣文學隔海觀：文學香火的
　　　　　　　 傳承與變異　臺北　風雲時代出版公司　1995 年 3 月　頁 299—
　　　　　　　 304

209. 劉登翰　　焚化了的心是沼澤的荒原——商禽論　彼岸的繆斯——臺灣詩歌
　　　　　　　 論　南昌　百花洲文藝出版社　1996 年 12 月　頁 234－239

210. 葉石濤　　五〇年代的臺灣文學——理想主義的挫折和頹廢〔商禽部分〕
　　　　　　　 臺灣文學史綱　高雄　文學界雜誌社　1991 年 9 月　頁 105

211. 葉石濤　　五〇年代的臺灣文學——理想主義的挫折和頹廢〔商禽部分〕

---

[8]本文爲「陽光小集」所舉辦「青年詩人心目中的十大詩人」的票選活動紀錄。十位詩人分別爲：
余光中、白萩、楊牧、鄭愁予、洛夫、瘂弦、周夢蝶、商禽、羅門、羊令野，並略述十人作品風
格及技巧。
[9]本文後改篇名爲〈臺灣詩人十八家論札——商禽論〉、〈焚化了的心是沼澤的荒原——商禽論〉。

葉石濤全集・評論卷五　臺南，高雄　國立臺灣文學館，高雄市
文化局　2008 年 3 月　頁 118

212.〔N G D Malmqvist〕　　Translator's Preface　The Frozen Torch：selected
prose poems　倫敦　Wellsweep Press　1992 年 5 月　頁 7—9

213. 杜榮根　試論早期「創世紀」的詩〔商禽部分〕　創世紀　第 89 期　1992
年 7 月　頁 118—124

214. 劉登翰　洛夫、瘂弦與《創世紀》詩人群〔商禽部分〕　臺灣文學史
（下）　福州　海峽文藝出版社　1993 年 1 月　頁 185—188

215. 張　默　我吻過你峽中之長髮——商禽的詩生活探微　聯合文學　第 142
期　1996 年 8 月　頁 154—162

216. 張　默　我吻過你峽中之長髮——商禽的詩生活　夢從樺樹上跌下來：詩
壇鈎沉筆記　臺北　爾雅出版社　1998 年 6 月　頁 91—108

217. 章亞昕　商禽：面對空間的超越者　詩世界　第 2 期　1996 年 8 月　頁
141—148

218. 章亞昕　面對「空間」的超越者：商禽論　情繫伊甸園：創世紀詩人論
臺北　文史哲出版社　2004 年 10 月　頁 119—128

219. 簡政珍　《創世紀》詩刊八、九〇年代詩風的改變〔商禽部分〕　創世紀
第 116 期　1998 年 9 月　頁 113

220. 潘麗珠　商禽　臺灣現代詩教學研究　臺北　五南圖書公司　1999 年 3 月
頁 136—137

221. 陳茂霖　典範化歷程——以商禽及其創作為例　第二屆文學社會學研討會
桃園　中央大學中國文學研究所　1999 年 4 月 30 日

222. 陳祖君　商禽論[10]　廣西師院學報　1999 年第 3 期　1999 年 9 月　頁 52—
57

223. 向　明　魯迅與商禽　藍星詩刊　第 5 期　2000 年 3 月　頁 160—161

224. 向　明　魯迅與商禽　窺詩手記　臺北　禹臨圖書公司　2002 年 12 月　頁

---

[10]本文從戲劇性、整體性及音樂性三方面論述詩作的特點。

75—77

225. 奚　密　「變調」與「全視」：商禽的世界[11]　商禽・世紀詩選　臺北　爾
　　　　　雅出版社　2000 年 9 月　頁 10–30

226. 奚　密　論兩位現代主義詩人——「變調」與「全視」：商禽的世界　臺灣
　　　　　現代詩論　香港　天地圖書公司　2009 年 7 月　頁 140—153

227. 朱文華　商禽——超現實主義的「鬼才」　臺港澳文學教程　上海　漢語
　　　　　大辭典出版社　2000 年 10 月　頁 85—86

228. 向　明　以詩為本的臺灣散文詩〔商禽部分〕　自由時報　2000 年 12 月 3
　　　　　日　39 版

229. 向　明　以詩為本的臺灣散文詩〔商禽部分〕　藍星詩學　第 11 期　2001
　　　　　年 9 月　頁 212—215

230. 向　明　以詩為本的臺灣散文詩〔商禽部分〕　詩來詩往　臺北　三民書
　　　　　局　2003 年 6 月　頁 195—199

231. 吳桃源　推開一扇空架的門——商禽與現代詩　管理雜誌　第 318 期
　　　　　2000 年 12 月　頁 158—161

232. 劉正忠　軍旅詩人的疏離心態——以五六十年代的洛夫、商禽、瘂弦為主[12]
　　　　　臺灣文學學報　第 2 期　2001 年 2 月　頁 113—156

233. 落　蒂　詩壇的一枝奇花異卉——論如何進入商禽的世界　兩棵詩樹　臺
　　　　　北　爾雅出版社　2001 年 12 月　頁 31—36

234. 古繼堂　臺灣的創世紀詩社——張默、商禽　簡明臺灣文學史　北京　時
　　　　　事出版社　2002 年 6 月　頁 312—314

235. 趙衛民　商禽的夢與變形　新詩啟蒙　臺北　業強出版社　2003 年 2 月
　　　　　頁 163—165

---

[11]本文從「變調」與「全視」探討商禽及其詩作。全文共 3 小節：1.變調；2.全視；3.結語。
[12]本文以「疏離」傾向為核心，重構軍旅詩人與現實社會互動的狀況，及其精神的歸趨。全文共 3 小節：1.戰鬥與反戰鬥：考察官方文藝政策的干擾，並分析軍旅詩人如何由依附到疏離，甚至抗逆的歷程；2.寧為異鄉人：探討作為外來族群的軍旅詩人，以怎樣的眼光看待當下的時空環境；3.詩人角色的定位：審視軍旅詩人如何在「被排拒」的想像下，把自己從世界區隔出來，突出於現代詩運動的潮流。

236. 趙衛民　　五十年代：西方與中國——商禽的夢與變形　新詩啓蒙　臺北
　　　　　　　里仁書局　2011 年 2 月　頁 230—233

237. 蕭水順〔蕭蕭〕　　超現實主義的穿透性美學——商禽論[13]　臺灣前行代詩家
　　　　　　　論　臺北　萬卷樓圖書公司　2003 年 11 月　頁 291—330

238. 蕭　蕭　　商禽：超現實主義的穿透性美學　臺灣新詩美學　臺北　爾雅出
　　　　　　　版社　2004 年 2 月　頁 355—379

239. 商瑜容　　商禽詩作的意象表現[14]　臺灣詩學學刊　第 2 期　2003 年 11 月
　　　　　　　頁 41—60

240. 陳仲義　　幻化：超現實的強大變異[15]　現代詩技藝透析　臺北　文史哲出版
　　　　　　　社　2003 年 12 月　頁 63—69

241. 陳仲義　　意識流：「閃回」式自由聯想[16]　現代詩技藝透析　臺北　文史哲
　　　　　　　出版社　2003 年 12 月　頁 71—76

242. Martine Valette-Hémery　　Shang Qin ou l'oiseau triste　Rêve ou aude　法國
　　　　　　　Éditions du Murmure　2005 年 2 月　頁 9—13

243. 古添洪　　臺灣現代詩的「外來影響」面向——歐美現代詩潮的接受／挪用
　　　　　　　／與本土化〔商禽部分〕　不廢中西萬古流：中西抒情詩類及影
　　　　　　　響研究　臺北　臺灣學生書局　2005 年 4 月　頁 304—305

244. 王德威　　現代主義來了〔商禽部分〕　臺灣：從文學看歷史　臺北　麥田
　　　　　　　出版公司　2005 年 9 月　頁 304

245. 翁文嫻　　商禽——包裹奇思的現實性份量[17]　臺灣當代十大詩人學術研討會
　　　　　　　臺北　臺北教育大學臺灣文學研究所《當代詩學》主辦　2005 年

---

[13] 本文以超現實主義角度探討商禽詩作。全文共 3 小節：緒論：超現實主義的臺灣論述；2.商禽的穿透性美學；3.結語：臺灣超現實主義者的美學特質。

[14] 本文探討商禽詩作中意象塑造，以建構其詩作世界。全文共 5 小節：1.聯覺的感官新意；2.情境的張力；3.奇喻與深喻；4.由流動到凝結：意象的組織；5.結語。

[15] 本文探討商禽詩作中的 3 種幻化圖式：幻覺、幻想、夢幻。

[16] 本文探討商禽詩作中自由聯想的諸種關係並分解其意識流流向。

[17] 本文釐梳商禽詩的各種線索，並且與瘂弦、管管、周夢蝶比較，分別在傳統的縱切面與 60 年代臺灣詩壇的橫切面，雙向說明商禽詩的價值。全文共 5 小節：1.「超現實」或「更現實」；2.逃脫概念，呈現畫面；3.觀察——現代性與生活性；4.「真誠無誤」的連結；5.結語——出神的狀態。

　　　　　　11 月 5 日　頁 1—11

246. 翁文嫻　　商禽——包裹奇思的現實性份量　當代詩學　第 2 期　2006 年 9
　　　　　　月　頁 116—128

247. 黃萬華　　臺灣文學——詩歌（下）〔商禽部分〕　中國現當代文學・第 1
　　　　　　卷（五四—1960 年代）　濟南　山東文藝出版社　2006 年 3 月
　　　　　　頁 450—451

248. 〔Steve Bradburty〕　　Translator's Preface　Feelings Above Sea Level
　　　　　　Brookline　Zephyr Press　2006 年 12 月　〔5〕頁

249. 郭　楓　　論商禽——迷歌的詩和變調的藝[18]　鹽分地帶文學　第 7 期　2006
　　　　　　年 12 月　頁 156—180

250. 古遠清　　「鬼才」商禽　臺灣當代新詩史　臺北　文津出版社　2008 年 1
　　　　　　月　頁 165—168

251. 曾萍萍　　太陽兀自照耀著：《文學季刊》內容分析——讓戰爭在雙人床外進
　　　　　　行：現代詩及其他文類表現〔商禽部分〕　「文季」文學集團研
　　　　　　究——以系列刊物為觀察對象　中央大學中國文學系　博士論文
　　　　　　李瑞騰教授指導　2008 年 7 月　頁 121—122

252. 師恭叔　　臺灣文學的成熟與巴蜀作家的貢獻〔商禽部分〕　福建師範大學
　　　　　　學報　2008 年第 4 期　2008 年 7 月　頁 84—85

253. 楚　戈　　商禽的世界[19]　承受與反叛：臺灣現代詩與現代繪畫的回顧　臺北
　　　　　　政治大學中國文學系，臺灣文學研究所主辦　2008 年 11 月 11 日

254. 楚　戈　　沒有天空的鴿子——商禽的世界　夢或者黎明——商禽文學展暨
　　　　　　追思紀念會特刊　臺北　文訊雜誌社　2010 年 7 月　頁 12—15

255. 楚　戈　　商禽紀念特集——商禽的世界　創世紀　第 165 期　2010 年 12 月
　　　　　　頁 24—26

256. 白　靈　　站在時代的缺口上——商禽詩中的超現實　承受與反叛：臺灣現

---

[18]本文論述商禽詩中的藝術技巧，全文共 3 小節：1.一隻幽谷悲鳴的孤鳥；2.悲鳴迴響和迷歌意
　涵；3.變調技巧和詩藝限度。
[19]本文後改篇名為〈沒有天空的鴿子——商禽的世界〉、〈商禽紀念特集——商禽的世界〉。

代詩與現代繪畫的回顧　臺北　政治大學中國文學系，臺灣文學
研究所主辦　2008 年 11 月 11 日

257. 〔曾進豐編〕　　解說　商禽集　臺南　國立臺灣文學館　2008 年 12 月　頁
107—120

258. 林欣誼　　〈長頸鹿〉寫政治犯瞻望歲月　中國時報　2009 年 4 月 21 日
A16 版

259. 林欣誼　　「僅有詩提供他逃亡的途徑」陳芳明看他：悲傷至極的詩人　中
國時報　2009 年 4 月 21 日　A16 版

260. 劉正忠　　臺灣軍旅詩人作品的連鎖式閱讀——〔商禽〕部分　中文創意教
學示例　臺北　里仁書局　2009 年 6 月　頁 219—237

261. 隱　地　　二〇〇九年（中）〔商禽部分〕　遺忘與備忘　臺北　爾雅出版
社　2009 年 11 月　頁 223—224

262. 鄭振偉　　火的精神分析：商禽詩歌的研究　商禽與 20 世紀華文文學研討會
廈門　廈門大學，香港大學，復旦大學，輔仁大學，明道大學，
修平技術學院主辦　2010 年 4 月 3—4 日

263. 黃自鴻　　世界與他者：論商禽散文詩的張力[20]　兩岸三地華文教學研討會—
—商禽與二十世紀華文文學研討會　廈門　廈門大學，香港大
學，復旦大學，輔仁大學，明道大學，修平技術學院聯合主辦
2010 年 4 月 3—4 日　〔12〕頁

264. 何超英　　商禽的夢想三部曲：以巴什拉的安尼瑪詩學作研究[21]　兩岸三地華
文教學研討會——商禽與二十世紀華文文學研討會　廈門　廈門
大學，香港大學，復旦大學，輔仁大學，明道大學，修平技術學
院聯合主辦　2010 年 4 月 3—4 日　〔15〕頁

---

[20]本文以「世界」為主題論述商禽詩，並透過自我與他者關係的分析，閱讀商禽散文詩的「張
力」。全文共 4 章：1.前言；2.世界與散文詩的張力；3.自我與他者；4.結語。
[21]本文以巴什拉的安尼瑪詩學為基礎，進一步探討商禽詩中夢想的童年和宇宙層面。全文共 6 章：
1.引言；2.夢與夢想；3.夢想一部曲：安尼瑪的寧靜；4.夢想二部曲：童年的回歸；5.夢想三部
曲：嚮往宇宙；6.結論。

265. 簡敏兒　　商禽詩歌中的植物與動物[22]　兩岸三地華文教學研討會——商禽與
　　　　　　　二十世紀華文文學研討會　廈門　廈門大學，香港大學，復旦大
　　　　　　　學，輔仁大學，明道大學，修平技術學院聯合主辦　2010 年 4 月
　　　　　　　3—4 日　〔14〕頁

266. 余境熹　　商禽詩與先秦儒學的互文聯想——「誤讀」詩學系列之三[23]　兩岸
　　　　　　　三地華文教學研討會——商禽與二十世紀華文文學研討會　廈門
　　　　　　　廈門大學，香港大學，復旦大學，輔仁大學，明道大學，修平技
　　　　　　　術學院聯合主辦　2010 年 4 月 3—4 日　〔12〕頁

267. 霍家美　　敘事行動與身體：商禽詩歌的研究[24]　兩岸三地華文教學研討會—
　　　　　　　—商禽與二十世紀華文文學研討會　廈門　廈門大學，香港大
　　　　　　　學，復旦大學，輔仁大學，明道大學，修平技術學院聯合主辦
　　　　　　　2010 年 4 月 3—4 日　〔12〕頁

268. 徐偉志　　眼睛和船的意象：商禽詩歌的研究[25]　兩岸三地華文教學研討會—
　　　　　　　—商禽與二十世紀華文文學研討會　廈門　廈門大學，香港大
　　　　　　　學，復旦大學，輔仁大學，明道大學，修平技術學院聯合主辦
　　　　　　　2010 年 4 月 3—4 日　〔15〕頁

269. 嚴子慧　　虛擬的創傷：商禽詩歌研究[26]　兩岸三地華文教學研討會——商禽
　　　　　　　與二十世紀華文文學研討會　廈門　廈門大學，香港大學，復旦

---

[22] 本文以巴什拉詩學研究商禽詩歌中的植物與動物，並由詩中反覆運用的自然物象，討論其象徵意
義所在。全文共 5 章：1.引言；2.意象和大氣元素的關係；3.商禽的大自然情意結；4.大自然意象
與象徵主義；5.結語。

[23] 本文以「誤讀」為方法論的基礎，以商禽詩歌可能的互文本「先秦儒學」為參照，勾勒出商禽詩
歌的文化內涵，及其與先秦儒家時空觀；道德觀相吻合處。全文共 4 章：1.引言；2.商禽詩的先
秦儒家時空觀；3.商禽詩與先秦儒家的道德觀；4.結語。

[24] 本文從敘事行動與身體的角度，由使命性行動、期望性行動及變形三方面分析商禽詩中所表現的
社會經驗與人生總結。全文共 5 章：1.引言：敘事行動與身體；2.逃亡——使命性行動與期望性
行動的交接；3.變形——醜怪身體與疾病；4.疾病書寫；5.總結。

[25] 本文以巴什拉四元素詩學中水的物質想像為理論基礎，結合超現實主義、尼采酒神精神與拉康的
欠缺，探討商禽的詩歌意象及其生命主題的思考。全文共 7 章：1.引言；2.水與夢：論物質的想
像；3.孔雀開屏的眼睛與靜觀的意志；4.欲望與欠缺；5.水中航行，渴望生命的再生；6.推動生命
的力量；7.結語。

[26] 本文以分類和歸納方法，梳理出「創傷」在商禽詩中的表現。全文共 5 章：1.引言；2.心理創傷
的源流；3.創傷的特徵；4.創傷的出口——寫作；5.結論。

大學，輔仁大學，明道大學，修平技術學院聯合主辦　2010 年 4

月 3—4 日　〔13〕頁

270. 張之維　　論商禽詩作中的廢墟寓言[27]　兩岸三地華文教學研討會——商禽與

二十世紀華文文學研討會　廈門　廈門大學，香港大學，復旦大

學，輔仁大學，明道大學，修平技術學院聯合主辦　2010 年 4 月

3—4 日　〔15〕頁

271. 黎活仁　　虛無、權力意志等尼采命題：商禽詩研究[28]　兩岸三地華文教學研

討會——商禽與二十世紀華文文學研討會　廈門　廈門大學，香

港大學，復旦大學，輔仁大學，明道大學，修平技術學院聯合主

辦　2010 年 4 月 3—4 日　〔12〕頁

272. 黎活仁　　虛無、權力意志等尼采命題：商禽詩的研究　臺灣詩學學刊　第

16 期　2010 年 12 月　頁 71—88

273. 李翠瑛　　水中之月與境外之象——論商禽詩中的虛實變幻意象[29]　兩岸三地

華文教學研討會——商禽與二十世紀華文文學研討會　廈門　廈

門大學，香港大學，復旦大學，輔仁大學，明道大學，修平技術

學院聯合主辦　2010 年 4 月 3—4 日　〔15〕頁

274. 李翠瑛　　水中之月與境外之象——論商禽詩中的虛實變幻意象　臺灣詩學

學刊　第 16 期　2010 年 12 月　頁 47—69

275. 丁旭輝　　囚禁與脫逃：商禽詩中本尊與分身的共構現象[30]　兩岸三地華文教

學研討會——商禽與二十世紀華文文學研討會　廈門　廈門大

---

[27] 本文以商禽詩三種不同的廢墟意象分析，進一步領略其詩的深刻意涵。全文共 5 章：1.前言；2.碎片紛陳的此刻；3.變形的現代人；4.悼亡；5.結論。

[28] 本文以尼采的權力意志哲學，對商禽詩中有關意志、虛無主義等題材作一分析，並以巴什拉「四元素詩學」（地、水、火、大氣）中的「上升與下降」理論，結合意志哲學進行研究。全文共 5 章：1.引言；2.力的意志；3.意志與上升；4.坐與臥的描寫；5.結論。

[29] 本文以商禽虛實變換意象的手法說明商禽詩中詭奇風格的來源，同時解析虛實交錯、變換意象的技巧與理論。全文共 4 章：1.前言；2.詩意的實踐——商禽詩中想像世界與虛實變換之運用；3.理論的發掘——超現實主義與虛實變換意象之意義；4.結論。

[30] 本文研析商禽詩中「本尊」與「分身」的共構現象，其所呈現的超現實建構及詩中體現的悲慘荒謬時代的集體精神。全文共 6 章：1.前言：比現實更真實的「超」現實；2.本尊與分身的共構現象；3.囚禁與脫逃模式之一：從自我囚禁脫逃；4.囚禁與脫逃模式之二：從悲涼現實脫逃；5.囚禁與脫逃模式之三：從狹隘空間脫逃；6.結論：超現實的完成。

　　　　　　　　學，香港大學，復旦大學，輔仁大學，明道大學，修平技術學院
　　　　　　　　聯合主辦　2010 年 4 月 3—4 日　〔12〕頁

276. 丁旭輝　　囚禁與脫逃：商禽詩中本尊與分身的共構現象　臺灣詩學學刊
　　　　　　　　第 16 期　2010 年 12 月　頁 29—46

277. 史　言　　用腳思想迷途的斜度：迷宮論與商禽詩空間意象的拓樸研究[31]　兩
　　　　　　　　岸三地華文教學研討會——商禽與二十世紀華文文學研討會　廈
　　　　　　　　門　廈門大學，香港大學，復旦大學，輔仁大學，明道大學，修
　　　　　　　　平技術學院聯合主辦　2010 年 4 月 3—4 日　〔15〕頁

278. 史　言　　用腳思想迷途的斜度：迷宮論與商禽詩空間意象的拓樸研究　臺
　　　　　　　　灣詩學學刊　第 16 期　2010 年 12 月　頁 109—141

279. 史　言　　用腳思想迷途的斜度——迷宮論與商禽詩空間意象的拓樸研究
　　　　　　　　華文文學　2010 年第 6 期　2010 年 12 月　頁 87—98

280. 金尚浩　　鮮活的意象：論商禽 50、60 年代超現實主義的詩[32]　兩岸三地華
　　　　　　　　文教學研討會　商禽與二十世紀華文文學研討會　廈門　廈門
　　　　　　　　大學，香港大學，復旦大學，輔仁大學，明道大學，修平技術學
　　　　　　　　院聯合主辦　2010 年 4 月 3—4 日　〔12〕頁

281. 金尚浩　　存在和時空的意象：論商禽 50、60 年代超現實主義的詩　臺灣詩
　　　　　　　　學學刊　第 16 期　2010 年 12 月　頁 171—191

282. 沈　玲　　爲「禽」而「傷」：動物描寫與生態倫理的人文觀察——商禽詩歌
　　　　　　　　文本的生態學批評[33]　兩岸三地華文教學研討會——商禽與二十世
　　　　　　　　紀華文文學研討會　廈門　廈門大學，香港大學，復旦大學，輔

---

[31]本文從「拓樸學」、「空間詩學」、「迷宮論」等角度，觀測詩人筆下迷宮意象，切入商禽詩作。全
　文共 5 小節：1.引言；2.概論：商禽詩空間議題・場所・拓樸分析；3.商禽筆下的「路」及其場
　所精神；4.迷途意識與迷宮之路：商禽詩迷宮原型的物質想像；5.結語。
[32]本文析論商禽詩語言文字與意境的運用，及其所呈現的豐富精神內蘊和美學內涵。全文共 4 章：
　1.引言；2.存在的現象學；3.時空的消滅意識；4.結語。本文後改篇名爲〈存在和時空的意象：論
　商禽 50、60 年代超現實主義的詩〉。
[33]本文從生態批評的視角分析商禽詩歌，挖掘其動物詩的現代意義，並藉此說明商禽爲較早爲生態
　發聲、與主流文化相對話與抗衡的臺灣詩人。全文共 4 章：1.引言；2.詩歌與生態倫理的文學介
　面；3.動物描寫與生態的人文審視；4.結語：生態文學的永恆使命。

仁大學，明道大學，修平技術學院聯合主辦　2010 年 4 月 3—4 日
〔13〕頁

283. 沈　玲　　為「禽」而「傷」：動物描寫與生態倫理的人文觀察——商禽詩歌
中的生態學批評　臺灣詩學學刊　第 16 期　2010 年 12 月　頁 89
—107

284. 白　靈　　約束與湧現——商禽詩的形式與精神意涵[34]　兩岸三地華文教學研
討會——商禽與二十世紀華文文學研討會　廈門　廈門大學，香
港大學，復旦大學，輔仁大學，明道大學，修平技術學院聯合主
辦　2010 年 4 月 3—4 日　〔16〕頁

285. 白　靈　　約束與湧現——商禽詩的形式與精神意涵　臺灣詩學學刊　第 16
期　2010 年 12 月　頁 7—28

286. 陳芳明　　商禽之秋・紀念他，不如讀他一首詩　自由時報　2010 年 7 月 28
日　D11 版

287. 陳芳明　　商禽之秋——紀念他，不如讀他一首詩　文訊雜誌　第 298 期
2010 年 8 月　頁 55—58

288. 陳芳明　　商禽之秋——紀念他，不如讀他一首詩　夢或者黎明——商禽文
學展暨追思紀念會特刊　臺北　文訊雜誌社　2010 年 7 月　頁 39
—43

289. 尉天驄　　那個時代，那樣的生活，那些人——懷念商禽　夢或者黎明——
商禽文學展暨追思紀念會特刊　臺北　文訊雜誌社　2010 年 7 月
頁 20—30

290. 尉天驄　　那個時代，那樣的生活，那些人——懷念商禽　文訊雜誌　第 298
期　2010 年 8 月　頁 41—50

291. 尉天驄　　那個時代，那樣的生活，那些人——懷念商禽　臺港文學選刊
2010 年第 6 期　2010 年 12 月　頁 12—19

---

[34] 本文呈現商禽在臺灣詩壇中超現實主義的地位，以及以混沌理論解釋商禽詩作的囚與逃及多種精
神意涵。全文共 5 小節：1.引言；2.混沌邊緣、突現、與超現實主義；3.米羅式和夏卡爾式的商
禽；4.宇宙四元關係與商禽詩的精神意涵；5.結語。

292. 尉天驄　　那個時代，那樣的生活，那些人——懷念商禽　回首我們的時代
　　　　　　　臺北　印刻文學生活雜誌出版公司　2011 年 11 月　頁 307—326

293. 劉正忠〔唐捐〕　　鼠嬰、鳥屍與飲者——論商禽和他的詩　夢或者黎明—
　　　　　　　—商禽文學展暨追思紀念會特刊　臺北　文訊雜誌社　2010 年 7
　　　　　　　月　頁 58—65

294. 劉正忠〔唐捐〕　　鼠嬰、鳥屍與飲者——論商禽和他的詩　文訊雜誌　第
　　　　　　　298 期　2010 年 8 月　頁 62—68

295. 鄭政恆　　言說死亡的鳥——淺談商禽的悼亡詩　文學評論　第 9 期　2010
　　　　　　　年 8 月　頁 38—41

296. 羅毓嘉　　甜蜜和辛辣——重訪商禽詩作的黑暗之心　印刻文學生活誌　第
　　　　　　　84 期　2010 年 8 月　頁 101—104

297. 陳智德　　冷戰局勢下的臺、港現代詩運動：商禽、洛夫、瘂弦、白萩與戴
　　　　　　　天、馬覺、崑南、蔡炎培[35]　跨國的殖民記憶與冷戰經驗：臺灣文
　　　　　　　學的比較文學研究國際學術研討會　新竹　清華大學臺灣文學研
　　　　　　　究所主辦　2010 年 11 月 19—20

298. 陳智德　　冷戰局勢下的臺、港現代詩運動：以商禽、洛夫、瘂弦、白萩與
　　　　　　　戴天、馬覺、崑南、蔡炎培為例　跨國的殖民記憶與冷戰經驗：
　　　　　　　臺灣文學的比較文學研究　新竹　清華大學臺灣文學研究所
　　　　　　　2011 年 5 月　頁 409—434

299. 曾巧雲　　商禽：瞻望歲月的長頸鹿詩人發表詩全集　2009 年臺灣文學年鑑
　　　　　　　臺南　國立臺灣文學館　2010 年 12 月　頁 162—163

300. 劉柏廷　　雕塑意圖：商禽詩作中的一些主題[36]　臺灣詩學學刊　第 16 期

---

[35]本文探討在冷戰時代背景下，詩人商禽、洛夫、瘂弦、白萩與戴天、馬覺、崑南、蔡炎培如何以
　現代主義策略回應時代，以創造出新的詩歌語言與理念。全文共小節：1.引論；2.「禁錮」和
　「孤絕」；3.抗衡的聲音；4.語言的創建；5.結論。
[36]本文以法國後現代主義德希達論詩訪談來理解「意相」在現代詩歌之中的重要性，以了解商禽之
　無涉詩學。全文共 6 小節：1.前言；2.關於矛盾、冷漠、遺忘；3.解讀角色時認同上的盲點：以
　〈電鎖〉與〈穿牆貓〉為例；4.流動幻象：以〈塑〉、〈溺酒的天使〉、〈無質的水晶〉為例；5.與
　〈界〉之舞；6.結論：忘掉限界與當中的危險。

2010 年 12 月　頁 193—214

301. 葉維廉　商禽紀念特集——焚寄商禽　創世紀　第 165 期　2010 年 12 月
　　　頁 26—29

302. 張漢良　商禽紀念特集——緬懷商禽，臆想詩學，回顧共同詩學，評估北
　　　美中國詩論　創世紀　第 165 期　2010 年 12 月　頁 29—35

303. 林明理　詩中見風骨——商禽詩的意象表現[37]　全國新書資訊月刊　第 144
　　　期　2010 年 12 月　頁 38—41

304. 林明理　詩中見風骨——商禽詩的意象表現　藝術與自然的融合——當代
　　　詩文評論集　臺北　文史哲出版社　2011 年 5 月　頁 70—75

305. 蕭蕭編　紀念商禽　2010 臺灣詩選　臺北　二魚文化事業公司　2011 年 2
　　　月　頁 186

306. 李翠瑛　以文字起舞——論商禽散文詩之魅力與意象解讀　國文新天地
　　　第 23 期　2011 年 4 月　頁 24—32

307. 張雙英　試探商禽詩的「心象」與「意象」　國文新天地　第 23 期　2011
　　　年 4 月　頁 33—41

308. 陳義芝編　　商禽　Contemporary Taiwanese Literature and Art Series——
　　　Poetry（當代臺灣文學藝術系列——詩歌卷）　臺北　中華民國筆
　　　會　2011 年 7 月　頁 30

309. 陳芳明　現代詩藝的追求與成熟——詩的高速現代化〔商禽部分〕　臺灣
　　　新文學史　臺北　聯經出版社　2011 年 10 月　頁 428—430

310. 李癸雲　戰爭・囚禁・逃亡——試探商禽的戰爭創傷書寫　臺灣文學研究
　　　學報　第 13 期　2011 年 10 月　頁 243—274

311. 葉維廉　超乎現實歷史同時入乎現實歷史：商禽的顛覆策略　創世紀　第
　　　170 期　2012 年 3 月　頁 154—167

---

[37]本文以戰爭陰影的創傷書寫，探討商禽詩作的核心意象、中心主題以及形式美學，以了解商禽詩
歌美學的獨特處。全文共 5 小節：1.續論：商禽與戰爭陰影；2.精神醫學與文學研究的對話視
角；3.商禽戰爭創傷書寫的幾個面向；4.在「超現實」之外；5.結語。

312. 方環海，沈玲　　生態與倫理的人文觀察——商禽詩歌論[38]　詩意的視界　上
　　　海　學林出版社　2012 年 5 月　頁 73—89

313. 丁威仁　　典律的生成（上）——論「十大詩人票選」〔商禽部分〕　戰後
　　　臺灣現代詩的演變與特質（1949—2010）　臺北　秀威資訊科技
　　　公司　2012 年 5 月　頁 253—263

314. 落蒂〔楊顯榮〕　　一直在逃亡的詩人——商禽論　靜觀詩海拍天浪　臺北
　　　文史哲出版社　2012 年 9 月　頁 306—310

315. 丁旭輝　　新左岸詩話〔商禽部分〕　臺灣詩學吹鼓吹論壇　第 15 期　2012
　　　年 9 月　頁 11—12

316. 陳政彥　　現代詩運動成熟期（1959—1964）——詩人群像——商禽　跨越
　　　時代的青春之歌——五、六○年代臺灣現代詩運動　臺南　國立
　　　臺灣文學館　2012 年 10 月　頁 163—166

317. 陳巍仁　　驚心之必然——臺灣散文詩發展關鍵的觀察〔商禽部分〕　臺灣
　　　詩學吹鼓吹詩論壇　第 16 期　2013 年 3 月　頁 248—250

分論

◆單行本作品

詩

《夢或者黎明》

318. 陳鴻森　　變調之鳥——商禽詩集《夢或者黎明》　笠　第 51 期　1972 年
　　　10 月　頁 77—81

319. 楊　牧　　詩話商禽（1969 年）　中外文學　第 2 卷第 6 期　1973 年 11 月
　　　頁 50—51

320. 楊　牧　　詩話商禽　傳統的與現代的　臺北　志文出版社　1974 年 3 月
　　　頁 154—155

321. 楊　牧　　詩話商禽　中國現代作家論　臺北　聯經出版公司　1979 年 7 月

---

[38]本文探索商禽詩歌潛存的生態意識，挖掘其中特定的自然書寫的意指及生態倫理觀。全文共 4 小
　節：1.引言；2.詩歌與生態倫理的文學界面；3.動物描寫與生態的人文審視；4.結語。

頁 121—123

322. 楊　牧　詩話商禽　傳統的與現代的　臺北　洪範書店　1982 年 2 月　頁 167—168

323. 楊　牧　詩話商禽　掠影急流　臺北　洪範書店　2005 年 12 月　頁 113—114

324. 胡錦媛　誰來鑑照淚珠？——讀商禽的詩集《夢或者黎明》有感　書評書目　第 34 期　1976 年 2 月　頁 48—50

325. 辛　鬱　商禽的《夢或者黎明》　文訊雜誌　第 18 期　1985 年 6 月　頁 181—184

326. 黃恒秋　塑造時間的手——評商禽詩集《夢或者黎明》　臺灣文學與現代詩　苗栗　苗栗縣立文化中心　1992 年 6 月　頁 108—114

327. 黃恒秋　塑造時間的手——評商禽詩集《夢或者黎明》　臺灣文學與現代詩　臺北　客家臺灣文史工作室　2006 年 2 月　頁 108—114

328. 莫　渝　臺灣散文詩六十年——六冊散文詩集介紹〔《夢或者黎明》部分〕　閱讀臺灣散文詩　苗栗　苗栗縣立文化中心　1997 年 12 月　頁 44—45

329. 瘂　弦　他的詩‧他的人‧他的時代——論商禽《夢或者黎明》　臺灣文學經典研討會　臺北　行政院文建會　1999 年 3 月 19—21 日

330. 瘂　弦　他的詩‧他的人‧他的時代——論商禽《夢或者黎明》　創世紀　第 119 期　1999 年 6 月　頁 22—33

331. 瘂　弦　他的詩‧他的人‧他的時代——論商禽《夢或者黎明》　臺灣文學經典研討會論文集　臺北　行政院文建會，聯經出版公司　1999 年 6 月　頁 240－259

332. 瘂　弦　他的詩‧他的人‧他的時代——論商禽《夢或者黎明》　於無聲處　香港　明報月刊出版社　2011 年 6 月　頁 178—204

333. 應鳳凰　商禽的《夢或者黎明》　臺灣文學花園　臺北　玉山社出版公司　2003 年 1 月　頁 206—210

334. 郭　楓　　隱喻的詩和現實批判——翠樓文學片論之三〔《夢或者黎明》部分〕　新地文學　第9期　2009年9月　頁69—71

《用腳思想》

335. 向　明　　巧思、真趣——評商禽《用腳思想》　聯合文學　第52期　1989年2月　頁191—192

336. 陶保璽　　濁世中以腳思想者的蒼涼戰叫——解析商禽詩作並談閱讀及欣賞　創世紀　第121期　1999年12月　頁87—106

337. 陶保璽　　濁世中以腳思想者的蒼涼戰叫——解析超現實主義詩人商禽的部分作品　華文文學　2000年第3期　2000年　頁14—19，79

338. 陶保璽　　濁世中以腳思想者的蒼涼戰叫——解析商禽詩作並談閱讀及欣賞　臺灣新詩十家論　臺北　二魚文化公司　2003年8月　頁161—189

《夢或者黎明及其他》

339. 唐　捐　　帶商禽去當兵——向阿米巴弟弟推介《夢或者黎明及其他》　文訊雜誌　第177期　2000年7月　頁38—39

340.〔臺灣新聞報〕　商禽《夢或者黎明及其他》經典文學增訂再版　臺灣新聞報　2001年7月21日　10版

《商禽世紀詩選》

341. 焦　桐　　叛逃的美學路徑——商禽《商禽：世紀詩選》　中央日報　2001年1月15日　21版

342. 吳　當　　在散文與詩中漫步——讀《商禽世紀詩選》　兩棵詩樹　臺北　爾雅出版社　2001年12月　頁47—56

343. 吳　當　　在散文與詩中漫步——讀《商禽世紀詩選》　明道文藝　第310期　2002年1月　頁42—47

344. 陳巍仁　　商禽《商禽世紀詩選》　2000臺灣文學年鑑　臺北　行政院文建會　2002年4月　頁321—323

《商禽詩全集》

345. 陳芳明　快樂貧乏症患者——商禽　印刻生活文學誌　第 68 期　2009 年 4 月　頁 95—101

346. 陳芳明　快樂貧乏症患者——《商禽詩全集》序　商禽詩全集　臺北　印刻文學生活雜誌出版公司　2009 年 4 月　頁 28—45

347. 陳芳明　快樂貧乏症患者——《商禽詩全集》序　創世紀　第 159 期　2009 年 6 月　頁 22—28

348. 陳宛茜　商禽用詩記下逃亡的足跡　聯合報　2009 年 5 月 28 日　A6 版

349. 鴻　鴻　周末書房——從咆哮轉為輕歌　聯合報　2009 年 6 月 26 日　D3 版

350. 米納提歐　《商禽詩全集》掃讀　笠　第 276 期　2009 年 6 月　頁 94

351. 〔幼獅文藝〕　藝文花絮——商禽出版《商禽詩全集》　幼獅文藝　第 667 期　2009 年 7 月　頁 126

352. 奚　密　不滅的長庚——讀《商禽詩全集》　文訊雜誌　第 288 期　2009 年 10 月　頁 111—113

353. 蘇紹連　新詩金典獎——《商禽詩全集》評審講評——注視現實的眼睛——讀《商禽詩全集》有感　臺灣文學館通訊　第 26 期　2010 年 3 月　頁 27

354. 蘇紹連　注視現實的眼睛　臺灣詩學吹鼓吹詩論壇　第 11 期　2010 年 9 月　頁 15

355. 蘇韶連　注視現實的眼睛　少年詩人夢　臺北　釀出版　2012 年 12 月　頁 88—89

356. 鄭雅雯整理　新詩金典獎決審紀錄摘要〔《商禽詩全集》部分〕　臺灣文學館通訊　第 26 期　2010 年 3 月　頁 29—31

357. 蕭　蕭　生命撞擊下的空間詩學——論《商禽詩全集》的空間對比與隱蔽[39]

---

[39] 本文跳脫超現實主義觀點，以商禽詩呈現的空間對比與隱蔽，看見生命撞擊下的空間詩學。全文共 5 節：1.前言：超現實或者超級現實的對比與隱蔽；2.《夢或者黎明》的空間對比與隱蔽；3.

　　　　　　　兩岸三地華文教學研討會——商禽與二十世紀華文文學研討會
　　　　　　　廈門　廈門大學，香港大學，復旦大學，輔仁大學，明道大學，
　　　　　　　修平技術學院聯合主辦　2010 年 4 月 3—6 日　〔18〕頁

358. 蕭　蕭　　生命撞擊下的空間詩學——論《商禽詩全集》的空間對比與隱蔽
　　　　　　　臺灣詩學學刊　第 16 期　2010 年 12 月　頁 143—170

359. 林明理　　商禽紀念特集——商禽詩的哲學沉思[40]　創世紀　第 165 期　2010
　　　　　　　年 12 月　頁 39—40

360. 林明理　　《商禽詩全集》的哲學沉思　湧動著一泓清泉——現代詩文評論
　　　　　　　臺北　文史哲出版社　2012 年 3 月　頁 207—209

361. 應鳳凰，傅月庵　　商禽——《商禽詩全集》　冊頁流轉——臺灣文學書入
　　　　　　　門 108　臺北　印刻文學生活雜誌出版公司　2011 年 3 月　頁 46
　　　　　　　—47

◆多部作品

《夢或者黎明及其他》、《用腳思想》

362. 近　山　　商禽詩作譯成多國文字出版　中央日報　1992 年 8 月 22 日　16
　　　　　　　版

單篇作品

363. 張　默　　商禽及其〈逢單日的夜歌〉　現代詩的投影　臺北　商務印書館
　　　　　　　1967 年 10 月　頁 153—161

364. 辛　鬱　　剖析商禽詩作〈鴿子〉兼論當前詩壇　草原雜誌　創刊號　1967
　　　　　　　年 11 月　頁 26—31

365. 辛　鬱　　剖析商禽的詩作〈鴿子〉　中國現代詩論選　高雄　大業書店
　　　　　　　1969 年 3 月　頁 207—215

366. 羅　青　　分段詩研究[41]　龍族詩刊　第 12 期　1974 年 2 月　頁 53—56

　　《用腳思想》的空間對比與隱蔽；4.《把現在放進過去的過去裡面》的時空交涉與互攝；5.結
語：超現實主義或者商禽主義。
[40]本文後改篇名為《商禽詩全集》的哲學沉思〉。
[41]本文後改篇名為〈論商禽的〈鴿子〉〉及〈論商禽的〈鴿子〉——分段詩研究〉。

367. 羅　青　　論商禽的〈鴿子〉　書評書目　第 25 期　1975 年 5 月　頁 68—
76

368. 羅　青　　論商禽的〈鴿子〉——分段詩研究　中國文學批評年選　臺北
巨人出版社　1976 年 8 月　頁 428—436

369. 羅　青　　論商禽的〈鴿子〉　從徐志摩到余光中　臺北　爾雅出版社
1978 年 12 月　頁 251—262

370. 羅　青　　詩話商禽——論商禽的〈鴿子〉——分段詩研究　中國現代作家
論　臺北　聯經出版公司　1979 年 7 月　頁 134—144

371. 羅　青　　論商禽的〈鴿子〉　現代詩導讀（批評篇）　臺北　故鄉出版社
1979 年 11 月　頁 235—244

372. 羅　青　　論商禽的〈鴿子〉　從徐志摩到余光中　臺北　爾雅出版社
2003 年 3 月　頁 251—262

373. 楊昌年　　現代名家名作抽象析介——商禽的〈鴿子〉　新詩品賞　臺北
牧童出版社　1978 年 9 月　頁 311—318

374. 張　默　　從繁富到清明——六十年代的新詩〔〈鴿子〉部分〕　文訊雜誌
第 13 期　1984 年 8 月　頁 99—100

375. 李標晶　　商禽的〈鴿子〉　20 世紀中國文學通史　上海　東方出版中心
2003 年 9 月　頁 576

376. 葉維廉　　中國現代詩的語言問題〔〈天河的斜度〉部分〕　秩序的生長
臺北　志文出版社　1971 年 6 月　頁 177—184

377. 葉維廉　　詩話商禽[42]　中國現代作家論　臺北　聯經出版公司　1979 年 7
月　頁 126—130

378. 葉維廉　　現代詩，獨立的聲音〔〈天河的斜度〉部分〕　創世紀　第 73、
74 期合刊　1988 年 8 月　頁 33—34

379. 趙衛民　　現代詩與中國美學——從五十年代現代詩名作試析所含的中國美
學意境〔〈天河的斜度〉部分〕　第二屆現代詩學會議論文集

---

[42] 本文節選自〈中國現代詩的語言問題〉評論商禽〈天河的斜度〉部分。

彰化　彰化師範大學國文學系　1995 年 4 月　頁 237—238

380. 張漢良　論詩中夢的結構〔〈逃亡的天空〉部分〕　創世紀　第 40 期　1975 年 4 月　頁 18

381. 張漢良　論詩中夢的結構〔〈逃亡的天空〉部分〕　現代詩論衡　臺北　幼獅文化公司　1977 年 6 月　頁 48—49

382. 水　晶　馬蹄聲與玫瑰——分析現代兩首情詩〔〈逃亡的天空〉部分〕　聯合報　1977 年 1 月 26 日　12 版

383. 水　晶　馬蹄聲與玫瑰——分析現代兩首情詩〔〈逃亡的天空〉部分〕　現代文學論（聯副三十年文學大系・評論卷 3）　臺北　聯經出版公司　1981 年 12 月　頁 509—517

384. 陳啓佑　商禽的悼亡詩〔〈逃亡的天空〉〕　創世紀　第 50 期　1979 年 5 月　頁 13—14

385. 陳啓佑　商禽的悼亡詩——〈逃亡的天空〉　渡也論新詩　臺北　黎明文化公司　1983 年 9 月　頁 181—184

386. 于慈江　〈逃亡的天空〉賞析　中外現代抒情名詩鑑賞辭典　北京　學苑出版社　1989 年 8 月　頁 691—692

387. 于慈江　〈逃亡的天空〉解析　臺灣新詩鑑賞辭典　太原　北岳文藝出版社　1991 年 12 月　頁 398—400

388. 李翠瑛　以「重複」爲基礎的修辭技巧論新詩的節奏變化〔〈逃亡的天空〉部分〕　國文天地　第 230 期　2004 年 7 月　頁 69

389. 李翠瑛　龍蛇變化，不可端倪——商禽〈逃亡的天空〉的意象世界　細讀新詩的掌紋　臺北　萬卷樓圖書公司　2006 年 3 月　頁 139—147

390. 曾琮琇　詩的戲法／法則的遊戲〔〈逃亡的天空〉部分〕　嬉遊記：八○年代以降臺灣「遊戲」詩論　成功大學中國文學系　碩士論文　陳昌明教授指導　2006 年 7 月　頁 73—74

391. 曾琮琇　詩的戲法／法則的遊戲〔〈逃亡的天空〉部分〕　臺灣當代遊戲詩論　臺北　爾雅出版社　2009 年 1 月　頁 61—62

392. 古遠清　50 年代臺灣新詩：從呼喊走向內心〔〈逃亡的天空〉部分〕　中
　　　　　　 國海洋大學學報　2006 年第 6 期　2006 年 12 月　頁 69

393. 林明理　商禽心理意象的詩化——淺釋《逃亡的天空》[43]　世界華文文學論
　　　　　　 壇　2009 年第 4 期　2009 年 12 月　頁 60—61

394. 林明理　商禽心理意象的詩化——淺釋《逃亡的天空》　新詩的意象與內
　　　　　　 涵——當代詩家作品賞析　臺北　文津出版社　2010 年 2 月　頁
　　　　　　 43—48

395. 辛　鬱　讀詩札記——商禽的〈咳嗽〉　青年戰士報　1976 年 3 月 22 日
　　　　　　 8 版

396. 辛　鬱　商禽的〈咳嗽〉　臺灣新聞報　1988 年 5 月 25 日　12 版

397. 辛　鬱　〈咳嗽〉賞析　中國新詩鑑賞大辭典　南京　江蘇文藝出版社
　　　　　　 1988 年 12 月　頁 1060—1062

398. 辛　鬱　〈咳嗽〉解析　臺灣新詩鑑賞辭典　太原　北岳文藝出版社
　　　　　　 1991 年 12 月　頁 404—405

399. 蕭　蕭　〈咳嗽〉鑑賞與寫作指導　中學生現代詩手冊　臺南　翰林出版
　　　　　　 公司　1999 年 9 月　頁 148—152

400. 向　明　三聲咳嗽　我為詩狂　臺北　三民書局　2005 年 1 月　頁 123—
　　　　　　 125

401. 李敏勇　〈咳嗽〉作品導讀　青少年臺灣文庫 2——新詩讀本 3：天門開的
　　　　　　 時候　臺北　國立編譯館　2008 年 12 月　頁 87

402. 喬　林　商禽的〈咳嗽〉　人間福報　2011 年 8 月 15 日　15 版

403. 嚴忠正　寫給聲音——「聲音詩」的形象閱讀〔〈咳嗽〉部分〕　臺灣詩
　　　　　　 學吹鼓吹論壇　第 17 期　2013 年 9 月　頁 130

404. 張　默　批評散步——簡說八位現代詩人的作品——商禽的〈門或者天
　　　　　　 空〉　飛騰的象徵　臺北　水芙蓉出版社　1976 年 9 月　頁 69—

---

[43] 本文探討商禽《逃亡的天空》中對自己靈魂的解剖、內心的獨白，其所展示的是逃亡者的悲劇性。作者分析他的詩並非只求景物的外貌的逼真，同時也求內在意蘊、生命體驗的透視，使詩達到情融於內而深且長。

72

405. 劉登翰　臺灣現代詩的知性內涵和藝術觀念〔〈門或者天空〉部分〕　臺灣香港文學論文選　福州　海峽文藝出版社　1985 年 9 月　頁 91—92

406. 張　默　淺談現代詩的欣賞〔〈長頸鹿〉部分〕　文藝月刊　第 99 期　1977 年 9 月　頁 74—75

407. 張　默　淺談現代詩的欣賞〔〈長頸鹿〉部分〕　無塵的鏡子　臺北　東大圖書公司　1981 年 9 月　頁 15—16

408. 張漢良　現代詩導讀（上）〔〈長頸鹿〉部分〕　中外文學　第 8 卷第 2 期　1979 年 7 月　頁 97　99

409. 張漢良　〈長頸鹿〉導讀　現代詩導讀（導讀篇一）　臺北　故鄉出版社　1979 年 11 月　頁 168—170

410. 陳啓佑　〈長頸鹿〉　渡也論新詩　臺北　黎明文化公司　1983 年 9 月　頁 185－187

411. 莫文征　〈長頸鹿〉賞析　中國新詩鑑賞大辭典　南京　江蘇文藝出版社　1988 年 12 月　頁 1059—1060

412. 蕭　蕭　略論現代詩人自我生命的鑑照與顯影〔〈長頸鹿〉部分〕　臺灣詩學季刊　第 1 期　1992 年 12 月　頁 70—71

413. 蕭　蕭　略論現代詩人自我生命的鑑照與顯影〔〈長頸鹿〉部分〕　評論十家　臺北　爾雅出版社　1993 年 12 月　頁 175—178，180—182

414. 繼　英　商禽〈長頸鹿〉解析　世界華人詩歌鑑賞大辭典　太原　書海出版社　1993 年 3 月　頁 239—240

415. 〔游喚，徐華中，張鴻聲編著〕　　〈長頸鹿〉賞析　現代詩精讀　臺北　五南圖書出版公司　1998 年 9 月　頁 162－163

416. 陳巍仁　臺灣現代散文詩文類析論〔〈長頸鹿〉部分〕　一九九九竹塹文學獎得獎作品集　新竹　新竹市立文化中心　1999 年 6 月　頁

316—317

417. 李翠瑛　瞻望歲月的容顏——商禽散文詩〈長頸鹿〉的意涵　細讀新詩的
　　　掌紋　臺北　萬卷樓圖書公司　2006 年 3 月　頁 159—166

418. 蕭　蕭　商禽〈長頸鹿〉賞析　揮動想像翅膀　臺北　聯合文學出版社
　　　2006 年 6 月　頁 50

419. 張漢良　〈遙遠的催眠〉導讀　現代詩導讀（導讀篇一）　臺北　故鄉出
　　　版社　1979 年 11 月　頁 165—167

420. 周伯乃　詩的音樂性〔〈遙遠的催眠〉部分〕　現代詩的欣賞（一）　臺
　　　北　三民書局　1985 年 2 月　頁 47—54

421. 許世旭　中國現代詩的回歸傳統論〔〈遙遠的催眠〉部分〕　中國現代文
　　　學理論季刊　第 7 期　1997 年 9 月　頁 369

422. 凌性傑　比所有的事物更遙遠——讀商禽〈遙遠的催眠〉　幼獅文藝　第
　　　673 期　2010 年 1 月　頁 38—41

423. 凌性傑　比所有的事物更遙遠——商禽〈遙遠的催眠〉　更好的生活　臺
　　　北　聯經出版公司　2011 年 5 月　頁 52—63

424. 蕭　蕭　〈五官素描〉導讀　現代詩導讀（導讀篇一）　臺北　故鄉出版
　　　社　1979 年 11 月　頁 174—176

425. 仇小屏　商禽〈五官素描〉　放歌星輝下——中學生新詩閱讀指引　臺北
　　　三民書局　2002 年 8 月　頁 92－97

426. 李翠瑛　五官的遐想——談商禽〈五官素描〉一詩　細讀新詩的掌紋　臺
　　　北　萬卷樓圖書公司　2006 年 3 月　頁 149—157

427. 謝欣玶　從超現實返回塵世——試論商禽與〈五官素描〉　國文新天地
　　　第 23 期　2011 年 4 月　頁 16—23

428. 〔蕭蕭，楊子澗主編〕　〈傷心的女子〉解說　中學白話詩選　臺北　故
　　　鄉出版社　1980 年 4 月　頁 208－211

429. 張　默　徐緩與急速——談現代詩的節奏〔〈匹茲堡〉部分〕　無塵的鏡
　　　子　臺北　東大圖書公司　1981 年 9 月　頁 70

430. 蕭　蕭　　〈夜歸三章〉解析　現代詩入門　臺北　故鄉出版社　1982 年 2 月　頁 297—300

431. 隱　地　　夜歸人商禽〔〈夜歸三章〉〕　人人都有困境——讀一首詩吧！臺北　爾雅出版社　2010 年 9 月　頁 106—111

432. 季　季主編　　〈分水觀音〉編者的話　1982 臺灣散文選　臺北　前衛出版社　1983 年 2 月　頁 269

433. 季　紅　　析論商禽的〈無言的衣裳〉　中華文藝　第 144 期　1983 年 2 月　頁 140—147

434. 季　紅　　淺析商禽的〈無言的衣裳〉　現代詩　復刊第 3 期　1983 年 3 月　頁 13—21

435. 王小琳　　商禽的〈無言的衣裳〉　創世紀　第 93 期　1993 年 4 月　頁 94—97

436. 王小琳　　商禽的〈無言的衣裳〉　創世紀四十年評論選：一九五四——一九九四・臺灣　臺北　創世紀詩雜誌社　1994 年 9 月　頁 317—323

437. 楊顯榮〔落蒂〕　天荒地老有情天〔〈無言的衣裳〉〕　國語日報　2000 年 9 月 3 日　5 版

438. 落　蒂　　天荒地老有情天——析商禽〈無言的衣裳〉　詩的播種者　臺北　爾雅出版社　2003 年 2 月　頁 55—58

439. 鍾　文　　新詩例話（二則）：商禽〈眼〉、余光中〈算命瞎子〉　山花　1984 年第 3 期　1984 年 3 月　頁 80

440. 張　默　　晶瑩剔透話小詩——近期（民國四十年以後）小詩抽樣選錄〔〈五官素描——眉〉部分〕　小詩選讀　臺北　爾雅出版社　1987 年 5 月　頁 21—22

441. 張　默　　商禽／〈眉〉　小詩選讀　臺北　爾雅出版社　1987 年 5 月　頁 65—69

442. 蓉　子　　〈眉〉　青少年詩國之旅　臺北　業強出版社　1990 年 10 月　頁 113—114

443. 曾琮琇　　從扮裝到變裝〔〈五官素描——眉〉部分〕　嬉遊記：八○年代
　　　　　　　以降臺灣「遊戲」詩論　成功大學中國文學系　碩士論文　陳昌
　　　　　　　明教授指導　2006年7月　頁118—119

444. 曾琮琇　　從扮裝到變裝〔〈五官素描——眉〉部分〕　臺灣當代遊戲詩論
　　　　　　　臺北　爾雅出版社　2009年1月　頁121—124

445. 林俊德　　現代絕句，小詩一大絕〔〈眉〉部分〕　明道文藝　第441期
　　　　　　　2012年12月　頁63—64

446. 許悔之　　人的壓力——讀商禽〈用腳思想〉　文訊雜誌　第54期　1990年
　　　　　　　4月　頁47—48

447. 隱　地　　〈用腳思想〉　身體一艘船　臺北　爾雅出版社　2005年2月
　　　　　　　頁161—163

448. 珍　爾　　〈躍場〉解析　臺灣新詩鑑賞辭典　太原　北岳文藝出版社
　　　　　　　1991年12月　頁401—402

449. 陳巍仁　　臺灣現代散文詩主題論〔〈躍場〉部分〕　臺灣現代散文詩新論
　　　　　　　臺北　萬卷樓圖書公司　2001年11月　頁220—222

450. 宇　珍　　〈月亮與老鄉〉解析　臺灣新詩鑑賞辭典　太原　北岳文藝出版
　　　　　　　社　1991年12月　頁402—403

451. 洛　夫　　〈屋簷〉編者按語　八十二年詩選　臺北　現代詩季刊社　1994
　　　　　　　年6月　頁115—116

452. 洛　夫　　〈雪〉小評　八十三年詩選　臺北　現代詩季刊社　1995年5月
　　　　　　　頁159

453. 黃　梁　　新詩點評（十）——〈雪〉　國文天地　第139期　1996年12月
　　　　　　　頁66—67

454. 翁文嫻　　現代詩中男女的情與變〔〈穿牆貓〉部分〕　臺灣詩學季刊　第
　　　　　　　16期　1996年9月　頁17—18

455. 翁文嫻　　現代詩中男女的情與變〔〈穿牆貓〉部分〕　創作的契機　臺北
　　　　　　　唐山出版社　1998年5月　頁209—212

456. 莫　渝　　臺灣散文詩六十年——六篇散文詩作品簡評〔〈籍貫〉部分〕
　　　　　　　閱讀臺灣散文詩　苗栗　苗栗縣立文化中心　1997 年 12 月　頁
　　　　　　　36—37

457. 梅　新　　商禽的〈站牌〉　魚川讀詩　臺北　三民書局　1998 年 1 月　頁
　　　　　　　37－40

458. 瘂　弦　　〈高個子的美學——懷念亡友梅新〉賞析　八十六年詩選　臺北
　　　　　　　現代詩季刊社　1998 年 5 月　頁 165

459. 瘂　弦　　品賞〈某日某巷弔舊寓〉　天下詩選 1：1923—1999 臺灣　臺北
　　　　　　　天下遠見出版公司　1999 年 9 月　頁 89－92

460. 蕭　蕭　　〈飛行垃圾〉賞析　八十八年詩選　臺北　創世紀詩雜誌社
　　　　　　　2000 年 3 月　頁 100

461. 蕭　蕭　　〈飛行垃圾〉詩作賞析　優游意象世界　臺北　聯合文學出版社
　　　　　　　2006 年 6 月　頁 64

462. 歐陽江河　命名的分裂：讀商禽的散文詩〈雞〉　詩探索　2000 年第 1 期
　　　　　　　2000 年 6 月　頁 50—57

463. 歐陽江河　命名的分裂：讀商禽的散文詩〈雞〉　臺港文學選刊　2010 年
　　　　　　　第 6 期　2010 年 12 月　頁 20—24

464. 奚　密　　臺灣新疆域——《二十世紀臺灣詩選》導論〔〈雞〉部分〕　二
　　　　　　　十世紀臺灣詩選　臺北　麥田出版公司　2001 年 8 月　頁 70

465. 〔吳東晟，陳昱成，王浩翔〕　　〈雞〉導讀賞析　織錦入春闈：現代詩精
　　　　　　　選讀本　臺中　京城文化公司　2005 年 8 月　頁 72—74

466. 顧曉峰　　星期天和人造日光的弔詭——析商禽散文詩〈雞〉　香港文學
　　　　　　　第 293 期　2009 年 5 月　頁 14—15

467. 蕭　蕭　　〈背著時間等時間〉編者按語　八十九年詩選　臺北　臺灣詩學
　　　　　　　季刊雜誌社　2001 年 4 月　頁 40

468. 陳巍仁　　臺灣現代散文詩藝術論〔〈蒲公英〉部分〕　臺灣現代散文詩新
　　　　　　　論　臺北　萬卷樓圖書公司　2001 年 11 月　頁 208—210

469. 唐　捐　　〈醒〉評析　臺灣現代文學教程：當代文學讀本　臺北　二魚文化公司　2002 年 8 月　頁 48—49

470. 仇小屏　　從主謂句的角度看以句構篇的幾首新詩〔〈眉〉部分〕　國文天地　第 213 期　2003 年 1 月　頁 87

471. 張　默　　從〈白蝴蝶〉到〈詩行〉——「八行詩」讀後筆記〔〈五官素描——嘴〉部分〕　小詩・牀頭書　臺北　爾雅出版社　2007 年 3 月　頁 210

472. 向　陽　　〈電鎖〉賞析　臺灣現代文選　臺北　三民書局　2004 年 5 月　頁 182－184

473. 游　刃　　商禽：〈電鎖〉　福建論壇　2004 年第 6 期　2004 年 6 月　頁 71

474. 奚　密　　商禽紀念特——紀念商禽〔〈電鎖〉〕　創世紀　第 165 期　2010 年 12 月　頁 46—47

475. 向　陽　　〈天葬臺〉作品賞析　2003 臺灣詩選　臺北　二魚文化公司　2004 年 6 月　頁 22－23

476. 〔辛　鬱〕　　關於〈創世紀〉　他們怎麼玩詩？：創世紀五十周年精選　臺北　二魚文化公司　2004 年 10 月　頁 84

477. 陳義芝　　〈傍晚〉賞析　2004 臺灣詩選　臺北　二魚文化公司　2005 年 3 月　頁 49

478. 宋邦珍　　商禽〈歲末寄友人〉評析　文學與人生：文學心靈的生命地圖　臺北　三民書局　2005 年 8 月　頁 76—77

479. 丁旭輝　　商禽〈火雞〉解析　臺灣詩學吹鼓吹詩論壇　第 1 期　2005 年 9 月　頁 69—71

480. 丁旭輝　　商禽的寂寞〈火雞〉　淺出深入話新詩　臺北　爾雅出版社　2006 年 9 月　頁 71—75

481. 焦　桐　　〈桂芝去了月亮——給尉天驄〉作品賞析　2006 臺灣詩選　臺北　二魚文化公司　2007 年 7 月　頁 121

482. 焦　桐等編[44]　　〈散讚十竹齋〉編案　2007 年臺灣詩選　臺北　二魚文化公司　2008 年 3 月　頁 198—201

483. 向　陽　　〈平交道〉作品導讀　青少年臺灣文庫 2——新詩讀本 2：太平洋的風　臺北　國立編譯館　2008 年 12 月　頁 102

484. 翁文嫻　　「變形詩學」在漢語現代化過程中的檢証〔〈溫暖的黑暗〉部分〕　歐亞文化語境中的現當代漢語詩學學術研討會論文集　臺北　中央研究院中國文哲研究所　2009 年 12 月　頁 12—14

485. 葉　櫓　　商禽〈凱亞美廈湖〉　大海洋詩刊　第 84 期　2012 年 1 月　頁 23

486. 〔李瑞騰主編〕　　〈滅火機〉——手稿／羅珊珊捐贈　神與物遊——國立臺灣文學館典藏精選集（三）　臺南　國立臺灣文學館　2012 年 12 月　頁 88

487. 陳素英　　遇見天空—　商禽〈地球背面的陽光〉幾個面相　創世紀　第 175 期　2013 年 6 月　頁 21—25

多篇作品

488. 林亨泰　　攸里西斯的弓〔〈長頸鹿〉、〈躍場〉、〈事件〉、〈滅火機〉部分〕　現代詩的基本精神　彰化　笠詩刊社　1968 年 1 月　頁 34—44

489. 林亨泰　　詩話商禽[45]　中國現代作家論　臺北　聯經出版公司　1979 年 7 月　頁 123—124

490. 林煥彰　　無辜的手——讀商禽的〈火雞〉和〈鴿子〉　臺塑企業　第 2 卷第 9 期　1971 年 9 月　頁 64—68

491. 林煥彰　　無辜的手——讀商禽的〈火雞〉和〈鴿子〉　善良的語言　宜蘭　宜蘭縣立文化中心　1992 年 6 月　頁 65—73

492. 〔蕭蕭，楊子潤主編〕　　〈長頸鹿〉、〈傷心的女子〉解說　中學白話詩

---

[44] 合編者：焦桐、蕭蕭、陳義芝、白靈、向陽。
[45] 本文為〈攸里西斯的弓〉節選部分。

選　臺北　故鄉出版社　1980 年 4 月　頁 204−211

493. 呂正惠　　商禽詩兩首賞析〔〈鴿子〉、〈長頸鹿〉〕　藍星季刊　復刊第
　　　　　　　11 號　1980 年 4 月　頁 204—211

494. 呂正惠　　〈涉禽〉、〈鷹〉、〈長頸鹿〉、〈鴿子〉、〈逃亡的天空〉、
　　　　　　　〈遙遠的睡眠〉、〈天河的斜度〉賞析　中國新詩賞析 3　臺北
　　　　　　　長安出版社　1981 年 4 月　頁 90—125

495. 流沙河　　抗議的雞〔〈火雞〉、〈長頸鹿〉、〈逢單日的夜歌〉、〈逃亡
　　　　　　　的天空〉、〈涉禽〉、〈秋〉〕　星星　1982 年第 10 期　1982
　　　　　　　年 10 月　頁 91

496. 流沙河　　抗議的雞〔〈火雞〉、〈長頸鹿〉、〈逢單日的夜歌〉、〈逃亡
　　　　　　　的天空〉、〈涉禽〉、〈秋〉〕　臺灣詩人十二家　重慶　重慶
　　　　　　　出版社　1983 年 8 月　頁 248—254

497. 紀璧華　　〈遙遠的催眠〉、〈長頸鹿〉、〈燈下〉賞析　臺灣抒情詩賞析
　　　　　　　香港　南粵出版社　1983 年 9 月　頁 45—50

498. 張漢良　　評〈電鎖〉、〈聊齋〉、〈音速〉　七十六年詩選　臺北　爾雅
　　　　　　　出版社　1988 年 3 月　頁 18—19

499. 莫　渝　　〈籍貫〉、〈長頸鹿〉解說　情願讓雨淋著　臺北　業強出版社
　　　　　　　1991 年 9 月　頁 176—177

500. 古遠清　　商禽〈無言的衣裳〉、〈逃亡的天空〉、〈遙遠的催眠〉　海峽
　　　　　　　兩岸朦朧詩品賞　武漢　長江文藝出版社　1991 年 11 月　頁 235
　　　　　　　—244

501. 珍　爾　　〈無言的衣裳〉、〈鴿子〉解析　臺灣新詩鑑賞辭典　太原　北
　　　　　　　岳文藝出版社　1991 年 12 月　頁 406—409

502. 李豐楙　　民國六十年前後新詩社的興起及其意義——兼論相關的一些現代
　　　　　　　詩評論〔〈逃亡的天空〉、〈逢單日的夜歌〉部分〕　從影響研
　　　　　　　究到中國文學　臺北　書林出版公司　1992 年 1 月　頁 55—56

503. 徐佩雄　　〈逃亡的天空〉、〈鴿子〉賞析　世界華人詩歌鑑賞大辭典　太

原　書海出版社　1993 年 3 月　頁 237—239

504. 陳義芝　五十年代名家詩選注——商禽詩選〔〈長頸鹿〉、〈滅火機〉、〈電鎖〉〕　不盡長江滾滾來：中國新詩選注　臺北　幼獅文化公司　1993 年 6 月　頁 188—195

505. 王志健　夢土上的坐月人——商禽〔〈長頸鹿〉、〈逢單日的夜歌〉、〈逃亡的天空〉〕　中國新詩淵藪（中）　臺北　正中書局　1993 年 7 月　頁 1998－2006

506. 司徒杰　〈涉禽〉、〈樹〉、〈燈下〉解析　臺港抒情短詩精品鑑賞　河南　河南人民出版社　1993 年 7 月　頁 45—48

507.〔張默，蕭蕭編〕　商禽〔〈長頸鹿〉、〈五官素描〉、〈無言的衣裳〉、〈雞〉〕　新詩三百首（一九一七—一九九五）（上）　臺北　九歌出版社　1995 年 9 月　頁 447—448

508. 奚　密　邊緣，前衛，超現實：對臺灣五、六十年代現代主義的反思〔〈門或者天空〉、〈界〉、〈行徑〉、〈滅火機〉部分〕　臺灣現代詩史論：臺灣現代詩史研討會實錄　臺北　文訊雜誌社　1996 年 3 月　頁 255—258

509. 李桂芳　冥界的深淵：論戰後臺灣現代主義詩潮的變異符號（上）〔〈長頸鹿〉、〈滅火機〉、〈逃亡的天空〉部分〕　藍星詩學　第 3 期　1999 年 9 月　頁 168—169，171—172，176—177

510.〔文鵬，姜凌主編〕　商禽〈長頸鹿〉、〈風〉　中國現代名詩三百首　北京　北京出版社　2000 年 1 月　頁 528—530

511. 陳幸蕙　〈五官素描〉（選三）芬多精小棧〔〈五官素描〉——〈眉〉、〈眼〉、〈耳〉〕　小詩森林：現代小詩選 1　臺北　幼獅文化公司　2003 年 10 月　頁 85

512.〔林瑞明選編〕　〈楊逵素描〉、〈五官素描〉、〈用腳思想〉賞析　國民文選‧現代詩卷 1　臺北　玉山社出版公司　2005 年 2 月　頁 302

513. 向　陽　　〈長頸鹿〉、〈用腳思想〉賞析　臺灣現代文選・新詩卷　臺北
　　　三民書局　2005 年 6 月　頁 90—92

514. 蕭　蕭　　第四關・形象之後的創意詩想〔〈五官素描〉——〈眉〉、
　　　〈鼻〉、〈眼〉部分〕　青少年詩話　臺北　爾雅出版社　2007
　　　年 2 月　頁 168—169，173—175

515. 蕭　蕭　　新詩創作技巧八通關——第四關——形象之後的創意詩想〔〈五
　　　官素描〉——〈眉〉、〈鼻〉、〈眼〉部分〕　明道文藝　第 373
　　　期　2007 年 4 月　頁 34—39

516. 〔李瑞騰主編〕　　〈蝙蝠外一章〉、〈叛逃〉——手稿／羅珊珊捐贈　神
　　　與物遊——國立臺灣文學館典藏精選集（三）　臺南　國立臺灣
　　　文學館　2012 年 12 月　頁 87

作品評論目錄、索引

517. 〔創世紀〕　　商禽作品評論索引　創世紀　第 95、96 期合刊　1993 年 12
　　　月　頁 110—112

518. 古遠清　　商禽作品評論索引補遺　創世紀　第 97、98 期合刊　1994 年 3 月
　　　頁 146

519. 商　禽　　商禽作品評論索引　商禽・世紀詩選　臺北　爾雅出版社　2000
　　　年 9 月　頁 117—124

520. 〔張　默〕　　作品評論引得　現代百家詩選　臺北　爾雅出版社　2003 年
　　　6 月　頁 142—143

521. 〔曾進豐編〕　　閱讀進階指引　商禽集　臺南　國立臺灣文學館　2008 年
　　　12 月　頁 124—125

522. 〔編輯部〕　　相關評論索引　商禽詩全集　臺北　印刻文學生活雜誌出版
　　　公司　2009 年 4 月　頁 440—451

523. 文訊編輯部　　商禽評論資料目錄　夢或者黎明——商禽文學展暨追思紀念
　　　會特刊　臺北　文訊雜誌社　2010 年 7 月　頁 89—103

524. 〔封德屏主編〕　　商禽　臺灣現當代作家評論資料目錄（四）　臺南　國

立臺灣文學館　2010 年 11 月　頁 2326—2342

其他

525. 觀哲〔高準〕　　《八十年代詩選》的「奧秘」　詩潮　第 1 期　1977 年 5
月　頁 40—45

526. 高　準　　《八十年代詩選》的奧秘（一九七七）　異議的聲音：文學與政
治社會評論　臺北　問津堂書局　2007 年 8 月　頁 243—250

527. 李瑞騰　　臺灣現代新詩發展的趨勢——考察之二：《八十一年詩選》
「海峽兩岸文學創作與研究新趨勢」研討會　南京　南京大學
1993 年 7 月 11—12 日

528. 李瑞騰　　臺灣現代新詩發展的趨勢——考察之二：《八十一年詩選》　文
學的出路　臺北　九歌出版社　1994 年 9 月 10 日　頁 83—87

國家圖書館出版品預行編目資料

> 商禽 / 林淇瀁編選. -- 初版. -- 臺南市：臺灣文學館,
> 2013.12
> 　　面；　　公分. -- (臺灣現當代作家研究資料彙編；36)
> ISBN 978-986-03-9124-4 (平裝)
>
> 1.商禽 2.作家 3.文學評論
>
> 783.3886　　　　　　　　　　　　　　102024086

【臺灣現當代作家研究資料彙編】36
商禽

發 行 人／	李瑞騰
指導單位／	文化部
出版單位／	國立台灣文學館
	地址／70041 台南市中西區中正路 1 號
	電話／06-2217201　　　　　　傳真／06-2218952
	網址／www.nmtl.gov.tw　　電子信箱／pba@nmtl.gov.tw

總 策 畫／	封德屏
顧　　　問／	林淇瀁　張恆豪　許俊雅　陳信元　陳義芝　須文蔚　應鳳凰
工作小組／	王雅嫺　杜秀卿　汪黛妏　張純昌　張傳欣　莊雅晴　陳欣怡
	黃寁婷　練麗敏　蘇琬鈞
編　　　選／	林淇瀁
責任編輯／	黃寁婷
校　　　對／	林英勳　黃敏琪　黃寁婷　趙慶華　潘佳君　練麗敏
計畫團隊／	財團法人台灣文學發展基金會
美術設計／	翁國鈞・不倒翁視覺創意
印　　　刷／	松霖彩色印刷事業有限公司

著作財產權人／國立台灣文學館
本書保留所有權利。欲利用本書全部或部分內容者，須徵求著作財產權人同意或書面授
權。請洽國立台灣文學館研典組（電話：06-2217201）

經銷展售／	國家書店松江門市（02-25180207）
	國立台灣文學館—雪芙瑞文學咖啡坊（06-2214632）
	南天書局（02-23620190）　　　唐山出版社（02-23633072）
	府城舊冊店（06-2763093）　　　台灣的店（02-23625799）
	啓發文化（02-29586713）　　　三民書局（02-23617511）
	草祭二手書店（06-2216872）　　五南文化廣場（04-22260330）
網路書店／	國家書店網路書店 www.govbooks.com.tw
	五南文化廣場網路書店 www.wunanbooks.com.tw
	三民書局網路書店 www.sanmin.com.tw

初版一刷／2013 年 12 月
定　　　價／新臺幣 300 元整
　　　　　　第一階段 15 冊新臺幣 5500 元整　　第二階段 12 冊新臺幣 4500 元整
　　　　　　第三階段 23 冊新臺幣 8500 元整　　全套 50 冊新臺幣 18500 元整
　　　　　　全套 50 冊合購特惠新臺幣 16500 元整

GPN／1010202810（單本）　ISBN／978-986-03-9124-4（單本）
　　　1010000407（套）　　　　　　978-986-02-7266-6（套）